A LISTA DE SCHINDLER
A VERDADEIRA HISTÓRIA

Entrada do campo de concentração Auschwitz-Birkenau

MIETEK PEMPER

A LISTA DE SCHINDLER
A VERDADEIRA HISTÓRIA

Anotada por Viktoria Hertling
e Marie Elisabeth Müller

TRADUÇÃO
Marly Netto Peres
Daniel Fanta

GERAÇÃO

Título original:
Der rettende Weg. Schindlers Liste – Die wahre

Copyright © 2005 by Hoffmann and Campe Verlag, Hamburg

1ª edição – Março de 2010
7ª reimpressão - Junho de 2023

Grafia atualizada segundo o Acordo Ortográfico da Língua Portuguesa de 1990, que entrou em vigor no Brasil em 2009

Editor e Publisher
Luiz Fernando Emediato

Diretora Editorial
Fernanda Emediato

Capa
Alan Maia

Projeto Gráfico
Genildo Santana/ Lumiar Design

Preparação de Texto
Suiang G. Oliveira

Revisão
Sandra Scapin

DADOS INTERNACIONAIS DE CATALOGAÇÃO NA PUBLICAÇÃO
(CIP)(Câmara Brasileira do Livro, SP, Brasil)

Pemper, Mieczyslaw (Mietek)
A Lista de Schindler : a verdadeira história / Mieczyslaw (Mietek) Pemper ; anotada por Viktoria Hertling e Marie Elisabeth Müller ; tradução Marly Netto Peres. -- São Paulo : Geração Editorial, 2023.

ISBN 978-85-61501-42-6

1. Antissemitismo 2. Campos de concentração 3. Guerra Mundial, 1939-1945 - Judeus - Salvamento 4. Holocausto judeu (1939-1945) - Polônia - Narrativas pessoais 5. Judeus - Perseguições 6. Judeus - Polônia - Autobiografia 7. Nazismo 8. Pemper, Mieczyslaw, 1920- 9. Schindler, Oskar, 1908-1974 I. Hertling, Viktoria. II. Müller, Marie Elisabeth. III. Título.

09-03699   CDD: 940.5318

Índices para catálogo sistemático

1. Holocausto judeu : Guerra Mundial, 1939-1945 : História   940.5318

GERAÇÃO EDITORIAL

Rua João Pereira, 81 - Lapa
05074-070- São Paulo - SP
Telefax: (+ 55 11) 3256-4444
Email: geracaoeditorial@geracaoeditorial.com.br
www.geracaoeditorial.com.br
twitter: @geracao

Impresso no Brasil
Printed in Brazil

Em memória das milhões de vítimas do holocausto e em homenagem a Oskar Schindler, o corajoso salvador, a quem mais de mil judeus devem sua sobrevivência.

Prefácio

Desde a Idade Média até a Polônia ser dividida, Cracóvia foi uma das metrópoles europeias e a capital do grande império polonês-lituano. Por volta do século XIII, judeus também se instalaram ali.

Com a ocupação do país pelas tropas de Hitler, em 1º de setembro de 1939, teve início um martírio de seis anos para grande parte da população polonesa, em especial para os judeus. Considero ser minha especial obrigação relatar como foram esses anos sob a ocupação alemã e a terrível detenção nos campos. Apesar da aparência quase absoluta de inexistência de esperança, alguns de nós conseguimos sobreviver. No cenário mortífero de guerra, perseguição e assassinato em massa, encontrei pessoas honestas — em ambos os lados.

Frequentemente as vítimas judaicas têm sido censuradas por não terem se defendido o suficiente, mas o que nós, homens desarmados, poderíamos ter conseguido perante uma potência militar equipada com a então mais recente tecnologia bélica? Houve quem tentasse se opor à ocupação nazista por meio da violência armada; também em Cracóvia a raiva explodiu em uma série de atentados. Infelizmente, tais ações — abstraindo-se poucas exceções — estavam fadadas ao fracasso, porque quase todos seus autores, jovens idealistas, foram descobertos e brutalmente assassinados pela polícia de segurança alemã. "Meu Deus", pensava eu então, "como se pode ter a esperança de obrigar um Estado que venceu quase toda a Europa à mudança de sua política por meio de algumas bombas e explosivos caseiros?" Tais ações, é evidente, sinalizavam que os judeus não assistiam resignadamente à sua progressiva anulação de direitos, mas elas também provocavam ações retaliatórias por parte da ocupação nazista, das quais muitos judeus se tornaram vítimas. Deveríamos contar com tal "tributo sangrento" como um sinal? "Precisa haver outro caminho", pensava eu. Naquela época, eu ainda não sabia como, concretamente, tal caminho deveria parecer, mas algo sempre esteve bem claro para mim: eu queria preservar vidas humanas sem ter de pegar em armas.

Entre os cerca de vinte campos de concentração na então área de dominação alemã, o Cracóvia-Płaszów — inicialmente um campo de trabalhos forçados e desde 1944 um campo de concentração — era um caso especial. Esse foi o único campo de concentração matriz que surgiu a partir de um gueto judeu; não conheço outro caso com tal histórico de surgimento. Durante aquele período, fui, involuntariamente, o estenógrafo pessoal (escrivão de campo) de Amon Göth, o comandante do campo. Mas só descobri quão incomum, e até irregular, fora minha atividade junto ao comando de um campo de concentração quando depus contra o *SS-Standartenführer* Gerhard Maurer no processo contra crimes de guerra em Varsóvia, em 1951. Até 1945, Maurer fora o chefe de todo o engajamento de trabalho da totalidade dos prisioneiros do campo e o superior do conjunto dos comandantes dos campos de concentração — mais de meio milhão de pessoas estavam subjugadas a ele. De início, Maurer não acreditou que eu tivesse trabalhado como escrivão pessoal de um comandante de um campo de concentração e, enquanto tal, tido acesso a documentos secretos. Durante seu julgamento, ele ficou quase sem fala, admirado: como Amon Göth, na época diretamente subordinado a ele, pudera descumprir ordens rigorosas em tal medida? Já em 1946, no processo contra Amon Göth, depus como principal testemunha da acusação; mas, naquela ocasião, nada fora expresso sobre o extraordinário de minha posição como escrivão de Göth. Só após a reação consternada de Gerhard Maurer, em 1951, tomei consciência da minha posição única durante todo o período nazista no campo Płaszów — e isso me foi confirmado por outras pessoas.

Em função desses mais de quinhentos e quarenta dias no "epicentro do mal", minha vida uniu-se inseparavelmente à história do campo Cracóvia-Płaszów, já que de 18 de março de 1943 a 13 de setembro de 1944 eu trabalhei junto ao comando do campo — inicialmente, até como única força de trabalho. Mas minha vida está igualmente ligada, e de modo inseparável, a Oskar Schindler, com quem colaborei estreitamente durante boa parte daquele tempo até 8 de maio de 1945. No campo de Płaszów sobreviveram mais judeus do que em outros campos, em média, o que também está relacionado à ação salvadora de Schindler, pois os mil sobreviventes da "lista de Schindler" provinham de nosso campo. Nessa lista também estavam os nomes de meus pais, de meu irmão e o meu — devemos nossa sobrevivência a Oskar Schindler.

A história do Holocausto está estreitamente vinculada aos avanços no *front* oriental. Inicialmente, a guerra decorria vantajosamente para o exército alemão e seus aliados. Isso só mudou com as enormes perdas humanas na invasão da União Soviética, especialmente após a derrota dos alemães em Stalingrado. Desde fevereiro de 1943, a Alemanha se encontrava em uma profunda crise de economia de guerra. A força de trabalho, então, era uma mercadoria escassa, e o ritmo dos assassinatos em massa ia diminuindo. Em compensação, a exploração do trabalho dos prisioneiros crescia. A "guerra total", à qual Joseph Goebbels conclamou a população alemã em seu pronunciamento no Palácio de Esportes de Berlim, no início de 1943, mostrou amplas consequências, uma vez que, a partir de então, toda a economia fora subjugada a órgãos controladores, cuja tarefa principal consistia no aumento da produção de armamentos. Para nós, os poucos judeus que permanecemos, isso teve um significado decisivo. No outono de 1943, vários guetos e campos de trabalhos forçados que produziam principalmente têxteis foram dissolvidos no Governo Geral, mas nosso campo de Cracóvia-Płaszów foi preservado. No escritório de comando do campo pude colher informações de documentos secretos e estive envolvido secretamente em manter o campo preservado, o que salvou muitos colegas detentos da deportação para Auschwitz. Sem essa estratégia, descrita em detalhes nas próximas páginas, o resgate de Oskar Schindler, um ano mais tarde, durante o outono de 1944, não teria sido possível.

Em uma estadia nos Estados Unidos no começo dos anos 1970 encontrei judeus que ficaram admirados por eu ter escolhido a Alemanha para viver. Porém, o que os espantou ainda mais foi o fato de eu poder dizer tantas coisas positivas sobre um antigo membro nazista como Oskar Schindler. Até sua morte, em 1974, Oskar Schindler e eu mantivemos relações de amizade. Na época, o grande público ainda não conhecia seu nome; poucos sabiam do esforço excepcional que ele fizera para salvar vidas em Płaszów e, mais tarde, em Brünnlitz. Depois de ter trabalhado para Amon Göth e ter podido estar com Oskar Schindler, perguntei-me muitas vezes o que teria acontecido se não tivessem existido a guerra e a ideologia nazista com sua loucura racista. Nesse caso, Göth não teria se tornado um assassino em massa e Schindler, um salvador de vidas. Somente as extraordinárias circunstâncias de guerra e o poder imenso concedido a alguns homens revelaram o caráter dessas pessoas num grau impressionante e assustador. O destino colocou-me em contato com esses dois homens que, em certo sentido, representavam, um perante o outro, o anjo e o demônio. Naquela ocasião, nos anos 1970, não consegui convencer a maioria de meus amigos norte-americanos de que é preciso um grande empenho pela preservação da verdade quando fazemos um relato. Cada detalhe precisa ser verdadeiro, qualquer imprecisão abala a credibilidade do todo. Eu sou terminantemente contra o exagero. Neste livro, limito-me a contar a verdade. Nenhuma palavra a mais. Prefiro dizer duas palavras a menos.

Cracóvia em tempos de paz
— de 1918 a 1939

Nasci em 1920, em Cracóvia, e vivi quase quarenta anos nessa cidade arquitetônica e historicamente significante às margens do Vístula. Quando fui libertado do campo de concentração, eu tinha 25 anos. Em 1958, após a morte de minha mãe, mudei-me com meu pai para Augsburgo, para onde meu irmão já tinha ido imediatamente após a guerra. Venho de uma tradicional família cracoviana; apenas a mãe do meu pai era de Breslau. Por isso, em casa, os filhos e nós, os netos, falávamos polonês e alemão. Em Cracóvia, ter uma educação bilíngue não era corriqueiro, mas em nossa família isso era normal. Para mim, ser bilíngue significava uma janela para o mundo, e até hoje me sinto ligado tanto à cultura polonesa quanto à alemã e à judaica. Já criança eu sabia: assim como existem pessoas loiras e morenas, pequenas e grandes, assim também há diferentes línguas, diferentes religiões e diferentes culturas.

Após a Primeira Guerra Mundial, ganhou corpo na Polônia um forte movimento voltado para a tradição eslava, que tinha relação com a independência recentemente adquirida das antigas potências que dividiam o país — Áustria, Rússia e Prússia. Daí meu nome, Mieczyslaw. Ele significa "aquele que alcançou fama com a espada", apesar de eu nunca ter segurado uma espada nem querer ter segurado uma. Em polonês, abrevia-se meu nome para Mietek, e até hoje meus amigos e parentes me chamam assim. O primo de meu pai se chamava Egmont — mais alemão impossível. Assim, passei meus primeiros anos em duas culturas: de um lado, a polonesa; do outro, a alemã — ambas integradas com o judaísmo.

Diferentemente de muitos judeus cracovianos, tanto meus pais quanto meus avós tinham assimilado aquele modo de viver e de se vestir. Mesmo assim, minha família estava enraizada no judaísmo. Durante a Primeira Guerra Mundial, meu pai fez até mesmo a promessa de doar um rolo de Torá[1] caso sobrevivesse à guerra, e cumpriu a promessa. Depois de 1945, recuperamos um dos poucos rolos de Torá não violados pelos nazistas. Não sei se se tratava da Torá originalmente doada por meu pai, mas eu a trouxe em minha mudança para a Alemanha e ela se encontra agora em uma sinagoga em Hamburgo, onde vive a família de meu irmão Stefan.

Meus pais, Jakob e Regina, casaram-se em 1918, depois de meu pai ter retornado do exército austríaco para Cracóvia. Na Primeira Guerra Mundial suas experiências com os companheiros alemães no *front* foram positivas. Um irmão de minha mãe, que também servira no exército austríaco, gostava de falar de um determinado trecho do *front* e das unidades alemãs ali estacionadas. Para ele, eram "companheiros corretos e abertos". O "correto Michel" — essa era uma expressão especialmente privilegiada quando ele se referia a soldados alemães. Mais tarde, depois de 1933, quando conversávamos sobre

---

1. Os cinco livros de Moisés manuscritos em pergaminho.

Minha família no final dos anos 1920. O segundo a partir da esquerda é meu irmão Stefan

Hitler no círculo familiar, preocupávamo-nos com o desenvolvimento político da Alemanha, mas não podíamos imaginar suas consequências devastadoras. Por isso consideramos a situação na Alemanha como uma aberração que em breve acabaria. O senhor von Papen[2] fez uma afirmação semelhante. Estávamos todos convencidos de que o que estava acontecendo na Alemanha era relacionado com o desemprego, com a crise econômica mundial ou, talvez, com a guerra perdida. A propósito: após a Primeira Guerra Mundial, nenhum general alemão cometeu suicídio; apenas o judeu Albert Ballin, um navegador mercante de Hamburgo e conselheiro de Guilherme II para questões de frota e de marinha, atentou contra a própria vida porque não podia aceitar a derrota.

---

2. Franz von Papen (1879-1969), chanceler alemão em 1932.

Eu era uma criança delicada e um tanto doentia, que sempre agarrava a vida de maneira errada. Isso deve ser entendido ao pé da letra, pois sou canhoto, uma circunstância que, na época, era considerada uma deficiência e tornava até o simples gesto de cumprimentar uma visita um problema para mim. A família e meus professores se empenhavam em corrigir essa "deficiência" mediante um programa sistemático de recondicionamento, de modo que aprendi a reter a espontaneidade em favor da reflexão. Também nos meus interesses eu me diferenciava nitidamente da maioria dos colegas da minha idade: aos 7 anos, em vez de jogar futebol, comecei a aprender a tocar violino. Apesar de bons progressos, desisti dessas aulas depois de alguns anos, pois a leitura tornava-se cada vez mais a minha paixão. Eu me interessava especialmente por livros sobre história; primeiro interessei-me por biografias; mais tarde, também por textos-referência. Assim, em idade relativamente jovem, eu era fascinado por eventos históricos e suas conexões com a política.

Aos sábados, ia com meu pai à sinagoga. Nos feriados, eu o acompanhava a pequenas casas de prece, em que rabinos da redondeza rezavam com seus fiéis cracovianos. Essa experiência abriu para mim uma visão mais ampla do judaísmo. Lembro-me de um rabino de Wielopole, a leste de Cracóvia, chamado Lipschitz, que lia em voz alta um livro de preces. Sussurrando, eu perguntava a meu pai se ele não sabia suas preces de cor — eu tinha cerca de 10 anos e já tinha decorado algumas delas. Evidentemente, o rabino sabia metade do livro de cor, retrucava meu pai, mas ele não queria envergonhar ninguém que não o soubesse. Por esse motivo ele utilizava o livro, para que outros não se sentissem inferiores. Ainda hoje penso nessa sensibilidade e nesse modo delicado de ser modesto.

Nos meus primeiros anos de vida, morávamos com meu avô paterno na rua Węgierska 3, no distrito de Podgórze. Meu avô e meu

A antiga sinagoga no bairro cracoviano Kazimierz antes de 1939

pai trabalhavam no comércio de produtos agrícolas. Meu avô era especialista em legumes e cereais e meu pai comprava vagões de farinha de trigo e centeio na região da Posnânia para vender aos padeiros dos arredores. O escritório de meu pai era no nosso apartamento, pois ele fazia seus negócios por meio de transportadoras e não precisava mais do que um pequeno local de trabalho para a contabilidade.

Quando eu tinha 7 anos, nos mudamos para um apartamento grande, exatamente ao lado da paróquia de São Joseph. Nosso novo apartamento na rua Parkowa 1, a poucos passos da casa do meu avô, ficava perto de um grande parque e quase na praça do mercado de Podgórze. Podgórze significa "montanha de baixo", e esse distrito de Cracóvia situa-se do outro lado do Vístula. Quando ficamos de costas para a igreja, vemos diante de nós a praça do mercado. À direita, a partir de 1941, começava o gueto. Ali existia uma fábrica judaica de chocolate. A maioria das famílias do nosso prédio era não-judia.

Além de nós, apenas outras três famílias judias viviam ali. Na minha turma escolar também havia poucos judeus e quase todos os meus amigos eram não-judeus. Eu me sentia bem na escola, aprendia com facilidade e mais tarde montei a biblioteca alemã no ginásio. Por volta de 1936, publiquei por um curto período um jornal estudantil.

Muitos judeus do interior que frequentaram a escola pública por pouco tempo não falavam bem o polonês — seu idioma era o iídiche, o idioma da religião hebraica —, e isso foi um dos motivos do preconceito em relação aos judeus. Os poloneses se sentiam ofendidos quando judeus interioranos não dominavam corretamente a língua polonesa e não raro debochavam deles. Sou muito grato aos meus amigos, colegas de escola e professores por jamais ter sofrido qualquer tipo de discriminação.

Entretanto, o antissemitismo estava amplamente difundido na Polônia; a igreja, sobretudo, atiçava esse fogo,[3] mas não apenas ela propagava um antissemitismo repugnante. Pelo menos desde a metade dos anos 1930 esse antissemitismo foi a "argamassa" de um novo nacionalismo polonês, que se fez notar progressivamente após a morte do "gentil" ditador, marechal Józef Piłsudski, em 1935. O historiador Saul Friedländer chega mesmo a designar o antissemitismo e o nacionalismo como uma "liga da coesão nacional".[4] Depois

---

[3]. Lembro-me de uma carta pastoral do Primado da Polônia, Augustus Kardinal Hlond, de 9 de fevereiro de 1937. Ali se lia: "É um fato que os judeus lutam contra a Igreja Católica, que eles sucumbiram ao livre-pensamento, que eles são a vanguarda do ateísmo, do movimento bolchevique e da ação subversiva. É um fato que a influência judaica na moral é lamentável e que suas editoras distribuem pornografia. É verdade que eles são impostores e que exercem agiotagem e comércio de meninas. Mas nem todos os judeus são assim. Também existem judeus crédulos, honestos, louváveis, temperados e benevolentes... É permitido privilegiar seu próprio povo; é errado odiar alguém. Mesmo os judeus. Nas relações comerciais, é correto privilegiar sua própria gente e evitar lojas judias, mas é errado saquear lojas judias, destruir mercadorias judias, quebrar vidraças e jogar bombas em suas casas." In: *Saul Friedländer*, 1998, p. 236.

[4]. Idem, ibidem.

da morte de Piłsudski, ocorreram tumultos nas faculdades, principalmente em Lwów, em Varsóvia, e também em Cracóvia. Felizmente, esse antissemitismo virulento não me afetou diretamente, até eu entrar na universidade.

Por causa de um ótimo boletim de conclusão de curso em maio de 1938, obtive a permissão de estudar simultaneamente em duas faculdades. Não digo isso para me gabar, mas meus primeiros sucessos de estudo talvez expliquem por que, mais tarde, no gueto e sobretudo no campo, pude compreender e avaliar corretamente determinados processos políticos. Mas não quero me adiantar. Até o decreto que fechava todas as faculdades polonesas, no ano de 1939, estudei simultaneamente direito na Universidade Jaguelônica e administração de empresas e contabilidade na Faculdade de Economia. A Faculdade de Economia ficava na rua Sienkiewicza, no distrito em que se encontravam as casas mais modernas e elegantes de Cracóvia. Depois de 1939, aquele era o local predileto dos ocupantes alemães, que expulsaram os proprietários das casas. Mesmo durante todo o período de ocupação continuaram a acontecer atividades acadêmicas na clandestinidade, mas elas eram destinadas unicamente aos estudantes poloneses, não aos judeus. Eu só pude concluir meus estudos após a guerra.

No outono de 1938, o reitor da Universidade Jaguelônica ordenou que estudantes judeus se sentassem obrigatoriamente em determinadas carteiras. Nós resistíamos e assistíamos às preleções em pé. Imediatamente foi decretada a ordem de proibição de ficar em pé durante as preleções — queriam nos obrigar a tomar assento nas "carteiras judias". Não que tais carteiras fossem ruins, pois nem sequer ficavam nas últimas fileiras das salas de aula, mas para nós era uma questão de princípios. Considerávamos a ordem uma

Meu pai, minha mãe e eu, aproximadamente 1938

discriminação inócua e uma tentativa de introduzir na Polônia as "leis de Nuremberg", que desde 1935 legalizavam a exclusão de judeus na Alemanha. Acrescente-se a isso que, após a introdução das "carteiras judias", estudantes de outras instituições — por exemplo, os da Academia Berg, na qual não estudavam judeus — procuravam a Universidade Jaguelônica porque não queriam perder a farra de ver judeus sendo humilhados. Meus colegas judeus e eu recebemos um processo disciplinar e uma advertência na caderneta estudantil, por causa da "não-observância das ordens do reitor". Em virtude dessa ocorrência, desenvolveu-se em mim uma relação algo distanciada para com os poloneses. Percebi quão quebradiça, quão fina pode ser a camada de verniz da convivência. Pela primeira vez tomei consciência de que, sendo judeu, eu não era realmente querido na minha terra natal.

Até 1944, mantive minha caderneta estudantil com a inscrição de advertência. No gueto, e depois também no campo, sempre levava esse documento comigo, juntamente com todos os outros papéis, o que se revelou um erro. Eu deveria tê-lo escondido, pois, quando estávamos sendo levados em vagões de gado, do campo de Płaszów para Brünnlitz, em outubro de 1944, o transporte passou pelo campo de concentração Gross Rosen, onde tivemos de entregar todos os nossos pertences e nossas roupas, e assim esse documento também se perdeu.

Depois da divisão da Polônia, do final do século XVIII até o final da Primeira Guerra Mundial, Cracóvia, a antiga cidade polonesa de coroação, pertenceu, com intervalos, à Monarquia Habsburga do Danúbio. A cultura e o liberalismo austro-alemão influenciaram as pessoas. Uma das características de Cracóvia consiste nas muitas inscrições latinas que datam da Renascença e que chamam a atenção e estimulam a reflexão dos passantes em pátios internos, igrejas e muros. Na rua Grodzka, abaixo do palácio real, encontra-se uma pequena igreja, levemente em diagonal em relação à rua. Durante minha juventude, era uma igreja luterana. Existia ali uma inscrição que, na época, traduzi com a ajuda de um dicionário, pois ainda não tinha tido aulas de latim na escola: "*Frustra vivit, qui nemini prodest* (Vive em vão aquele que não ajuda a ninguém)". Desde então, não esqueço essa frase, que teve grande importância para mim, sobretudo durante a guerra, quando apenas pouquíssimas pessoas ajudavam altruisticamente os judeus perseguidos. Mas esses poucos salvadores demonstravam um alto grau de bondade e humanidade. Outra frase significativa para mim se encontrava na parte interna do prédio da administração municipal da cidade de Cracóvia: "*Praestantibus viris negligere virtutem concessum non est* (Aos homens que presidem não é permitido negligenciar a bravura)". Foi assim que ainda cedo eu compreendi: quem está em posição especial (por desejo próprio ou por influência estranha) não pode executar suas tarefas de modo meramente mecânico.

Em 1939, a velha e venerável cidade de Cracóvia foi declarada "originariamente alemã" pelos nazistas, motivo pelo qual quase não foi bombardeada durante a guerra. Apenas ocasionalmente caíam bombas na área da estação de trem, e mesmo estas não caíam no edifício da estação. Mais tarde, Cracóvia também se tornou ponto central de provisão entre o Reich e as tropas no leste. Nessa época, a preservação das modernas clínicas universitárias destinadas à assistência dos feridos revelou-se vantajosa. Há muito existia a sudeste da cidade a estação de Cracóvia-Płaszów, que, no início de 1943, passou por uma considerável ampliação. Quem poderia prever, em 1939, que em 1943 seríamos alojados em um campo de trabalhos forçados perto daquela estação?

Ao contrário de Cracóvia, Hitler ordenou que Varsóvia fosse devastada. A cidade era considerada o "ninho da resistência", "símbolo de polonidade". A parte oeste do país foi anexada ao Reich Alemão. Os nazistas declararam a área central — incluindo Cracóvia e Varsóvia — Governo Geral polonês e a parte leste foi anexada pela União Soviética até 1941. Inicialmente, o jurista alemão Dr. Hans Frank ainda portava o título de "Governador Geral das regiões polonesas ocupadas". Poucas semanas depois, essa designação desapareceu, ficando apenas o nome de "Governo Geral". Como sede administrativa e domicílio, Frank escolheu Wawel, o castelo real carregado de tradição, no qual outrora residiram os soberanos poloneses. O pomposo Wawel encimava a cidade, tal qual um anjo da guarda. Sob a ocupação alemã, ele se tornou o ameaçador "castelo cracoviano", decorado com centenas de bandeiras nazistas. Entre os ocupantes, dominava um orgulho que hoje não é mais imaginável; isso só mudou com as invasões no *front* em Stalingrado e Kursk, no começo de 1943. Até então, a liderança nazista, aparentemente, acreditava que a Rússia capitularia em breve.

Na Polônia, os alemães introduziram a diferenciação entre "alemão do Reich" e "alemão do povo". Lembro-me do meu venerável professor de latim, o diretor ginasial Edward Türschmid. Como patriota polonês, ele não queria se inscrever na "lista do povo" que os ocupantes introduziram logo após a ocupação. Quem podia comprovar ancestralidade alemã obtinha, enquanto "alemão do povo", certas vantagens profissionais e facilidades no cotidiano; os alemães no Reich, ao contrário, eram considerados pura e simplesmente "alemães do Reich". O diretor Türschmid queria permanecer polonês e esse simples desejo era visto pela ocupação alemã como uma afronta. Durante a guerra, proibiram-no de dar aulas; além disso, ele sofreu privações extraordinárias. Passada a guerra, ajudou-me na reaquisição de meus documentos de conclusão de curso e redigiu novamente, como fizera em 1938, uma recomendação de permissão especial para que eu estudasse simultaneamente em duas faculdades.

Por causa da elevada demanda de moradia na capital do Governo Geral, os judeus deveriam ser expulsos da cidade. Isso não ocorreu de um dia para outro, mas em etapas.

Todavia, antes do início dessa "emigração", aconteceu na Alemanha, já no fim de outubro de 1938, a chamada "ação polonesa". Milhares de judeus oriundos da Polônia, mesmo que já vivessem há décadas na Alemanha, foram deportados para a Polônia. A deportação foi organizada pela Polícia Secreta do Estado e executada pela Polícia de Proteção Alemã. Li mais tarde, num relato de Ruwen Gräber, de Hamburgo, o que concretamente acontecera:

> Por volta das seis horas da manhã tocou a campainha. Abri a porta. O policial: "Bom dia, o senhor é Rudolf Gräber?" E depois ele me revelou

que eu estava sendo banido. Ele queria meu passaporte. Simplesmente, não acreditei nele. "Isso não pode ser verdade! Eu moro neste apartamento desde 1911![5]

Aproximadamente dezoito mil pessoas, entre elas estudantes secundaristas, foram embarcadas de modo forçado para a fronteira polonesa a oeste da Posnânia. No entanto, a deportação falhou em alguns casos e aproximadamente mil judeus retornaram para suas localidades de origem na Alemanha. Ainda assim, de um dia para o outro, quase dezessete mil se encontravam, numa área sem jurisdição; pessoas das quais a Alemanha queria se desfazer e às quais a Polônia negava entrada no país. Chaim Yechieli, um garoto que na época tinha 14 anos, nascido na Alemanha, mas com passaporte polonês, escreveu sobre isso:

> A SS levou-nos para além da fronteira, para uma terra de ninguém, e nos batia com paus. Estivemos por seis horas entre as duas fronteiras. Chuviscava. De um lado, os alemães com os revólveres em punho, e do outro lado, os soldados poloneses com baionetas nos rifles.[6]

Finalmente, milhares desses deportados puderam atravessar a fronteira da Polônia e foram alojados precariamente, sob circunstâncias deploráveis, em Zbąszyń, uma cidade mediana perto da fronteira. De lá, só puderam continuar em direção ao interior do país no final de novembro, de onde, então, se esforçaram para emigrar

---
5. Gerhard Paul, em: http://www.abschiebehaft.de/presse/p73.htm.
6. Idem Ibidem.

para a América ou outros países. Menos de um ano mais tarde, todos aqueles que não tinham conseguido um visto caíram nas mãos da SS, quando da incursão dos alemães. O casal Grynspan figurava entre os judeus involuntariamente transportados para Zbąszyń. Menos de uma semana depois do violento banimento de seus pais, o filho Herschel, de 17 anos, assassinou em Paris o adido alemão Ernst Eduard von Rath, e os nazistas tomaram esse ato de desespero como pretexto para a noite do *pogrom* de 9 de novembro de 1938, a qual, na verdade, já estava planejada.

No final de 1938, eu pertencia àquele grupo de estudantes judeus com conhecimentos de alemão que se dispôs a prestar assistência aos judeus deportados. Muitos dos banidos não falavam uma palavra em polonês. Afinal de contas, eles cresceram — e parte deles nasceu — na Alemanha, mesmo que seus avós talvez fossem originários da Polônia. Estavam agora completamente desprovidos de recursos e de auxílio e eu os ajudava escrevendo cartas a seus parentes no exterior — todos queriam deixar a Polônia, tanto fazia para onde, o importante era sair.

David Gutter e sua família também faziam parte desses banidos. Quatro anos mais tarde, no verão de 1942, Gutter foi designado como o "comissário líder" da comunidade judaica em Cracóvia, por ordem da Polícia de Segurança Alemã. Ali nos conhecemos. Muitos dos deportados foram alojados em Cracóvia, no Hotel Royal, na rua Gertrud, pela bem organizada Comunidade Judaica. Quantas vezes ouvi deles o conselho de advertência: "Jovem, tente deixar a Polônia o mais rápido possível; Hitler também virá para cá". Na época, eu considerava tais prognósticos um pânico exagerado, mas os deportados da Alemanha estavam firmemente convencidos de que o ímpeto expansionista de Hitler não pararia na fronteira da Polônia. Desde então, perguntei-me muitas vezes como todos nós, sobretudo as potências do Oeste, pudemos ser tão cegos. Depois da guerra, soube-se que mesmo os aliados subestimaram completamente o potencial bélico de Hitler.

A invasão

Desde o início, o exército alemão esteve envolvido nos crimes contra a população judia. Em setembro de 1939, pouco tempo após a invasão das tropas, ocorreu um massacre de judeus na Alta Silésia, na região de Katowice. Quão impiedosamente a ocupação alemã imediatamente procedeu conosco pode ser constatado em uma entrevista que Hans Frank deu ao *Völkischen Beobachter* (Observador Popular) em 6 de fevereiro de 1940.

> Em Praga, por exemplo, foram afixados grandes cartazes vermelhos nos quais se podia ler que "hoje foram executados sete tchecos". Eu disse a mim mesmo que, se fosse afixado um cartaz para cada sete poloneses executados, então as florestas polonesas não seriam suficientes para fabricar o papel desses cartazes.
> — Sim, nós tivemos de ser duros.[7]

---
7. Hans Frank, 1975, p. 104.

Em 26 de outubro de 1939, Hans Frank introduziu em Cracóvia o trabalho forçado para a população judia do Governo Geral e o dever de trabalho para a população polonesa. Trabalho forçado significava praticamente que podiam nos prender e obrigar a trabalhos a seu bel-prazer. Nesse período, os judeus evitavam mostrar-se nas ruas, pois em batidas policiais frequentemente nos recrutavam para trabalhos braçais. Tivemos de carregar móveis, remover neve e varrer ruas. Transformamo-nos em alvo e nem mesmo nossas casas nos ofereciam proteção. Podia acontecer que um uniformizado tocasse inesperadamente a campainha, olhasse interessadamente o apartamento e então ordenasse: "Saia do apartamento; o senhor tem três horas. Pode levar uma mala. Os móveis ficam aqui".

Certa vez, pegaram-me na rua e, juntamente com outros, tive de carregar móveis do quarto andar de um imóvel para um caminhão estacionado em frente da casa. E eles nos batiam enquanto trabalhávamos.

Mas nem todos os alemães eram iguais. Perto da nossa casa na rua Parkowa foram alojados soldados em uma escola fechada pelos nazistas. Certo dia, deve ter sido no outono de 1939, uma pequena tropa acercou-se do nosso prédio. Naquele instante, eu estava saindo pela porta da frente; então, dois pequenos garotos poloneses correram na direção dos soldados, apontaram para mim e gritaram: "Judeu, judeu!". Fiquei petrificado. As crianças, certamente, não chegaram sozinhas à ideia de me denunciar; devem ter aprendido isso em casa. Por sorte, os soldados, membros mais antigos do exército, só balançaram a cabeça, em sinal de reprovação, e passaram por mim sem dizer uma palavra. A reação dos soldados me surpreendeu positivamente.

Só depois da guerra eu soube que durante a Segunda Guerra Mundial os poloneses foram, de longe, o maior grupo populacional que ajudou a esconder e salvar os judeus.

A caça sistemática a civis judeus nas ruas começou no final de novembro de 1939. Nessa época, quase dois anos antes de a Alemanha ter introduzido a identificação com a estrela amarela, as autoridades do Governo Geral nos obrigavam a portar uma faixa branca no braço com uma estrela de Davi azul. Naquele período, passei um bom tempo sem sair do nosso apartamento. Quando, finalmente, precisei sair para resolver algo fora de casa, me pegaram imediatamente e me incumbiram de remover a neve e varrer a rua. Foi muito degradante estar sob o comando rude de um varredor de rua da cidade, que nos dava instruções em tom brusco, chegando a ofender pessoas mais velhas e cultas. Sem dúvida, ele se aproveitava de sua nova posição de poder. Por acaso, fui visto por um antigo colega de classe, Roman Kulam filho de um juiz de Cracóvia. Roman aproximou-se de mim, cumprimentou-me com algumas palavras gentis e expressou sua lástima sobre a minha situação. Imediatamente, veio o varredor de rua polonês e gritou com ele de modo devastador, mas meu amigo não se deixou intimidar e retrucou duramente e isto fez eu me sentir muito bem. Há uma frase do poeta romano Virgílio na qual eu pensava com frequência naquela época: "[...] *rari nantes in gurgite vasto* ([...] nadadores isolados em um profundo abismo marítimo)". Apenas poucas pessoas se opunham às ordens dos nazistas. Não havia mais do que nadadores isolados nesse precipício imprevisivelmente profundo. Em 1939, ninguém sabia como aquilo evoluiria; mesmo assim, até hoje não consigo compreender por que existiam tão poucas pessoas que, a exemplo de Roman Kula, tinham coragem.

Um decreto para os habitantes judeus de Cracóvia, 18 de novembro de 1939

No dia 31 de outubro de 1939, o ministro da propaganda Joseph Goebbels ordenou a destruição dos meios de comunicação poloneses. Isso foi o fim da imprensa livre na Polônia. No lugar dela, havia o *Krakauer Zeitung* (Jornal Cracoviano), uma publicação feita pela ocupação nazista. Então, só podíamos nos informar pela BBC. Havia, na época, aproximadamente um milhão e duzentos mil aparelhos de rádio, mas vigorava a proibição de captar emissoras estrangeiras. Em 15 de dezembro de 1939, foi ordenada a apreensão de todos os rádios; mas essa medida não pôde ser executada de modo ideal. Não obstante, a recepção de emissoras estrangeiras tornou-se praticamente impossível, por causa de equipamentos de interferência. Isso, porém, valia apenas para a área da cidade; no interior do país, fora de Cracóvia, podia-se ouvir bem a BBC e, no começo de 1940, formaram-se grupos de jovens da resistência que faziam estenogramas dos programas da BBC transmitidos em língua polonesa e depois os datilografavam e distribuíam em Cracóvia como jornais secretos. Meu colega de colégio Wiesław Wielgus e eu pertencíamos a esses grupos. Wiesław morava do outro lado da rua, diagonalmente à nossa casa; seu pai era maquinista de trem, sua mãe, professora, e ele, filho único. Wieslaw fez contato com a resistência no campo. Seus companheiros e ele eram cristãos poloneses que, por autêntica consciência nacionalista, lutavam pela liberdade de seu país. Outros membros do grupo ouviam os programas da BBC no campo e os estenografavam. Minha tarefa era datilografar os estenogramas sobre matrizes de cera; para isso, eu tirava a fita da máquina e escrevia diretamente sobre a camada de cera, com os tipos "nus". Eu já datilografava praticamente sem olhar e quase nunca precisava mudar de tipo de letra, pois no idioma polonês as letras maiúsculas são raras, ocorrem praticamente apenas no início de frases e em nomes. Os textos eram então impressos em duas ou três folhas de papel e publicados como "*gazetki* (gazetinha)". Na época, havia vários desses jornais ilegais. E, de propósito, não lhes dávamos um nome; assim, os nazistas teriam mais dificuldade para descobrir de onde vinham. Na época, eu só podia datilografar à noite, pois utilizava a velha "Smith Corona" de meu pai. Lembro-me bem: fazia muito calor... a janela estava aberta e, de vez em quando, passavam soldados alemães bem perto do meu quarto, que ficava no mezanino. Meus pais beiravam o desespero. "Ali fora tem soldados passando. Se um deles ouvir o barulho da máquina e tiver a ideia de averiguar a coisa, nós todos estaremos perdidos." O cerne do nosso jornal era a reprodução dos programas da BBC, mas sempre havia curtos textos introdutórios, nos quais, alguns meses depois, começaram a aparecer inserções antissemitas. Quando percebi isso, desisti imediatamente da minha colaboração. Eu estava disposto a correr um grande risco pela resistência, mas não queria arriscar minha vida nem a de meus pais com manipulações antissemitas.

Desde a introdução das faixas com a estrela de Davi, em 1º de dezembro de 1939, a Comunidade Judaica distribuiu aproximadamente cinquenta e quatro mil delas. Só crianças com menos de doze anos estavam excluídas da obrigação de usá-las. Entretanto, muitos judeus também viviam ilegalmente em Cracóvia; eles vinham de regiões rurais e esperavam encontrar recepção e proteção na cidade. Eu queria aparecer o menos possível em público com a faixa; ao mesmo tempo, não podia me expor desnecessariamente ao perigo de andar pela rua sem aquele sinal, apesar da minha aparência não corresponder àquilo que, em geral, era tido como "tipicamente judeu". Havia punições severas para quem ignorasse a ordem e, além disso, todos em

Podgórze sabiam que eu era judeu. Assim, evitei sair de casa durante semanas. Eu ficava sozinho em nosso apartamento e comecei a praticar estenografia em alemão. Os conhecimentos básicos eu já tinha desde meus tempos de escola. Agora, empenhava-me em aperfeiçoar minhas habilidades rudimentares estudando sozinho. Ao contrário de meus amigos poloneses, eu estava convencido de que a guerra duraria alguns anos. "A Primeira Guerra Mundial estendeu-se por mais de quatro anos e esta durará pelo menos o mesmo período", pensava eu. Como eu nunca tivera bons pré-requisitos para qualquer trabalho corporal mais pesado e ainda tinha problemas com a tireoide, queria estar o mais preparado possível para um eventual trabalho de escritório. Com meus conhecimentos linguísticos e de datilografia, e minha habilidade recém-adquirida de estenografar em alemão, apresentei-me na Comunidade Judaica e consegui um emprego como correspondente oficial. O escritório ficava em um prédio de esquina, na confluência das ruas Krakowska 41 e Skawinska 2. Mais tarde, a Comunidade teve de transferir sua administração dali para o gueto. Eu datilografava cartas e traduzia do alemão para o polonês e vice-versa. E era o único empregado daquele departamento que não era originário da Alemanha. Entre os meus colegas estava Heinz Dressler, de Dresden, que mais tarde também trabalharia em um dos escritórios no campo de trabalhos forçados. Conhecemo-nos ali na Comunidade e nos tornamos amigos.

A Comunidade Judaica em Cracóvia estava entre as mais antigas da Polônia. A instituição centenária não apenas cuidava de seus membros como também mantinha uma variada infraestrutura social, com hospitais, asilos, escolas e jardins de infância.

A partir de 21 de setembro de 1939, as comunidades judaicas da Polônia tiveram de formar os chamados "Conselhos Judeus", cuja tarefa era receber as ordens da ocupação alemã e cuidar de sua execução. Em Cracóvia, o dirigente da cidade, Dr. Mieczyław Kaplicki, designou como dirigente Marek Biberstein, um professor que já exercia atividades em diferentes organizações sociais, e como seu substituto o Dr. Wilhelm Goldblatt. O conselho teria ainda mais doze membros. Desde então, em Cracóvia, Comunidade Judaica e Conselho Judeu passaram a ser a mesma coisa. Por outro lado, nas cidades menores, nas quais não existiam Comunidades Judaicas como corporações, mas apenas sinagogas isoladas ou salas de oração, foram formados exclusivamente Conselhos Judeus. Estes simplificaram o esforço burocrático da ocupação para os alemães. Mas para nós, trabalhadores de escritório, que fomos confrontados diariamente a novas exigências, ordens e determinações, o montante de trabalho ficou quase impossível de ser feito. Por causa desse trabalho, logo conheci a estrutura da administração alemã no Governo Geral.

No começo de 1940, minha família também foi obrigada a receber mais três moradores em nosso apartamento da rua Parkowa. De acordo com as regras de metros quadrados para judeus, supostamente tínhamos espaço demais. A família Liebling, recém-chegada da Cracóvia, vinda da Varsóvia bombardeada, instalou-se em nossa casa. O pequeno filho dos Liebling, Raymond Liebling, nascido em Paris, em 1933, mais tarde tornou-se uma pessoa famosa, conhecida como Roman Polanski. Em razão da crise econômica mundial que se prolongava, seus pais decidiram voltar à Polônia no final dos anos 1930. Lembro-me da criança de sete anos muito nervosa. Raymond tinha uma relação especialmente estreita com a mãe, mulher com interesses artísticos. Seu pai, empreendedor na área sanitária, oferecia mão de obra polonesa e depois anotava as contas para os trabalhadores, quando estes trabalhavam para administradores alemães, pois, em geral, eles não sabiam fazê-lo. Tive um contato mais próximo com o senhor Liebling porque, às vezes, eu lhe emprestava nossa máquina de escrever e até datilografava algo para ele.

Em 12 de abril de 1940, o governador geral Hans Frank anunciou:

> Os judeus precisam ser expulsos da cidade, pois é absolutamente insuportável que numa cidade que recebeu a alta honra do Führer de se tornar a sede de um importante órgão do Reich haja milhares e milhares de judeus vagando e possuindo apartamentos.[8]

Evidentemente, na época não soubemos desse pronunciamento odioso, mas sofremos as consequências dele. Em 18 de maio de 1940 começou aquilo que os alemães chamaram oficialmente de "migração voluntária". O número de moradores judeus tinha aumentado enormemente em Cracóvia desde o início do ano: de cinquenta e seis mil, antes da guerra, para oitenta mil. Agora, sessenta mil deles deveriam deixar a cidade até o outono. Havia escassez de moradia para funcionários, policiais, integrantes da SS e negociantes alemães, os quais invadiam Cracóvia vindos do Reich. Por isso, as administrações locais receberam instrução para dar certos privilégios aos judeus que deixassem Cracóvia "voluntariamente" até o final do verão, permitindo que se estabelecessem em qualquer outra localidade do Governo Geral. A Comunidade Judaica até mesmo apoiava os judeus que deixassem "voluntariamente" a cidade, dando-lhes algum dinheiro para alimentação e viagem.

---

8. Frank Golczewski, 1996, p. 433.

Judeus apreendidos no bairro cracoviano Podgórze, dezembro de 1939

Na administração da Comunidade Judaica, produzíamos os comprovantes necessários para a migração em série — sem documentos oficiais, os judeus não podiam mais ser vistos na cidade, sob pena de serem presos. A partir de novembro de 1940, as forças de segurança alemãs aumentaram o número de buscas a pessoas judias que ainda permaneciam na cidade sem permissão.

Até essa época, Auschwitz era para mim o nome de uma cidade qualquer. A irmã mais velha de meu pai morava lá e era casada com um negociante chamado Grünbaum. Auschwitz contava com quase quarenta mil habitantes e tinha sido uma antiga cidade de guarnição austríaca; na Idade Média, tinha tido uma relação especial com a Igreja Católica. Em 1940, porém, os alemães escolheram Auschwitz como local para um campo de concentração, que foi aberto naquele mesmo ano e, mais tarde, passou a ser conhecido como Auschwitz I (campo matriz), uma vez que, sob o comando de Rudolf Höß e por ordem de Heinrich Himmler, foi construído nas redondezas o campo Auschwitz II (Birkenau) com suas câmaras de gás. Por fim, o complexo de Auschwitz se transformou no maior cemitério da história — até o fim da guerra, ali foram assassinados aproximadamente um milhão de judeus e cem mil poloneses, sem contar as muitas vítimas de outros países e grupos étnicos.

Soubemos pela primeira vez da existência de um campo de concentração em Auschwitz no final de 1940, por meio de um memorando dos rabinos de Cracóvia dirigido a organizações polonesas de auxílio. Os rabinos pediam que essas organizações unissem esforços para conseguir que as autoridades alemãs adiassem a migração "voluntária" para a primavera de 1941, a fim de que os judeus ilegais que ainda permaneciam na cidade não tivessem de procurar

Cracóvia por volta de 1941: judeus transportados para trabalhos forçados

um novo alojamento no inverno. Não sabíamos o que os ocupantes alemães já naquele momento tinham em mente para nós.

O *SS-Untersturmführer* Oskar Brandt, comandante para assuntos judeus da Polícia de Segurança de Cracóvia, na rua Pomorska 2, ficou irado quando soube dessa petição. E quando chegou aos seus ouvidos que os rabinos também haviam se dirigido ao conde-arcebispo de Cracóvia, Stefan Sapieha — apesar de este não ser considerado simpatizante dos judeus e ser mais do que duvidoso que ele realmente tenha lido o memorando —, Brandt convocou uma reunião na Comunidade Judaica e ordenou que, dali para frente, qualquer tipo de documento fosse repassado exclusivamente a ele e à Polícia de Segurança. Ele fitava ameaçadoramente os presentes. "E quem foi", quis saber, "que, de fato, concebeu esse memorando?" Ninguém se manifestou. Em seguida, Brandt anunciou punição severa para o autor. Então, um parente meu distante, o advogado Dr. Isidor Leuchter, se apresentou — ele seria o autor. Brandt levou-o em seu carro para interrogatório. Felizmente, ninguém soube que eu datilografara o memorando escrito por Leuchter.

Brandt ordenou que os rabinos envolvidos — S. Kornitzer, S. Rappaport e M. Friedrich — fossem enviados imediatamente para o campo de Auschwitz.

Pouco tempo depois, chegou um telegrama assinado pelo "comandante SS do campo de Auschwitz" com a notícia de que o preso Isidor Leuchter falecera e que as cinzas poderiam ser obtidas mediante o pagamento de cinco marcos ao Reich. No decorrer das semanas seguintes, outros telegramas similares chegaram até nós, cada um dizendo que o preso número tal falecera por causa de uma parada cardíaca no dia tal e tal. "Mediante pagamento de cinco marcos ao Reich, a família pode conseguir a urna com as cinzas." Para nós, Auschwitz tornava-se sinônimo de morte.

Eu escrevia dezenas de petições de câmbio de złoty do Governo Geral para marcos do Reich. A causa das mortes, que em todos os telegramas era a mesma, não nos deixava tranquilos; muitos daqueles homens que de repente faleceram de parada cardíaca eram de meia-idade e nunca tinham reclamado de problemas cardíacos. Em pouco tempo concordamos: ali havia algo errado! Só depois da guerra eu soube que, na época, muitos dos recém-enviados ao campo realmente morreram de parada cardíaca. No processo de Auschwitz em Cracóvia, em 1947, no qual eu trabalhei como intérprete, estava em julgamento, entre outros, um suboficial da SS de nome Ludwig Plagge, a quem os outros réus apelidaram de 'Plagge da ginástica'. Ele fora responsável por todos os recém-chegados a Auschwitz. Os detidos, maltratados nas prisões e celas de tortura, chegavam lá enfraquecidos e Plagge deixava aqueles pobres seres humanos fazendo ginástica durante horas na praça de chamada, daí que muitos não aguentassem e morressem de parada cardíaca. Somente os que sobreviviam a essa tortura eram aceitos no campo.

No gueto

Em 6 de março de 1941, o *Krakauer Zeitung* (Jornal Cracoviano) noticiou a construção de um gueto perto de Podgórze. A justificativa foi a seguinte:

> Considerações sanitárias, econômicas e policiais tornam imperativo o alojamento da parte judia da população da cidade de Cracóvia em uma área especial da cidade, o distrito de moradia judia.

Com a construção do gueto, o isolamento dos judeus intensificou-se mais uma vez. Para os poloneses não-judeus do distrito de Podgórze, essa ordem significava que deveriam deixar seus apartamentos imediatamente e desistir de suas lojas e escritórios. Agora, queriam encerrar quinze mil judeus em uma área que antes servia de moradia para três mil pessoas. A necessidade de espaço foi calculada por janela. O princípio era quatro pessoas por janela. Como muitos

Trabalho forçado em Cracóvia: judeus tendo de remover a neve

dos quartos tinham duas janelas, até oito pessoas tinham de morar em um mesmo cômodo (isso, frequentemente, correspondia a duas famílias). Os cômodos estavam tão lotados que, nas contagens noturnas, era preciso andar sobre colchões e cobertores. Quase não havia mais espaço para a mobília. As contagens eram feitas sempre à noite, porque, em virtude do toque de recolher, cada habitante do gueto tinha de permanecer em seu alojamento.

Os nazistas fecharam os portões do gueto no dia 20 de março de 1941, mas nem todos os judeus de Cracóvia receberam autorização para viver ali. Apenas determinados grupos profissionais puderam se mudar para a parte da cidade oficialmente denominada "distrito de moradia judia" ou "distrito judeu de moradia" — a palavra gueto nunca era usada. Primeiro, era necessário um selo no cartão amarelo de identificação, provando que a pessoa havia removido neve em determinado número de dias. Depois, a permissão era dada a

Judeus em Cracóvia obrigados a construir o muro em volta de seu gueto (1941)

trabalhadores de empresas alemãs e polonesas. Só mais tarde foi dada preferência aos operários de indústrias especializadas na produção de artigos importantes para a guerra, que também podiam levar a família para o gueto. Portanto, quem não estivesse ligado a um departamento alemão ou a uma empresa relevante para a guerra tinha de deixar a cidade e procurar casa em localidades menores. Mas havia exceções: foi decretado que judeus velhos e doentes, incapazes de se locomover, não precisariam deixar Cracóvia. Com base nessa determinação, meu avô Arthur Gabriel Pemper, que estava então com 85 anos, recebeu um comprovante do agente oficial de saúde. Assim, em função da idade, ele pôde morrer em sua própria cama em outubro de 1941. Se tivesse vivido um ano mais, teria sido um dos primeiros deportados para as colônias de extermínio em Bełżec. E era assim que uma vantagem podia se transformar em desvantagem e vice-versa — um planejamento de prazo mais longo ou até uma tentativa de desenvolver uma estratégia contra esse sistema de injustiça eram inconcebíveis.

Eu não recebi autorização para morar no gueto. Nem meu pai, que, como comerciante autônomo, não podia comprovar alguma atividade "importante para a guerra". Assim, meus pais e meu irmão mais novo se mudaram para a casa de parentes em Wiśnicz, cerca de cinquenta quilômetros ao sul de Cracóvia, enquanto eu fiquei hospedado na casa do meu tio Zygmunt Weissenberg, irmão de minha mãe, que tinha uma empresa de transporte em Zielonki, na periferia de Cracóvia. Na casa dele, ajudei dando aulas aos meus dois primos.

Depois de algumas semanas, fiz novo contato com a Comunidade Judaica em Cracóvia e obtive permissão de mudança para o gueto. Assim, a partir do verão de 1941, eu continuava a trabalhar para a comunidade (Conselho Judeu), podendo, desse modo, seguir de perto a política alemã de ocupação. Então, eu achava que judeus só podiam se tornar necessários em cidades grandes — um pensamento que provou estar correto.

Em março de 1941, Hitler anunciou que, em breve, tornaria o Governo Geral "livre de judeus".[9] Essa linha de princípio político acarretou um conflito administrativo em torno da "solução para a questão judaica". No gueto, de tempos em tempos eu recebia informações sobre isso por meio da correspondência da Comunidade Judaica. Não tinha informações exatas, mas imaginei que interesses diferentes estivessem se atrapalhando mutuamente. Contradições desse tipo eram extremamente interessantes para mim — se os ocupantes não estão unidos, pensava eu, talvez isso possa ter alguma utilidade para nós,

---
9. Richard Breitmann, 1996, pp. 205-206.

judeus. Hoje, sabemos que a SS de Berlim competia com as autoridades civis do Governo Geral em Cracóvia. Mensagens secretas foram trocadas entre as duas capitais e, a cada vez, novas diretrizes eram dadas. Apesar de serem antissemitas de corpo e alma, o *Reichsführer-SS* Heinrich Himmler e o governador geral Hans Frank não se suportavam. Ambos queriam solucionar a "questão judaica" à própria maneira e, com isso, ambos queriam obter o máximo de vantagens, incluindo as pessoais. Era, portanto, uma questão de jurisidição e também do destino dos valores patrimoniais dos perseguidos: para Berlim, aos caixas do banco do Reich, ou para Cracóvia, aos caixas do governador geral. Em novembro de 1941, Himmler revelou ser o vencedor no conflito.[10] Desde aquela época, ele e seu substituto Reinhard Heydrich tinham voz de comando sobre tudo o que fosse "questão judaica".[11] Estamos falando de algo em torno de dois milhões e meio de pessoas, só no Governo Geral.

Até o final do ano de 1941, quase um milhão de cidadãos soviéticos e de pessoas de proveniência judaica morreram de fome ou foram assassinadas, mas eu só soube disso mais tarde, apesar de, na época, já correrem vários boatos a esse respeito. Também não sabíamos nada a respeito dos planos que os nazistas faziam desde meados de 1941 e executaram em 1942. Hoje, essas ações intensivas são conhecidas como "Ação Reinhard". Em 16 de julho de 1941, aconteceu uma conferência na Wolfsschanze, o quartel-general do Führer na Prússia Oriental. Nesse dia, Hitler fez uma declaração infame, dizendo que, nos territórios ocupados do leste, qualquer pessoa que "olhasse torto" para um alemão deveria ser fuzilada.[12]

---

10. Idem, p. 42.

11. Idem, p. 29.

12. Jan Erik Schulte, palestra em 20 de janeiro de 2003 no recinto de conferência de Wannsee,

No dia 18 de julho de 1941, Heinrich Himmler viajou para Lublin e transmitiu ao dirigente da SS e da polícia do distrito, o *SS-Brigadeführer* Odilo Globocnik, e ao seu comandante de estado-maior, o *SS-Sturmbannführer* Hermenn Höfle, a tarefa de assassinar todos os judeus do Governo Geral. Também o *SS-Obergruppenführer* Oswald Pohl, que em 1942 seria nomeado chefe da Central de Administração Econômica da SS *(SS-Wirtschaftsverwaltungshauptamt — WVHA)*, participou dessas conversas. Globocnik deveria começar em seu próprio distrito. O campo de extermínio de Bełżec, que em novembro de 1941 estava em construção, ficava a leste de Cracóvia, na estrada ferroviária entre Lublin e Lwów (Lemberg), região que, por ser praticamente desabitada, era adequada para os planos da SS. Não eram necessários galpões para o alojamento de judeus. Imediatamente após sua chegada a Bełżec, eles eram obrigados a se despir para "tomar uma ducha". Em seguida, os integrantes da SS os levavam para as câmaras de gás, denominadas "salas de inalação e banho"[13] e os matavam com monóxido de carbono — o gás de escapamento dos motores a diesel. Segundo estimativas, seiscentos mil judeus foram assassinados em Bełżec em oito meses. Em Podgórze, no gueto, não sabíamos nada sobre isso, mas ouvimos rumores dos ferroviários e de organizações polonesas clandestinas: diziam que ali onde os trens finalmente paravam não havia um campo maior, nem tampouco um canteiro de obras, a construção de uma estrada ou de uma fábrica que precisasse de qualquer força de trabalho — mesmo assim os trens voltavam vazios. Sempre que chegava um carregamento de pessoas, algum tempo depois se sentia o cheiro de carne queimada, conforme relatavam camponeses poloneses das redondezas.

Berlim. http://www.ghwk.de/deut/texte/voelkermord.htm.

13. Kurt Gerstein, *Aus dem Gerstein-Bericht (Do relato Gerstein)*, in: Walther Hofer, 1957, p. 307.

Durante aqueles meses no gueto, notei mudanças nas funções na administração civil alemã. Pude comprovar isso facilmente, graças ao meu trabalho como correspondente oficial. No início de 1942, foi determinado que "assuntos judeus" não eram mais competência da administração civil. Até então, nós nos correspondíamos com repartições da administração civil alemã, com Schmid, o capitão da cidade, e com a administração distrital — especialmente com o departamento de alimentação e agricultura, a respeito de questões ligadas a alimentos para as cozinhas populares no gueto. Agora, repentinamente, a responsabilidade mudava da administração civil do Governo Geral para a Polícia de Segurança alemã, que era conhecida como Gestapo. Que eu soubesse, não havia uma Polícia Secreta Estatal no Governo Geral. Eu começava a compreender relações e questões de poder dentro da burocracia da SS, e já tinha memorizado as patentes dos novos senhores SS, que eram comparáveis aos títulos militares, apesar de eles, no início, serem pouco comuns para nós. Havia o Alto Dirigente da SS e da Polícia do Leste, o chefe máximo de todos os postos SS e da polícia no Governo Geral: em princípio, esse era o general Friedrich Wilhelm Krüger, que também residia no Wawel (o castelo real). Seu ajudante era o *SS-Hauptsturmführer,* o conde Korff. Os comandantes da Polícia de Segurança e do Serviço de Segurança, assim como os comandantes da Polícia de Ordem, eram diretamente subordinados ao general Krüger, cujo sucessor foi o general Wilhelm Koppe. No Governo Geral existiam inicialmente quatro distritos: Varsóvia, Cracóvia, Radom e Lublin e, desde meados de 1941, também o distrito de Galícia e sua capital, Lemberg. Cada distrito tinha seu próprio dirigente da SS e da polícia. O *Oberführer* Julian Scherner era o dirigente da SS e da polícia no distrito de Cracóvia, seu posto ficava na rua Oleander. O comandante de Estado Maior de Scherner era o *SS-Sturmbannführer* Willi Haase, contra o qual eu mais tarde depus, em seu processo em Cracóvia. Haase foi condenado à morte. Aparentemente, o futuro comandante do campo de Cracóvia-Płaszów, Amon Göth, entendia-se bem com Scherner e Korff; em 1943 e 1944 ambos foram convidados, em diferentes situações, a banquetes na mansão de Göth.

Por causa da mudança de responsabilidades que ocorreu no começo de 1942, nós, moradores do gueto, pertencíamos agora ao âmbito de poder das autoridades policiais e da SS. Naquela época, eu pensava muito nas palavras do poeta romano Virgílio: "*Rerum cognoscere causas* (é preciso reconhecer as causas das coisas)". Eu estava convencido de que algo terrível estava por vir, só não sabia o que poderia ser. Mas, na primavera de 1942, todos os judeus que moravam no gueto tiveram de ir ao edifício da Caixa Econômica com seus documentos trabalhistas e cartão de identificação. Naquele local estavam montadas algumas mesas e os membros da Polícia de Segurança controlavam os documentos de todos. Em alguns casos, carimbavam um selo redondo da autoridade policial no cartão de identificação, em outros — sobretudo quando se tratava de jovens e pessoas idosas — não, o que não significava nada de positivo. O primeiro transporte de pessoas que seriam exterminadas em Bełżec saiu do gueto de Cracóvia em 1º de junho de 1942. A tarefa coube a Willi Haase e seus integrantes da SS. Bełżec ainda não era para nós o nome de um campo de extermínio. Acreditávamos na alegação dos nazistas, que diziam estar enviando pessoas mais velhas e doentes, mulheres e crianças pequenas para trabalhar nas colheitas na Ucrânia. O segundo grupo a ser exterminado saiu do gueto de Cracóvia

Entrada principal do gueto de Cracóvia. À direita, a sede da Comunidade Judaica (1941-1942), onde trabalhei temporariamente

em 8 de junho de 1942. Dele fazia parte o recém-eleito presidente da Comunidade Judaica, Dr. Arthur Rosenzweig — ele sucedeu Marek Biberstein no cargo — e sua família. Ele foi acusado de não ter se esforçado suficientemente na primeira "emigração", ou seja, de não ter conseguido colocar ainda mais judeus de nosso gueto na praça em frente à farmácia — o ponto de partida do transporte de execução. Depois disso, os nazistas nomearam David Gutter como dirigente comissário do "Conselho Judeu" e não houve mais grêmios diretivos eleitos.

Nessa época, meus pais e meu irmão Stefan ainda estavam fora do gueto. Eu considerava minha tarefa mais urgente trazer os três para Cracóvia, para o gueto, e arranjar-lhes trabalho em uma empresa "importante para a guerra". Parecia-me, apesar de tudo, mais

Trecho da cerca com arame farpado que separava partes do gueto em Podgórze do resto de Cracóvia

aconselhável que vivessem ali do que em algum lugar fora da cidade. Não foi difícil acomodar minha mãe em uma cooperativa de alfaiates encarregada de executar os uniformes militares. Meu irmão mais novo, que sempre gostou de ajudar na empresa de transporte do meu tio e em outras transportadoras, simplesmente subiu em alguma carroça e chegou a Cracóvia de maneira ilegal.

Encontrar trabalho para o meu pai foi muito mais complicado. Ele já estava com 54 anos e não tinha formação profissional. Nisso fui ajudado pela jovem advogada Olga Bannet, filha de um cracoviano também advogado. Ela trabalhava na Comunidade Judaica como diretora do departamento de demografia e estatística e, entre suas tarefas, estava a de manter o registro dos habitantes do gueto. Como tinha relações com funcionários poloneses da Justiça, ela conseguiu, por algumas centenas de złoty, uma falsa intimação para que meu pai fosse testemunha em um processo em Cracóvia. Enviei esse documento a meu pai, em Wiśnicz, e ele, então, se dirigiu ao comando alemão da polícia local, que colocou o selo oficial no documento. Agora meu pai podia comprar uma passagem e viajar de trem — sem tais documentos, os judeus não podiam utilizar transportes públicos. Toda a ação fora pensada para um curto período, pois já havia uma notificação oficial para que os judeus de Wiśnicz fossem para Bochnia, a cidade maior mais próxima — lá era o ponto de encontro para a "emigração". Segundo narrativas posteriores de meu pai, algumas centenas de judeus já tinham sido mandadas para lá, pessoas com malas e trouxas que ele encontrou nas ruas. Todos os judeus de Wiśnicz tinham de ir a pé até o ponto de encontro. Uma cena fantasmagórica. Apenas meu pai caminhava para a estação com um bilhete real em uma das mãos e o documento que o salvou na outra. E assim ele chegou de maneira totalmente legal a Cracóvia.

A jovem advogada Olga Bannet, infelizmente, não sobreviveu aos anos de guerra.

Eu trouxera minha família de volta à Cracóvia. Minha mãe, munida de documentos oficiais, já estava trabalhando em uma grande alfaiataria no gueto. Mas faltava empregar meu pai e meu irmão, pois viver "ilegalmente" na cidade era um risco, já que, desde novembro de 1941, valia uma ordem de atirar: judeus fora do gueto eram animais a serem caçados. Uma coincidência me ajudou. Era domingo e eu tinha um trabalho a fazer na Comunidade Judaica. Foi então que David Gutter me chamou ao escritório: "Este senhor trabalha na empresa de construção Klug, que está ampliando o aeroporto de Cracóvia. Ele tem uma permissão do dirigente da SS e da polícia para que um determinado número de judeus possa trabalhar na obra. Faça o favor de datilografar o formulário para ele". Quando fiquei sozinho na sala com esse senhor, tive a impressão de que ele tinha certa autonomia na escolha dos trabalhadores, porque, durante a conversa, tirou vários bilhetinhos dos bolsos — ora do direito, ora do esquerdo. Quando vi isso, enchi-me de coragem: "Posso lhe pedir um favor?", perguntei. "O senhor ainda deve ter lugar para alguns nomes em sua lista. Eu precisaria de uma linha. Na verdade, duas: uma para meu pai e outra para meu irmão." "Não", respondeu ele, "isso não é possível". Depois de uma longa negociação, ele finalmente me concedeu uma linha para preenchimento. Como eu não sabia quem poderia salvar, coloquei nessa linha o nome "Pemper, Jakob Stefan". Imaginei que, dessa forma, podia salvar meu pai, Jakob, ou meu irmão, Stefan. Assim consegui acomodar meu pai em um emprego "importante para a guerra" na construtora Klug. Meu irmão conseguiu mais tarde um emprego na mesma empresa.

O terceiro transporte para o campo de extermínio, mais uma vez eufemisticamente chamado de "ação de emigração", ocorreu em 28 de outubro de 1942. Por meio do meu trabalho no escritório, aprendi como prever tais ações: quando os vigias nos portões do gueto ficavam proibidos de sair era sinal seguro de que alguma coisa estava se delineando. Eu me preocupava principalmente por meu pai e temia que, devido à sua idade, ele pudesse ser posto no transporte para execução. Por precaução, liguei para ele na obra do aeroporto; graças a um trabalhador simpático, meu pai atendeu e eu orientei-o a não retornar ao gueto naquela noite. Ele passou a noite no chão do corredor da casa de um conhecido polonês e, desse modo, pude salvá-lo de novo.

Por ocasião dessa terceira deportação, mais da metade das pessoas que ainda permaneciam no gueto de Cracóvia foi mandada para a morte em Bełżec. O choque e a raiva diante da brutalidade desmedida dos nazistas eram tão grandes que grupos judeus de resistência começaram a planejar uma grande ação no centro da cidade. Perto do Natal de 1942, conseguiram explodir algumas bombas no Café Cyganeria, muito popular entre soldados do exército, policiais e integrantes da SS. Nessa investida, onze alemães perderam a vida e treze foram feridos. Os líderes do grupo de resistência, entre eles Dolek Liebeskind, foram apanhados e executados. Fiquei profundamente abalado com a perda desses jovens, mas o luto não mudou minha forte convicção de que tais atos de desespero não mudariam em nada nosso destino. Pensando que tínhamos de tentar salvar a maioria dos nossos da morte certa lembrei-me da expressão latina que diz: "*Qui gladio ferit, gladio periit* (Quem luta com a espada, com a espada perecerá)". Talvez ainda houvesse outros caminhos de resistência contra os ocupantes alemães — sem armas, pois não queríamos morrer.

No início de novembro de 1942, David Gutter voltou da reunião diária com o dirigente da polícia e da SS com duas pastas de cartas embaixo do braço, cada uma com trezentas a quatrocentas páginas. Ele mandou que eu ordenasse sigilosamente as cartas de acordo com repartição e nome da empresa e com referências cruzadas, segundo o setor de atuação. Tratava-se da correspondência entre o departamento do dirigente da polícia e da SS no distrito de Cracóvia e diferentes empresas e repartições polonesas e alemãs. Esperei os outros trabalhadores do escritório irem para casa e, à noite, comecei a fazer esse trabalho. Nas cartas, as tais empresas e repartições pediam permissão para continuar empregando judeus. E a resposta do dirigente da polícia e da SS em Cracóvia quase sempre era que, excepcionalmente, ainda se podia emitir autorização para essa ou aquela força de trabalho judia, mas que a empresa deveria se preparar, pois, em breve, quase não haveria mais judeus no Governo Geral; no máximo, uns poucos "reclusos em campos de trabalhos forçados ou campos de concentração" — dito assim, literalmente, em uma das cartas. Meu coração parou. Quase não consegui respirar. Esse deveria ser nosso futuro: o gueto não era a parada final, como a maioria acreditava. Ao contrário, apenas alguns de nós sobreviveriam, trabalhando como escravos e confinados nos campos. Evidentemente, eu não podia falar com ninguém sobre essa informação. Alguns dos remetentes dessas cartas protegiam abertamente seus trabalhadores judeus: as pessoas falavam alemão ou iídiche e era fácil comunicar-se com elas. Além disso, elas já estavam adaptadas ao trabalho e demoraria muito até que se pudesse substituir pessoas tão confiáveis por poloneses. Tais formulações, e outras, mostravam nitidamente que doravante seria extremamente importante que tivéssemos um trabalho considerado útil pela SS.

Eu soube por David Gutter que o homem que lhe deu a pasta com as cartas, o *SS-Unterscharführer* Horst Pilarzik, era uma pessoa sem cultura, um tipo bastante primitivo. Naquela época, o nome Pilarzik ainda não significava nada para mim, mas, com o coração pesado e cumprindo minha tarefa, ordenei as cartas e anotei as referências cruzadas em remetentes de um mesmo setor.

Poucos dias depois Pilarzik ligou para o escritório da Comunidade e disse em tom militar: "Lave seu peito!". Depois, riu alto e perguntou: "O senhor sabe o que vem agora?". Tentei controlar-me e respondi: "Sim, agora vem: o senhor será fuzilado". E ele perguntou: "E como sabe isso?". "Ora", retruquei, "isso é uma expressão". "Sim, isso mesmo." Pilarzik parecia gostar da conversa, e então disse de modo benevolente: "Bem, eu sou Pilarzik. O senhor recebeu uma correspondência para ordenar. Quando vou receber tudo isso de volta?".

E eu respondi educadamente: "Está quase pronto; talvez mais uma noite e eu terei terminado tudo".

Gutter, então, cruzou a cidade na carruagem própria da Comunidade (os bondes já eram proibidos para judeus) até a rua Oleander, rumo ao escritório do dirigente da polícia e da SS, e entregou as duas pastas a Pilarzik.[14] Duvido que Gutter tenha visto as cartas, mas, para mim, elas indicavam o caminho a seguir. Agora eu sabia que, mais cedo ou mais tarde, estaríamos presos nos campos. Poucos meses depois encontrei Pilarzik na dissolução do gueto. Mais tarde, no verão de 1943, ele até apareceu brevemente no campo.

Em fevereiro de 1943, um enorme oficial da SS entrou em nosso escritório. Ele tinha quase dois metros de altura, enquanto eu sou de pequena estatura, com meus um metro e sessenta e cinco centímetros. Era o *SS-Untersturmführer* Amon Göth — ele veio para o nosso gueto e exigiu falar com alguns médicos. O Dr. Aleksander Biberstein, clínico renomado e especialista em doenças contagiosas (há anos o médico de nossa família), comunicou mais detalhes desse encontro no processo de crimes de guerra contra Amon Göth, em 1946.

> "Mais ou menos em meados de fevereiro [de 1943], portanto enquanto os galpões estavam sendo construídos, a Comunidade Judaica encarregou-me, por solicitação de Göth, de ir para o campo. Eu estava a caminho, acompanhado do Dr. Schwarz, para discutir com o acusado a construção do hospital e das instalações sanitárias no campo, como

---

14. David Crowe, em seu recém-lançado livro, afirma erroneamente que Pilarzik só me pediu e recebeu essa correspondência no campo de trabalhos forçados, portanto após março de 1943. In: *Oskar Schindler. The Untold Story of His Life, Wartime Activities, and the True Story behind The List*. Cambridge 2004, p. 249.

nos informara a Comunidade Judaica. Chegamos sob escolta, mas não encontramos o acusado no galpão. Depois de algum tempo ele chegou e pediu muito educadamente que nos sentássemos. Ofereceu-nos um cigarro. Aliás, quero frisar que durante toda a conversa nenhuma vez foi pronunciada a palavra "judeu" ou "detento", ao contrário do que Göth disse mais tarde. Ele queria, assim prosseguira Göth, que os trabalhadores recebessem boa alimentação e tivessem uma ótima assistência médica. Para os intelectuais, ele até mandaria construir galpões especiais. Quanto às roupas, ele mandaria construir uma lavanderia e a roupa seria trocada a cada semana. Essa conversa deixou uma boa impressão em alguns de nossos colegas. Eu, ao contrário, a tomei como astúcia, manha e cinismo."[15]

Naquela vez eu vi Göth rapidamente, nas salas de escritório da Comunidade. Na verdade, só convivi com ele na quarta ação de execução, a dissolução do gueto em 13 e 14 de março de 1943. Depois, nós, judeus sobreviventes, fomos mandados para o Cracóvia-Płaszów, que oficialmente era um campo de trabalhos forçados.

Poucos dias antes da dissolução do gueto, meu pai sofreu um grave acidente no canteiro de obras do aeroporto de Cracóvia. Ele foi atropelado por um caminhão, quebrou complicadamente a canela e o tornozelo, e teve de ser engessado. Sua perna nunca mais ficou

---

15. Depoimento de Aleksander Biberstein. In: *Proces Ludobójcy Amona Goetha (Processo contra Amon Leopold Göth)*. De 26 de agosto de 1946 a 5 de setembro de 1946. Cracóvia 1947. Tradução de trechos selecionados do livro para o alemão por Katharina Karpinska e Eleanora Blaźniak, julho de 2004. Doravante, esse documento será citado abreviadamente como "*Processo contra Amon Leopold Göth*".

completamente boa e, desde então, ele passou a mancar. No começo, quase sem conseguir se mexer, ele ficava deitado no hospital do gueto e, mais tarde, em nosso miserável alojamento. Eu sabia que a SS podia deportá-lo a qualquer momento. Ficou claro para mim que a dissolução do gueto era iminente quando David Gutter me encarregou de emitir atestados para os membros da diretoria da Comunidade, os quais deveriam ser afixados na porta de seus apartamentos. O texto era: "Este apartamento é habitado por fulano de tal e por isso não pode ser evacuado". Eu emiti aproximadamente uma dúzia dessas cartas de salvo-conduto, ornamentadas com o selo redondo do dirigente da polícia e da SS. Não ter uma dessas cartas de proteção na porta significava, segundo minha convicção, remoção para o campo ou morte.

Por isso, com uma faca, retirei a parte do gesso acima do joelho de meu pai e coloquei-o na garupa de um veículo de cervejaria puxado por cavalos. Eu conhecia o proprietário da empresa de transporte, o senhor Klinger; ele tinha feito negócios com meu tio. Havia alguns meses que ele fazia regularmente o caminho entre o gueto e o campo transportando diferentes bens — inicialmente pão, mais tarde, malas e outras coisas. Pedi a ele para levar meu pai diretamente ao campo. "Eu levo seu pai com prazer. Mas...", disse ele preocupado, "se uma caixa cair do carro e um policial mandar seu pai erguê-la, ficará evidente que ele não pode andar. E então, o que será?". Não me deixei desconcertar, insisti no pedido e acrescentei: "Preciso correr esse risco". Ele é menor que a certeza de que amanhã meu pai não estara mais vivo, pensei.

Minha mãe já tinha se mudado do gueto para o campo, sem maiores problemas. Ela trabalhava agora na oficina do alfaiate Julius Madritsch, um fabricante de roupas vienense que havia algumas semanas tinha mudado sua empresa do gueto para a área do campo.

Julius Madritsch e Oskar Schindler empregavam naquela época centenas de trabalhadores judeus em suas empresas. Meu irmão também já conseguira há tempos chegar ao campo; ele voltara a juntar-se a um dos muitos comandos que transportavam pertences das pessoas do gueto para o campo de galpões no limite da cidade. Ele tinha 17 anos, mas parecia mais jovem, talvez por isso não tenha conseguido permissão oficial para ficar no campo. Mais tarde, na elaboração das listas de presos, nós o tornamos dois ou três anos mais velho.

Apenas cerca de oito mil pessoas sobreviveram ao massacre e ao terror na dissolução do gueto de Cracóvia, em 13 e 14 de março de 1943. David Gutter reteve-me até o último minuto no gueto, para eventuais trabalhos de escrivão. Na tarde do dia 14 de março, eu fazia parte dos últimos que estavam a caminho do campo de Płaszów. Ainda não sabíamos que, com o abandono do gueto, nosso *status* tinha piorado consideravelmente. Esperava-nos um novo ápice de ausência de direitos.

O comandante do campo, o *SS-Untersturmführer* Amon Göth, fora transferido de Lublin para Cracóvia apenas algumas semanas antes. Ele adquirira uma temível fama na dissolução do gueto no distrito de Lublin. Naquela ocasião, ainda não sabíamos disso, mas depois das experiências chocantes dos últimos dois dias no gueto de Cracóvia ligávamos o nome de Göth à imagem de um assassino cruel, que parecia não ter nenhuma compaixão. Antes, rondava outro boato, como comprova Henryk Mandel, um antigo detento, em seu depoimento de testemunha no processo contra Amon Göth em 1946:

"Espalhou-se a notícia de que o novo comandante era um vienense e que, agora, as condições no campo iriam melhorar. Dois dias depois pudemos nos

Após a liquidação do gueto de Cracóvia, março de 1943

convencer de como era essa melhoria. O acusado chamou todos os dirigentes de trabalho e proferiu um discurso. Ele explicou que estava assumindo o campo em Cracóvia-Płaszów e que esperava que todos cumprissem suas ordens. Como prova de que estava falando sério, deixou que cada um recebesse uma quantidade de pancadas. Alguns dias mais tarde, duas mulheres foram enforcadas publicamente."[16]

Toda a crueldade que tínhamos vivenciado até então fora intensificada. Tudo piorou ainda mais. E não desejo que ninguém tenha de vivenciar aquilo que pode suportar sob determinadas circunstâncias.

---

16. Depoimento de Henryk Mandel no processo contra Amon Leopold Göth.

Nos dias seguintes à sangrenta dissolução do gueto, os cadáveres foram levados para o campo. Lá, os mortos não foram corretamente sepultados, mas simplesmente enterrados em covas. Em um desses transportes, meu irmão ajudou a salvar uma criança. Poucos dias após chegar ao campo de Płaszów, meu amigo Izak Stern disse-me que seu sobrinho Menachem, de 5 anos, filho de Natan, seu irmão mais novo, tinha sido contrabandeado pelos pais para o campo dentro de uma mochila no dia 13 de março. Agora, era necessário tirar a criança de lá e confiá-la a amigos poloneses, que poderiam morrer caso fossem descobertos. Pedi a meu irmão, que na época ainda não conhecia os Stern, que fizesse todo o possível para entregar a criança aos amigos poloneses. Stefan deu uma garrafa de aguardente ao ucraniano que deveria vigiá-lo durante as viagens entre o campo e o gueto, o qual rapidamente ficou bêbado. Dessa maneira, o menino, escondido entre os bens transportados pôde ser levado do campo. Os amigos poloneses o pegaram em uma parada propositalmente provocada na rua. Antes da guerra, a família Jaksch tinha sido cliente da loja do avô de Stern; agora, apresentavam o pequeno Menachem aos vizinhos e moradores da casa como o filho de parentes de Varsóvia que haviam sido bombardeados. Nessa família ele foi bem acolhido e cuidado, mas não podia banhar-se nu com as outras crianças, já que era circuncidado. Hoje, o Dr. Menachem Stern é médico e vive em Tel-Aviv. No último ano ele escreveu: "Penso em Stefan Pemper, um garoto judeu de quatorze anos que, em 1943, me ajudou a fugir do campo".[17]

---

17. Menachem Stern, *Berliner Zeitung* (Jornal Berlinense), 24 de janeiro de 2004. Stefan Pemper tinha 17 anos, em 1943.

Amon Göth, Oskar Schindler e o campo de Cracóvia-Płaszów

Na terceira semana de março, Amon Göth informou-se com os escrivães que já trabalhavam havia algum tempo no campo a respeito de quem escrevia as cartas na Comunidade Judaica. As pessoas deram a ele dois nomes: o de Heinz Dressler e o meu (depois da guerra, Heinz, que é seis meses mais velho que eu, mudou-se para os Estados Unidos, onde vive até hoje). Ele entrou primeiro no escritório de Göth, para um ditado-teste. Heinz era muito mais qualificado que eu, pois tinha cursado a Faculdade de Economia de Dresden e dominava perfeitamente a estenografia alemã, enquanto eu tinha aprendido taquigrafia alemã predominantemente de modo autodidata, mas depois de alguns minutos ele estava de volta. Agora era a minha vez. Quando entrei no escritório, Göth revelou-me que procurava também um intérprete, e como Heinz Dressler quase não falava polonês, ele decidiu-se por mim. Assim, tornei-me involuntariamente o escrivão de Göth, seu estenógrafo pessoal. Nos primeiros meses de campo, cheguei a ser o único funcionário de escritório sob seu comando. Eu sabia que Göth maltratava as pessoas de seu convívio imediato; algumas ele torturava cruelmente e outras, até fuzilava. Agora, portanto, eu tratava diariamente com um assassino em massa. Não havia nenhuma possibilidade de me livrar do trabalho que me tinha sido ordenado; minhas chances de sobrevivência eram extremamente pequenas.

Os detentos que trabalhavam no galpão do comando ou entravam em contato regular com o pessoal alemão em outros escritórios foram alojados separadamente. Os integrantes da SS tinham um medo infernal de doenças contagiosas; acreditavam que, desse modo, poderiam proteger-se das infecções que se espalhavam pelo campo. Meus amigos, os irmãos Izak e Natan Stern, também trabalhavam em escritórios. Assim, dividíamos um catre triplo no galpão de moradia para "escrivães e contadores". Ao amanhecer, eu sempre me despedia dos Stern como se me aventurasse numa viagem perigosa, sem saber se, no final, me esperava um retorno ileso, com ferimentos graves, ou a morte. Só o que os outros detentos viam era eu descer as poucas centenas de metros até o comando do campo, diretamente ao lado do portão. Cada dia eu passava várias horas com Amon Göth. Cada dia eu temia pela minha vida. A tensão nervosa que isso gerava em mim quase não pode ser descrita. Falta-me o vocabulário para tal.

Uma noite, depois de tomar ditado de Göth durante alguns dias, eu disse para Izak e seu irmão Natan: "Imaginem, nós somos detentos. Hoje escrevi uma carta para a Câmara de Comércio Exterior em Cracóvia, informando que o judeu fulano de tal não poderá comparecer a um compromisso, porque é detento do 'campo de trabalhos forçados do dirigente da polícia e da SS no distrito de Cracóvia'. Portanto, não somos mais moradores do gueto com posto externo na rua Jerozolimska, em Cracóvia, mas detentos de um campo de trabalhos forçados". Tínhamos perdido todos os nossos direitos civis.

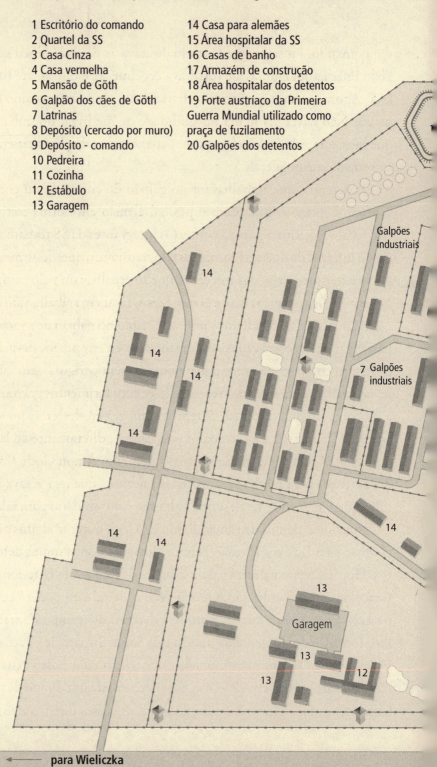

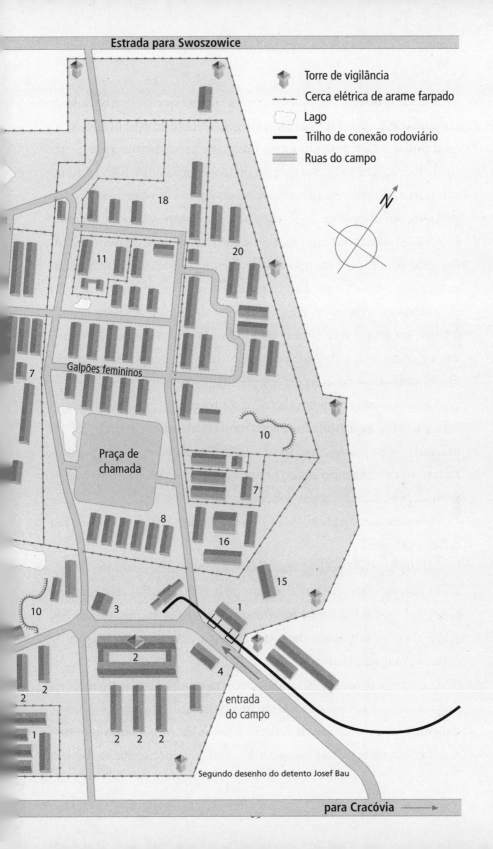

Sob essas novas condições, a primeira coisa que eu precisava fazer era ajudar meu pai. Ele necessitava urgentemente de uma ocupação na qual pudesse ficar sentado e não precisasse se apresentar para a chamada diária. Seu pequeno defeito de locomoção após o acidente no aeroporto não poderia aparecer de modo algum. No começo do verão de 1943, um integrante da SS chegou à sala de espera do comandante. Göth e seu ajudante, como acontecia com frequência, estavam perambulando pelo campo ou pela cidade. Naquela época ainda não tínhamos uniformes de presos e eu vestia uma camisa simples e uma jaqueta de malha dos tempos do gueto. O jovem disse ser o *SS-Rottenführer* Müller, do grupo seccional D da Central de Administração Econômica e encarregado da instalação da padaria do campo. Em seguida, iniciei uma conversa com ele. Discutíamos quantos quilos de pão se podia fazer com cem quilos de farinha, quanta água era preciso acrescentar e como a quantidade de água mudava, dependendo de a farinha utilizada ser da primeira moagem ou não. Finalmente, Müller perguntou como eu sabia tudo aquilo e contei-lhe sobre meu pai. "Hum", disse ele depois, "então seu pai poderia ser padeiro para nós..."

"Não, ele não é padeiro. Ele é especialista em farinha e cereais. Ele talvez pudesse..."

"Tudo bem, ele poderá trabalhar na administração do depósito." Com isso meu pai passou a ter um posto de trabalho relativamente seguro, que o livrava de ser incomodado pelos integrantes da SS. Além disso, o comando da padaria estava liberado do comparecimento à praça de chamada.

Durante a detenção no campo, eu via minha família raramente. Suspeitava — e mais tarde isso me foi confirmado — que Göth mandara me espionar. Ele queria comprovar se eu falava com outras pessoas sobre o meu trabalho, mas eu sabia que qualquer conversa sobre o que acontecia no comando poderia colocar minha família e a mim em perigo. Por isso eu evitava contatos frequentes com meus pais e silenciava sobre meu trabalho no comando. Por meio de amigos e conhecidos pudemos manter discretamente a união como família e trocar notícias. Também era uma grande vantagem que, de tempos em tempos, minha mãe, meu irmão e eu recebêssemos de meu pai uma ração suplementar de pão. No campo imperava uma fome terrível. Em seu depoimento no processo contra Göth, Regina Nelken testemunhou:

> "Recebíamos um pão por semana. A sopa era intragável. Em vista disso, aqueles que trabalhavam fora do campo se sentiam obrigados a ajudar os que trabalhavam no campo. De fora, eles traziam pão, açúcar e cigarro, arriscando a própria vida. Certa vez, Göth fuzilou todo um grupo de padeiros com os quais encontrou pão de trigo. Esse grupo tinha sessenta pessoas."[18]

Suspeitávamos que Göth e sua equipe da SS furtavam alimentos que seriam para nós, detentos, e os vendiam no mercado negro. Depois da guerra, o Dr. Aleksander Biberstein confirmou nossa suspeita em seu depoimento de testemunha:

> "A alimentação de um detento, calculada em calorias, consistia em, no máximo, setecentas a oitocentas calorias — às vezes, talvez, novecentas — por dia, não mais que isso, quando deveria ser em torno de duas mil e duzentas até duas mil e quinhentas.

---
18. Depoimento de Regina Nelken no processo contra Amon Leopold Göth.

Portanto, só havia um terço disso para cada detento por dia. Para melhorar a assistência aos doentes, entrei em contato com Fass, o administrador do armazém, que eu conhecia desde antes da guerra, e assim consegui acesso às salas de depósito. Tornei-me hóspede diário na cozinha e no depósito. Ali vi quantidades inimagináveis de alimentos de todos os tipos, que eram trazidos da cidade. Havia grãos de cevada, destilados muito caros e diferentes tipos de vodca. Além disso, um paciente conhecido, um açougueiro de nome Feig, informou-me que o campo era abastecido com grandes quantidades de carne da melhor qualidade. Também se sabia que o acusado costumava organizar festas em sua casa, para as quais convidava seus conhecidos da Gestapo e homens das patentes mais elevadas da SS."[19]

Aproximadamente dez mil pessoas estavam empregadas nas empresas do campo em 1944. Isso gerou enormes gastos administrativos e um grande vai e vem de encomendas, confirmações, notificações e necessidades de conserto. Certamente, havia um telefone no comando e em todas as oficinas e seus escritórios, mas a papelada dentro do campo transitava exclusivamente por mensageiros. Esses jovens desempenhavam seu trabalho muito a contragosto, pois tinham medo da arbitrariedade dos integrantes da SS que encontravam constantemente em suas andanças. Alguns tinham medo até de ver Göth de longe, porque isso podia representar um risco. Moshe Bejski, que depois da guerra se tornou um dos mais altos juízes em Israel, disse numa entrevista para televisão:

---

[19]. Depoimento do Dr. Aleksander Biberstein no processo contra Amon Leopold Göth.

"Quando Göth descia de sua mansão para o escritório, muitas vezes ele simplesmente matava uma ou duas pessoas a sangue frio."[20]

Tanto que os detentos costumavam se esconder de Göth e, quando possível, mudavam de direção ou desviavam discretamente. Sob circunstância alguma queriam se encontrar com ele. Por esse motivo, tenho certeza de que nenhum dos presos me invejava por meu trabalho no escritório de Göth. Isso ficou especialmente nítido quando eu quis convencer alguns de meus antigos colegas da Comunidade Judaica a me ajudar no trabalho no escritório. "O quê?", gritavam assustados, "não exija isso de nós!" Eles até pediram aos meus pais para intercederem em favor *deles* (não em meu favor). Tinham medo de estar perto de Göth e de modo algum queriam trabalhar para ele.

Se Göth estava em frente ao galpão da administração ou perto do quartel da SS, quando precisava de mim, mandava me chamar por meio de mensageiros e eu tinha de aparecer imediatamente. Então, eu estenografava de pé e depois voltava ao escritório para dar os respectivos telefonemas, arrumar coisas e datilografar a correspondência. Estive diariamente com ele durante mais de quinhentos e quarenta dias, de 18 de março de 1943 até 13 de setembro de 1944, até sua detenção em Viena.

As empregadas domésticas judias de Göth, seu massagista, o cavalariço e outros detentos que tinham de trabalhar diretamente com ele por sua imprevisibilidade e arbitrariedade. Göth deixava-se barbear todos os dias em sua mansão e às vezes também no escritório. Nessas ocasiões, gritava tanto com o barbeiro que o pobre

---

20. In: Documentário SPIEGEL-TV, VOX, 2003.

homem tremia, o que não ajudava muito no barbear com uma navalha afiada. Infelizmente, esqueci o nome do barbeiro, só me lembro que ele se feriu na mão direita, de propósito, para não ter mais que barbear Göth. Eu não tinha uma escapatória como essa. Tinha de estar à disposição de Göth todos os dias, independentemente da hora e da duração.

Eu costumava sentar-me no escritório do comando, tomando o ditado. Enquanto falava, ele olhava para um espelho externo que havia diante da sua janela e que o ajudava a supervisionar a área dos galpões. De repente, ele se levantava, pegava um dos rifles da parede e abria rapidamente a janela. Eu ouvia alguns tiros, depois só gritos. Como se o ditado tivesse sido interrompido por um simples telefonema, Göth voltava à escrivaninha e perguntava: "Onde paramos?". Essas palavras neutras, ditas em tom tranquilo, ainda hoje despertam em mim cada detalhe daquele tempo, mesmo depois de mais de sessenta anos.

A quantidade de trabalho de escrivão era tão grande, que seria suficiente para, pelo menos, dois funcionários. Mas, como já foi mencionado, nenhum dos detentos profissionalmente aptos para isso queria estar perto de Göth, por isso eu proibi a mim mesmo de pedir um ajudante. O que aconteceria se um detento solicitado por mim fosse destratado por Göth após um erro ou, em sua cólera explosiva, até assassinado? Nenhum outro detento deveria ser obrigado a correr o mesmo perigo diário que eu tinha de suportar. Preferia terminar o trabalho excedente à noite, quando Göth não estava.

Uma noite, pouco depois da meia-noite, eu estava novamente sozinho no comando. De repente, a porta se abre e Göth aparece, voltando de algum banquete na cidade. Ele olhou investigativamente ao redor do cômodo. Quando me viu trabalhando nos arquivos, sobre duas escrivaninhas postas lado a lado, seu corpo relaxou. Ele me pareceu até um pouco decepcionado. Talvez ele achasse que podia me surpreender numa atividade proibida.

– Por que está fazendo isso agora? – perguntou.

– Durante o dia há tanto o que fazer que eu não tenho tempo para os arquivos – respondi.

– Então chame alguém para ajuda-lo.

– Obrigado, senhor comandante, mas prefiro fazer eu mesmo certos tipos de trabalho. Se outra pessoa o fizer é possível que eu não encontre determinados arquivos.

Göth, então, sentou-se perto de uma das escrivaninhas e escreveu um bilhete para o SS-Obersturmführer Heinz Kühler, o chefe da administração: "Meu escrivão Pemper trabalha frequentemente à noite, por isso deve receber porções extras de alimentos", e resmungava como se ditasse o texto a si mesmo: "tanto de gordura, tanto de geleia por semana", e me olhou, indagando:

– E quanto de pão?

– Obrigado, mas não preciso de pão – retruquei sinceramente. – Meu pai é administrador do depósito na padaria e os trabalhadores recebem uma porção adicional. Ele me dá um pouco dela.

Göth olhou abismado para mim e recostou-se na cadeira (ainda vejo a cena diante de mim, como se tivesse acontecido ontem). Depois balançou incredulamente a cabeça e disse:

– Pemper, o senhor não é judeu! Um judeu teria aceitado tudo isso e depois trocado por outra coisa.

Aceitei o insulto de Göth silenciosamente, pois não podia entrar em discussão com ele.

Para um sentenciado à morte, não importava receber um pouco mais ou um pouco menos de pão. Tudo o que podia fazer era atrasar o máximo possível a execução de minha sentença de morte, no interesse de meus familiares.

.

Göth ainda se lembrou dessa cena noturna três anos mais tarde e, no processo em 1946, ele até me envolveu num interrogatório cruzado:

> "*Réu Göth*: A testemunha diz que a comida do campo era muito ruim, mas durante os primeiros cinco meses o senhor recebia o mesmo que os soldados.
> *Testemunha Pemper*: De março até setembro de 1943 eu, como escrivão, recebi uma comida um pouco melhor, pois o senhor me viu trabalhando à noite e por isso escreveu uma carta autorizando mais alimentos para mim.
> *Réu Göth*: O senhor os recebeu?
> *Testemunha Pemper*: Sim, vinte e cinco gramas de açúcar, dez a vinte gramas de gordura, trinta unidades de geleia por semana.
> *Réu Göth*: Se a comida era tão ruim, então por que o senhor não aceitou a ração adicional de pão?
> *Testemunha Pemper*: Meu pai trabalhava na padaria e podia me dar regularmente um pouco de pão. O pão que era distribuído aos detentos era intragável."[21]

As traduções de documentos oficiais do alemão para o polonês ou vice-versa que eu tinha de fazer para Göth eram semelhantes àquelas que eu produzira para a Comunidade Judaica. Mas, uma vez, Göth pediu-me que o acompanhasse ao interrogatório de um detento para traduzir as afirmações do homem. Meu horror e minha consternação sobre os métodos cruéis da SS me deixaram tão fora de mim que

---

21. Interrogatório no processo contra Amon Leopold Göth.

eu, em vez de traduzir, só repetia ao pé da letra os farrapos de palavras expelidos em dor pelo homem torturado. Göth ficou fora de si. Mas, em vez de me punir, mandou-me de volta ao escritório. Depois, pegou outros como intérpretes na tortura.

As punições de Göth eram draconianas. Pelo contrabando de um pouco de pão e embutidos, os detentos eram surrados quase até à morte. Meu antigo colega detento Henryk Mandel descreveu mais tarde, no processo, a punição que recebera certa vez por contrabandear comida para dentro do campo. Primeiro, ele fora insultado pelo soldado que vigiava o portão de entrada:

— Então, vocês querem se entupir de pão, embutidos e manteiga enquanto nossos soldados no *front* têm de passar fome.

Depois, esse soldado informou a Göth que mandara o ancião do campo, o judeu Wilek (Wilhelm) Chilowicz, pegar os chicotes na sala de vigilância. Dois outros detentos trouxeram duas mesas e um balde com água e, então, começou o procedimento.

"Tínhamos que contar em voz alta e fomos avisados de que não deveríamos errar, pois começaria tudo de novo. Nós realmente tentávamos contar corretamente. Depois de cem chicotadas, recebíamos uma pancada adicional na cabeça se não conseguíssemos pular da mesa a tempo. Logo depois de mim chegou a vez do detento Meitlis, um tipo mais idoso e fraco, que gritava terrivelmente. Ele já tinha recebido trinta golpes quando Göth deu a ordem de começar de novo a bater nele, para fazê-lo calar-se. E Meitlis ainda recebeu inúmeras pancadas na cabeça. Em seguida, começaram novamente, mas

Meitlis gritava agora mais alto. Então, Göth pegou um tijolo e bateu tão forte na parte de trás da cabeça dele que o tijolo se partiu. Meitlis ainda recebeu outras cem pancadas. Depois da pancadaria, todos tinham de se apresentar a Göth, que perguntava se estávamos satisfeitos e se sabíamos por que havíamos sido punidos. Quando desceu da mesa, Meitlis se apresentou a Göth e depois se virou. Nesse momento, Göth puxou o revólver e atirou na cabeça dele. Depois, ordenou que ninguém fosse enfaixado ou desinfetado com tintura de iodo. Tínhamos o corpo estraçalhado pela pancadaria e estávamos sangrando. Mais tarde, recebemos ordem de sair para trabalhar. Na época, estava sendo construído um quartel para os soldados vigilantes. Deram-nos carrinhos de mão e pás: deveríamos carregar terra para o quartel em ritmo acelerado. Alguns soldados vigilantes, porém, tiveram pena de nós e pegaram trinta outras pessoas em nosso lugar, e foi graças a isso que permanecemos vivos naquele dia fatal."[22]

Eu sabia que depois de ter fuzilado ou torturado alguém até a morte, Göth mandava colher no fichário do campo os nomes e os números de detenção de toda sua família, para executá-la também. Certa ocasião, ele observou: "Não quero ter pessoas insatisfeitas no campo". Que ideia absurda! Como se alguém pudesse estar satisfeito! Desde aquele comentário, ficou claro para mim que eu não poderia cometer nenhum erro, por menor que fosse, pois, se ele me fuzilasse,

---

[22]. Depoimento de Henryk Mandel no processo contra Amon Leopold Göth.

pensava eu, em seguida mataria também a minha família. Isso não poderia acontecer. Essa responsabilidade pesava muito sobre mim, mas ela me levou a nunca pensar em desistir. Em uma entrevista, Helen Jonas-Rosenzweig, uma das duas empregadas domésticas de Göth, contou que sua maior preocupação também era a família:

> "Nunca temi a morte. Göth sempre trazia com ele uma pequena arma. Nunca tive medo de morrer; tinha muito mais medo de vê-lo matar minha mãe ou minha irmã."[23]

Nas horas mais sombrias no campo, quando o desespero ameaçava me sufocar, eu recordava três acontecimentos que sempre levantavam meu ânimo e me traziam um pouco de coragem: o "discurso de sangue, suor e lágrimas" de Winston Churchill, a invasão alemã na Rússia e o ataque a Pearl Harbor. Churchill proferiu seu discurso perante o parlamento inglês em 13 de maio de 1940, pouco antes da eminente derrota da França. Sua fala foi muito marcante. Ele prometeu vencer a Alemanha a qualquer custo.

> "Nós lutaremos na terra e no mar e, se não lutarmos a partir da Europa, então lutaremos a partir do Canadá. [...] Não tenho nada a oferecer a não ser sangue, esforço, lágrimas e suor. Temos perante nós muitos e muitos meses de luta e sofrimento. Guerrearemos na terra, na água e no ar, com todas as forças e toda a potência que Deus nos dá: para guerrear contra uma monstruosa tirania que nunca

---

23. In: Documentário SPIEGEL-TV, VOX, 2003.

foi superada em sua escuridão, um lamentável catálogo de crimes humanos. Vocês perguntam: qual é nossa meta? Eu respondo com uma palavra: vitória — vitória a qualquer preço. Vitória apesar de todo o terror. Vitória, por mais longo e duro que seja o caminho. Pois sem vitória não haverá sobrevivência."[24]

Antes que Churchill encerrasse seu discurso com a frase "Nós nunca nos renderemos" eu já tinha lágrimas nos olhos. Na época eu datilografei o discurso para o nosso "gazetki" chorando feito criança.

Mesmo com esse discurso, Churchill não conseguiu impedir a assinatura do cessar-fogo entre França e Alemanha em 22 de junho de 1940. A França foi dividida em três partes: o norte ocupado pelos alemães; o sul dominado pelo regime de Vichy, sob o comando do marechal Philippe Pétain; e uma França livre no exílio, em Londres, sob o comando do general Charles de Gaulle. Um ano mais tarde, em 22 de junho de 1941, o exército alemão invadiu a União Soviética. Depois veio o ataque dos japoneses à frota americana em Pearl Harbor, em 7 de dezembro. Quatro dias mais tarde, em 11 de dezembro de 1941, a Alemanha declarou guerra aos Estados Unidos. Com isso, ficou claro para mim que Hitler não tinha a menor chance de vencer a guerra — ele não podia vencer o mundo inteiro. A única questão era se nós já não estaríamos todos aniquilados até essa derrota.

Mesmo nós, do gueto, percebemos o quão mal preparada estava a campanha contra a Rússia, pois no inverno de 1941 tivemos de doar diversos casacos, golas e gorros de pele. Alguns judeus que tentaram esconder suas peles foram fuzilados. Naquela ocasião, perdi minha

---

24. Winston Churchill, 1989, pp. 148 ss.

prima Halina Liebeskind, que escondera uma pele de sua falecida mãe. Halina era muito ligada àquele casaco, que lhe trazia muitas lembranças. Minha prima foi levada ao campo em Lublin e lá morreu.

Para nós era óbvio que as peles se destinavam aos soldados alemães no *front* oriental. Na época eu pensava: será que os planejadores da guerra realmente acham que podem devastar a Rússia sem vivenciar um inverno? Será que não aprenderam nada da história? A campanha napoleônica no ano de 1812 também começou em junho e foi o terrível inverno que obrigou a Grande Armada a retroceder.

Em suas rondas pelo campo, e também em geral, Göth sempre estava acompanhado de seus cachorros, um imponente dogue alemão chamado Rolf, e Alf, um vira-lata. Supostamente, Alf era resultado do cruzamento de um pastor alemão com um lobo siberiano. Em todo caso, esse animal era extremamente agressivo. Os cachorros corriam livremente com seu dono pelo terreno e eram sua arma mais feroz. Eram treinados para atacar um ser humano quando comandados — ou quando alguém se aproximava correndo pelas costas de seu dono. Os dois eram não apenas teoricamente aptos a dilacerar uma pessoa viva, como provaram essa habilidade em alguns infelizes detentos.

Um dia, poucas semanas depois do início de meu trabalho no comando, Göth estava parado com alguns integrantes da SS diante da casa vermelha, perto do portão do campo — antes de ir à cidade para uma reunião, ele queria assinar algumas cartas. Aproximei-me com a pasta das assinaturas. Ele fez um sinal para que eu me apressasse e, em seguida, virou-se e continuou falando aos integrantes da SS, de modo que corri em direção a Göth pelas costas. Imediatamente, os dois cachorros se lançaram na minha direção e me atacaram. Parei rapidamente minha corrida, conseguindo apoiar-me no muro de uma casa, e assim os dois cachorros não me arremessaram instantaneamente no chão — a mordida do dogue atravessou meu agasalho grosso, a camisa, a pele e o músculo, indo até o osso do meu braço direito.

Nesse momento, Göth procurou seus cachorros, viu o que ocorreu e os chamou. Eles me soltaram e, sabendo que a próxima mordida provavelmente seria mortal, levantei-me, peguei a pasta e fui até Göth para entregá-la.

A ferida só pôde ser contida no hospital do campo, mas não havia medicamentos contra a ameaça de infecção nem contra as fortes dores que começaram logo depois. Imediatamente após a assistência do meu ferimento, voltei ao trabalho. Como eu não podia mais dobrar o braço direito, fui obrigado a trabalhar em pé, com o braço estendido. Uma vez Göth perguntou-me por que eu escrevia em pé. Disse-lhe que isso ainda era consequência da mordida do cachorro e ele não fez nenhum comentário.

A segunda agressão que sofri também foi por um equívoco. Na primavera de 1944, Göth recebeu, provavelmente por meio de suas relações no posto para economia de metais, uma grande quantidade de cupons para aquisição de ferro. Metal era raro, por isso esses cupons eram especialmente valiosos e estavam destinadas a Bigell, o dirigente alemão da oficina, mas este encarregou-me de levá-los ao detento que se ocupava da contagem do consumo de metal. Mais tarde, ao ser questionado por Göth sobre o que acontecera com os cupons, Bigell respondeu vagamente:

— Pemper os passou adiante.

Göth imediatamente mandou me chamar:

— Onde estão os cupons do ferro? — berrou.

— Eu os passei adiante por ordem do senhor Bigell.

Amon Göth com seu cachorro Rolf em sua mansão no terreno do campo de Cracóvia-Płaszów

Antes que eu pudesse terminar a frase para dizer a quem eu os tinha entregue, Göth me bateu no rosto com seu chicote de cavalgar, seguindo o velho princípio "Bate primeiro e pergunta depois". Ele assumiu que Bigell fez mau uso das marcas.

Mas Bigell era mais do que um malandro. Era um assassino de sangue frio e insensato. No dia 15 de fevereiro de 1967, Oskar Schindler deu a seguinte declaração:

> "Karlheinz Bigell sempre usava roupas civis. Parece que ele era um ferido de guerra. Eu sei que Bigell fuzilou a família Gutter. Isso me foi relatado por integrantes da SS. De acordo com eles, Bigell bebeu com Göth e outros. Eles zombaram de Bigell, dizendo que ele não se atrevia a matar um judeu. Então, ele mandou chamar a família de David Gutter, a qual conhecia pessoalmente. Era uma família

com duas crianças. Embriagado, ele fuzilou as quatro pessoas na rua do campo. Isso deve ter sido por volta das duas ou quatro horas da manhã. Aparentemente, ele considerava tudo isso um tipo de prova de coragem. Por volta de 1946, cruzei com Bigell na estação central em Frankfurt am Main e perguntei se ele ainda conseguia dormir. Ele disse: "São apenas quatro judeus a menos."[25]

Como escrivão de Göth, observei não apenas seu caráter, como descobri muito sobre sua vida pessoal e sua carreira na SS. Amon Leopold Göth nasceu em Viena em 4 de dezembro de 1908. Frequentou a escola fundamental e, em seguida, a secundária moderna ou ginásio. Já por volta de 1930 filiou-se ao Partido Nazista (NSDAP) e à SS em Viena e, em 1933, quando o partido foi proibido na Áustria, teve de fugir para Munique. Em 9 de março de 1940 ele foi mandado para Katowice como *SS-Oberscharführer* e dirigente administrativo. A partir de novembro de 1941, ficou lotado como *SS-Untersturmführer S* (dirigente especial da SS e da polícia) e, em 10 de agosto de 1942, foi nomeado dirigente especial da SS Armada. Como dirigente de um comando especial, Göth participou de ações no gueto de Lublin, sob a direção de Odilo Globocnik, nas quais se destacou de tal maneira perante seus superiores da SS que, no contexto de sua nova atividade em Cracóvia, ele também dirigiu a liquidação do gueto de Cracóvia em 13 e 14 de março de 1943.

No verão de 1943, portanto três ou quatro meses após a dissolução do gueto, o general Friedrich-Wilhelm Krüger, que até novembro de 1943 era o dirigente maior da SS e da polícia no leste, inspecionou

---

25. Declaração juramentada de Oskar Schindler ao Posto Central da Administração Jurídica (Zentrale Stelle der Landesjustizverwaltung) em Ludwigsburg em 15 de fevereiro de 1967, pp. 5-6. De: *A maleta de Schindler*. Original em Yad Vashem.

o campo de Cracóvia-Płaszów. Foi então que, pela primeira vez, vi de perto um general alemão da SS. Krüger estava acompanhado por integrantes da SS com carabinas engatilhadas — um à esquerda e um à direita — que teriam atirado instantaneamente, caso alguém se aproximasse demais. Antes da inspeção, tivemos de trabalhar dia e noite para deixar o campo impecável. As ruas foram varridas, tudo tinha de estar "nos trinques". Naturalmente, quando Krüger andou pelo campo, os detentos não podiam se mostrar. Também eu me fiz o mais invisível possível.

No dia 28 de julho de 1943, Göth recebeu uma promoção de duas patentes, passando a *SS-Hauptsturmführer F* (Dirigente Especialista da SS e da Polícia). Ele recebeu um diploma de nomeação, por solicitação do general Krüger e sob recomendação do dirigente da SS e da polícia Julian Scherner.[26] Finalmente conseguiu alcançar sua aceitação como *Reserveführer* da SS, em 20 de abril de 1944. Essa solicitação tinha sido negada antes, porque Göth não servira nem dispunha de experiência de guerra. Por volta de junho de 1944, Amon Göth recebeu outra promoção, tornando-se *Hauptsturmführer*. Agora tinha verdadeiramente categoria de oficial.[27] O chefe do departamento central de recursos humanos da SS em Berlim, general Maximilian von Herff, acrescentou manualmente no diploma: "Meus parabéns". Göth gostava de exibir o elogio. Eu nunca o tinha visto tão orgulhoso e cheio de si. Até para mim ele mostrou o diploma. Era difícil de acreditar que era o mesmo Göth que torturava detentos e instigava seus cachorros contra as pessoas. Que Göth tenha podido ocupar a posição de comandante de campo já enquanto *Untersturmführer*, deve-se, provavelmente, à grande escassez de recursos humanos e ao fiasco no *front* oriental.

---

26. Uma cópia do diploma de nomeação encontra-se no arquivo pessoal de Amon Göth.

27. Arquivo pessoal de Amon Leopold Göth, no Arquivo Federal (Bundesarchiv) Koblenz.

Em 1943, os campos de trabalhos forçados no Governo Geral estavam submetidos ao dirigente local da SS e da polícia. Mas, pelo que pude descobrir no comando, Göth tinha autoridade para agir de maneira autônoma. Quase não havia diretrizes para a condução de um campo de trabalhos forçados e o tratamento dos detentos. Só a partir de 1944, quando Płaszów se tornou um campo de concentração, passou a haver regras consistentes.

Quando ele perambulava pela cidade com seu ajudante, o que acontecia com frequência, eu ficava sozinho no escritório. Se apareciam visitas no comando nesses momentos, eu conversava com cautela com elas, para descobrir eventualmente alguma novidade. No início do verão de 1943, um soldado da vigilância trouxe um homem de meia-idade ao escritório. Depois que o soldado se foi, permanecemos só nós dois na sala, o homem com um uniforme que eu não conhecia e eu em minha vestimenta de detento. Ele me explicou que era judeu, que fora descoberto pela polícia polonesa na estação ferroviária e que agora deveria ir para a prisão. Olhei para o homem e pensei: você nem imagina que daqui a algumas horas estará morto. Por intermédio de meu amigo Heinz Dressler, que trabalhava como escrivão para o dirigente de detenção preventiva do campo, eu sabia que Göth "limpava" a prisão do campo de tempos em tempos. Ele simplesmente mandava fuzilar os internos da prisão — e já havia espaço para novatos.

— Qual sua profissão? perguntei ao homem.

— Relojoeiro — disse ele.

Então, lembrei-me de que o *SS-Untersturmführer* Leo John tinha mencionado poucos dias antes, na minha presença, que procurava um especialista para o conserto de relógios antigos. Provavelmente a SS tinha confiscado alguns relógios antigos em um de seus saques, que agora precisavam ser limpos ou postos para funcionar.

— O senhor também entende de relógios antigos? — perguntei.
O homem respondeu de maneira cautelosa:
— Depende de que relógios...
Então, olhei de modo penetrante nos olhos dele:
— O senhor pode consertar relógios velhos. O senhor tem de poder...
Eu só precisava descobrir se a visita de Göth na prisão do campo já ocorrera, para que não houvesse o perigo de uma "evacuação" naquele dia. Liguei para Heinz e perguntei:
— Como estão as coisas?
— Ainda não começou, mas logo começará — respondeu ele.
Então, precisei esconder o homem. Atrás da sala de trabalho de Göth, havia um pequeno quarto vazio que quase nunca era utilizado. Coloquei o detento ali e expliquei que ele devia esperar em silêncio. Quando o *SS-Untersturmführer* John veio ao comando no final da tarde, informei-lhe que tinha encontrado alguém que podia consertar relógios velhos. John ficou satisfeito e mandou o homem ir para a oficina de relógios.

Poucos dias depois, liguei para o senhor Licht, dirigente judeu da oficina, para me informar sobre o novo empregado e ele contou-me brevemente que o homem estava bem adaptado. Não falei mais com ele, pois não queria colocar nós dois em perigo, caso ele me agradecesse por ter sido salvo — isso teria sido perigoso demais para ambos. Essa era outra das coisas diabólicas no campo: não se podia esperar nem demonstrar gratidão. Infelizmente, perdi o relojoeiro de vista e não sei o que aconteceu com ele. Mas seu salvamento passageiro foi um sinal encorajador para mim: eu vi que podia fazer alguma coisa, mesmo que isso, em comparação com nosso grande sofrimento diário, fosse apenas uma gota de água sobre uma pedra quente. Fortificou em mim a sabedoria talmúdica que eu conhecia desde criança: só aquilo que podemos fazer por outras pessoas conta; todo o resto é menos importante.

No escritório, eu me incumbia da correspondência, ordenava arquivos e durante algum tempo — pelo menos no começo — fazia até mesmo as listas do consumo de munição dos soldados de vigilância da SS. Com essas contagens eu podia descobrir o número de fuzilados no campo durante um determinado período. De uma avaliação que pude ler nos arquivos pessoais, descobri que Arvid Janetz, da SS da Letônia, era tido como especialmente "participativo" nos fuzilamentos. Até fins de 1943, também tive acesso aos arquivos pessoais dos integrantes da SS. Com a transformação do campo de trabalhos forçados em campo de concentração, em janeiro de 1944, Göth teve de determinar um referendário da SS para esses trabalhos. Nos meses anteriores, descobri, pelos ditados de Göth, qual de seus soldados de vigilância fora recompensado ou punido, que férias haviam sido prolongadas ou encurtadas e quem eventualmente fora impedido de sair no fim de semana. Durante esse período, eu me sentia como um sentenciado à morte que sabe que irá morrer, mas não conhece o momento exato da execução da sentença. Eu estava fortemente convencido de que Göth só me deixaria com vida enquanto o campo existisse e ele precisasse do meu trabalho. Minha constante disponibilidade e minhas habilidades eram muito cômodas para ele.

Eu datilografava até as cartas pessoais de Göth para seus amigos na SS, especialmente da época em Lublin, e para o pai dele em Viena. Estas iam para a empresa, na rua Mariahilfer 105, Viena IV/56. Göth perguntava se o pai estava novamente com rinite alérgica e como administrava a loja. Amon Franz Göth tinha uma gráfica associada a uma pequena editora para "escritos militares e técnicos" e seu filho tinha ideias bem concretas sobre o cotidiano da loja. Ele sugeriu uma série de cartões-postais com paisagens dos Alpes, por acreditar que seriam um sucesso de venda. Em um projeto de livro, recomendou ao pai que pedisse um prefácio ao general von Eisenhart-Rothe. Essas cartas eram completamente normais e não indicavam de modo algum que pessoa violenta o comandante Göth podia ser. Eu também me lembro de uma carta para sua mulher, que vivia em Innsbruck. Ela o informou de que o filho Werner batia na pequena irmã Inge. Não sem o arrogante orgulho masculino, Göth me ditou a frase: "Tal pai, tal filho. Werner está seguindo meus passos".

Göth começou sua carreira em 1940-1941 na VoMi *(Volksdeutschen Mittelstelle),* o Posto Central dos Alemães do Povo, em Katowice, onde se ocupava da integração de alemães da Rússia. Após sua transferência para o escritório de Odilo Globocnik, o famigerado dirigente da SS e da polícia de Lublin, Göth recebeu a missão de liquidar diversos guetos. Mesmo em Płaszów, ele ainda recebia ofícios sobre esses processos. Uma dessas cartas referia-se a um local chamado Bełżyce. Parece que em um transporte de execução, Göth apreendeu uma grande quantidade de peles herdadas e as sonegou. Alguma coisa deve ter dado errado pois, por causa desse assunto, iam e vinham muitas cartas. Por acaso eu vi que Göth também tinha uma autorização de Globocnik para visitar "construções secretas do Reich". Nisso o nome "Wirth" chamou minha atenção. Só depois da guerra eu soube que Christian Wirth fora durante algum tempo o comandante ou dirigente de campo de Bełzec. Göth inspecionou, supostamente por ordem de Globocnik, os campos de extermínio de Treblinka, Sobibor e Bełżec. Talvez ele também tenha feito parte dos integrantes da SS que, sob o comando do substituto de Globocnik, o *SS-Sturmbannführer* Hermann Höfle, fizeram um juramento no verão de 1943:

> "[...] sob circunstância alguma revelar, oralmente ou por escrito, a pessoas fora do círculo de colaboradores da 'Ação Reinhard' qualquer notícia sobre o decorrer, o procedimento ou as ocorrências na migração de judeus". Pois "[...] os processos na migração de judeus eram objeto de um segredo do Reich".[28]

Göth sempre teve dificuldades em se subordinar e vivia em conflito com seus superiores imediatos. Ele não se entendia muito bem com Höfle que, em sua função como chefe do Estado-Maior do dirigente da SS e da polícia de Lublin, conduziu a liquidação do gueto de Varsóvia em maio. Para Höfle, Göth era muito independente. Ele queria ser seu próprio senhor e ter seu próprio campo — mandar em algum campo externo não era suficiente para ele. Ele queria ser seu "próprio *commandeur*", conforme expressão dele. Sempre utilizava a forma afrancesada, apesar da designação oficial da SS ser "comandante". Nas cartas para seu pai, para seus antigos camaradas de Lublin e para seu amigo Egon Jaroschowitz ele sempre sublinhava: "Agora sou, finalmente, meu 'próprio *commandeur*'".

Para nós, a ameaça mortal começou depois da conferência de Wannsee, em janeiro de 1942. Desde então, para os nazistas, o assassinato de todos os judeus na área de dominação alemã o mais rápido possível era coisa decidida. "O judeu precisa sair da Europa. Eu só digo que ele precisa sair. Se ele sucumbir nesse movimento, eu não

---

28. Richard Breitman, Paderborn 1996, p. 312.

Amon Leopold Göth

posso fazer nada",[29] declarou Adolf Hitler a seu *Reichsführer-SS* Heinrich Himmler, em 25 de janeiro de 1942. No entanto, havia simultaneamente uma estratégia contrária, que nos foi útil anteriormente no gueto e agora, quando estávamos no campo de trabalhos forçados. Apenas um dia após a declaração acima citada, Himmler mandou uma ordem ao general Richard Glücks, que na época era inspetor dos campos de concentração, para que, nas próximas semanas, acolhesse em seus campos cem mil judeus e cinquenta mil judias. Com isso, Himmler não se desviava de sua intenção de matar todos os judeus, mas o desenvolvimento dos acontecimentos fatais para os nazistas, no *front* oriental, representava uma escassez aguda de força de trabalho no Reich alemão. A guerra, que não corria favoravelmente, obrigava

---

29. Adolf Hitler, *Monólogos no Quartel-General do Führer 1941-1944*, ed. Werner Jochmann, Hamburgo 1980, pp. 228-229.

Himmler a uma nova política. Em três meses, de novembro de 1941 a janeiro de 1942, meio milhão de prisioneiros de guerra russos morreram nos campos alemães. Agora essas pessoas faziam falta à indústria alemã como força de trabalho. Os nazistas falavam claramente de "extermínio pelo trabalho".

Atualmente, dispomos dos protocolos de reunião daquele "governo" do Governo Geral, nos quais se delineava nitidamente esse novo rumo. O tenente-general Maximilian Schindler, chefe da inspeção de armamentos com sede em Cracóvia, disse perante o governador geral Frank que seria imprudente retirar da economia e da indústria as forças de trabalho judias. Em princípio ele era a favor da "emigração" (leia-se aniquilamento), mas recomendava manter os judeus "trabalhando enquanto dure a guerra".[30] Nos registros do dia 15 de julho de 1942 consta que "[...] quase todos os consertos de uniformes e botas" para os soldados no *front* oriental eram feitos por trabalhadores forçados judeus.[31] Dez meses mais tarde, em maio de 1943, após seu retorno de uma reunião com Himmler em Berlim, o general Schindler até defendia o ponto de vista de que "[...] o desejo do Reichsführer SS não poderá ser realizado". Himmler seria obrigado a "[...] se distanciar da supressão dessa força de trabalho judia"[32]. Isso aconteceu exatamente quatro meses depois da capitulação em Stalingrado.

Quando estava sozinho no comando e ninguém me observava, eu lia três jornais alemães: o *Völkischer Beobachter* (Observador do Povo), de Berlim, o *Krakauer Zeitung* (Jornal Cracoviano) e

---

30. O diário de trabalho do Governador Geral alemão na Polônia 1939-1945, Stuttgart 1975, p. 516.

31. Idem, p. 525.

32. Idem, p. 682.

o intelectualmente sofisticado semanal *Das Reich* (O Reich). Esses jornais eram assinados e ficavam na sala de espera de Göth. Eu me interessava especialmente pelo *Das Reich* e gostava de ler as colunas de Joseph Goebbels, extremamente bem escritas. O ministro da propaganda era um mestre da palavra, um demagogo malvado. Depois da guerra, um colaborador do Instituto de História Contemporânea de Munique duvidou que eu pudesse ler regularmente esses três jornais. Para reforçar minha afirmação, falei-lhe de um editorial em *Das Reich* com o título *Política mundial das constâncias*. Quando li o artigo, na época, o título me pareceu desencontrado. E realmente, uma semana depois chegou a correção. O título deveria ter sido: *Constâncias da política mundial*. O colaborador queria conhecê-lo exatamente e foi ao arquivo de jornais do instituto. Quando voltou, disse-me:

— O senhor tem razão; encontrei o dito artigo, o título foi corrigido.

Como observador atento e leitor crítico desses jornais, ficou claro para mim, no começo do verão de 1943, como estavam as coisas para a Alemanha no *front* oriental. Além disso, vazava uma grande quantidade de notícias não-censuradas. Essas, eu coletava das conversas dos integrantes da SS que frequentavam a sala de espera do comandante. Ali ficava não apenas a minha escrivaninha, mas também a do ajudante de Göth. Os integrantes da SS tinham camaradas no *front* e contavam sobre os transportes diários que chegavam a Cracóvia, vindos da Rússia, com feridos graves. Nessa sala também havia um grande armário com escaninhos, nos quais eu organizava toda a correspondência dos integrantes da SS. Eu combinara com alguns deles que os avisaria quando chegasse correspondência de suas casas. Assim, poderiam ter alguma felicidade a caminho do escritório. Eram homens mais idosos, em sua maioria, e nem todos pertenciam voluntariamente à SS. Quando liam as cartas, ainda na sala de espera, às vezes contavam alguma coisa sobre a Alemanha ou a situação no *front*. O trato com esses homens era muitas vezes mais fácil do que com os soldados de vigilância da Ucrânia, da Lituânia ou da Letônia — que tendiam à violência e frequentemente estavam alcoolizados —, antigos prisioneiros de guerra que foram treinados como pessoal de vigilância.

Os campos de trabalhos forçados no Governo Geral estavam submetidos ao dirigente da SS e da polícia local. Como quase não havia diretrizes uniformes para a condução de um campo de trabalhos forçados e para o tratamento dos detentos, a maioria dos integrantes da SS comportava-se como senhor sobre a vida e a morte. Vivíamos em constante insegurança e com medo de morrer. Palavras não são suficientes para descrever nosso estado. Halina Nelken, uma jovem detenta, definiu Płaszów mais tarde como um "[...] planeta dentro de um cosmos surreal".[33] Quando os comandos externos voltavam à noite e queriam saber o que tinha acontecido durante o dia no campo, os outros detentos gritavam algo que mais parecia o resultado de um jogo de futebol: "três a zero" ou "quatro a zero". Na verdade, aquilo significava que Göth já tinha matado três ou quatro detentos naquele dia. Assim, todos no campo ficavam sabendo de forma abreviada como o dia transcorrera.

Quase sempre Göth estipulava as penas mais severas para delitos leves. No mezanino e no primeiro andar da chamada Casa Cinza, que ainda hoje fica no antigo terreno do campo, viviam os suboficiais. Em 1944, depois da detenção de Göth, fiquei lá por duas semanas, na solitária. No porão também havia vários abrigos. Eram minúsculas celas nas quais não se podia deitar nem ficar em pé — mal se podia

---

33. Halina Nelken 1996, p. 334.

sentar. Era uma punição especialmente dura ter de passar a noite ali e precisar trabalhar normalmente no dia seguinte.

Nas cartas para seu pai, Göth mencionava repetidas vezes que estava ocupado com a ampliação do campo e criara gosto pela arquitetura. Aparentemente, ele flertava com a ideia de estudar depois da guerra e tornar-se arquiteto, mas, ao mesmo tempo, tinha certeza de que isso não seria fácil em idade avançada. Além disso, diariamente ele tinha diante dos olhos um homem — o engenheiro judeu e arquiteto do campo Zygmunt Grünberg, cuja enorme habilidade jamais alcançaria. Grünberg tinha a solução para qualquer questão arquitetonicamente difícil. Onde outros desistiam, Grünberg ainda encontrava uma solução. Göth se impressionava visivelmente com isso; talvez por inveja de Grünberg ele o odiasse, visto que constantemente o surrava e torturava de maneira implacável. Estive presente quando Göth mandou demolir uma fileira de casas bem na fronteira do campo e queria saber de Grünberg quantos tijolos resultariam. Grünberg começou imediatamente os cálculos, que fazia de cabeça. Mas Göth queria que ele tivesse a resposta imediatamente. "Mais rápido, mais rápido", berrava, batendo descaradamente em Grünberg. Quando o promotor público perguntou a Göth, no processo em 1946, "O acusado tinha o direito de bater no engenheiro Grünberg?", ele respondeu sem qualquer sinal de remorso: "Eu tinha esse direito".[34] Göth usava a aguda escassez de recursos humanos para tentar justificar seus métodos cruéis. A maioria dos membros das equipes de segurança era formada por antigos prisioneiros de guerra russos, que haviam passado por um curto treinamento em Trawniki, um campo de treinamento da SS perto de Lublin. Eles não seriam tão confiáveis quanto o pessoal alemão, explicava Göth, dizendo

---

34. Depoimento do réu no processo contra Amon Leopold Göth.

que, por isso, tivera de manter um "regime duro" no campo de trabalhos forçados.

Umas das primeiras cartas que datilografei como novo escrivão do comandante do campo foi um texto do *SS-Hauptscharführer* Albert Hujer para Oskar Schindler. Eu tinha encontrado Hujer na dissolução do gueto em 13 e 14 de março de 1943. Como num transe sanguinário, ele corria pelas ruas e atirava aleatoriamente em torno de si. No hospital, ele até assassinou as pessoas que estavam de cama, além da médica, a dra. Blau. Agora, Hujer ditava uma carta para Schindler, na qual informava ao diretor da fábrica que seus operários da Emalia não poderiam voltar ao trabalho. O documento tinha a assinatura de Göth, mas o sinal de estenografia "Hu" referia-se a Hujer. E "MP" significava "Mietek Pemper".[35]

> "À empresa Fábrica Alemã de Utensílios Esmaltados, Cracóvia, rua Lipowa
> *Referência*: Vigilância das forças de trabalho judias de e para o local de trabalho
> Segundo ordem do dirigente da SS e da polícia, quem necessitar força de trabalho judia deve acompanhá-la com pessoal armado ou sentinelas de e para o local de trabalho. Essa ordem é uma medida puramente de segurança policial, que de maneira alguma tem sido levada em consideração pelo senhor.
> Em um teste que realizei no dia 28 de março de 1943, constatei que o civil que acompanhava os judeus não possuía uma arma de fogo.

---

35. A carta provém da "maleta de Schindler".

> Comunico-lhe que, a partir de agora, a força de trabalho judia ao senhor atribuída não mais se deslocará para seu local de trabalho. Assinado: Göth."

Nessa época, ao que parece, Göth ainda não conhecia pessoalmente Oskar Schindler, que tinha a mesma idade que ele. Mas Schindler, inteiramente aberto a contatos, logo estabeleceu relações com Göth. Externamente, até se tornou amigo dele e, pouco tempo depois, ambos se tratavam por "você".

Desde então, Oskar Schindler entrava e saía no campo Płaszów. Schindler era grande, forte e robusto. Ele visitava Göth no campo, o supria de conhaque caro, festejava com os integrantes da SS e os presenteava com aguardente e cigarros. Já a mera presença de Schindler nos encorajava, apesar de ele parecer um perfeito nazista se estivesse no uniforme correspondente. Ele sempre vestia ternos feitos sob medida e tinha passos leves. "Schindler era um homem de boa aparência", disse mais tarde a antiga empregada doméstica de Göth.

> Ele cheirava maravilhosamente. Nós ouvíamos seus sapatos, que faziam um barulho especial. Ele tinha uma atitude como "Opa, aqui estou eu!" Ele queria ser conhecido, queria ser admirado. Possuía uma terrível autoconfiança e estava satisfeito consigo mesmo — mas de um modo agradável."[36]

Schindler já conhecia meu amigo Izak Stern desde 1940. Antes da guerra, Izak Stern tinha atuado ativamente no trabalho juvenil sionista. Na época, ele trabalhava como dirigente de escritório na

---
36. In: Documentário SPIEGEL-TV, VOX, 2003.

empresa têxtil judia J. C. Buchheister, da qual Joseph Aue era o administrador alemão. Schindler também queria assumir uma empresa têxtil judia como administrador e, desse modo, foi feito o contato com Izak Stern. Seus planos não se concretizaram — felizmente, pois desde o verão/outono de 1943, as empresas têxteis, ainda que produzissem para o exército, eram consideradas "importantes para a guerra", mas não "decisivas para a vitória" e podiam ser dissolvidas. Se Schindler não tivesse comprado a empresa processadora de metal, a "lista de Schindler" não teria sido possível.

Stern contou-me mais tarde que nessas visitas à Buchheister ocorriam conversas sobre filosofia judaica, nas quais Schindler brilhou com seu conhecimento. Já depois de poucas semanas no campo, Stern me disse:

> Oskar Schindler é um homem especial, com o qual você pode falar abertamente. Ele quer nos ajudar. Ele só parece cem por cento nazista, mas na verdade não o é. Ele é muito humano e não tem preconceito contra nós, judeus.

Já naquela época um tipo de amizade que não se desfez depois da guerra unia Stern e Schindler. Por meio de Stern, entrei rapidamente em contato com Schindler. No campo, Stern dirigia o escritório de contabilidade das oficinas. Ele nunca trabalhou na fábrica de Schindler; em todo caso, é possível que tenham se encontrado algumas vezes na rua Lipowa. Stern praticamente não teve nenhum contato com Göth. Talvez seja também por isso que, em 1946, ele não apareceu como testemunha no processo contra Göth.

Em todos os anos sombrios, não encontrei uma segunda pessoa que, como Oskar Schindler, tivesse organizado uma ação salvadora de maneira tão corajosa e decidida durante tanto tempo. Ele não era um santo, porém era muito humano e frequentemente leviano. Mas nós, detentos judeus, podíamos confiar nele — nunca nos abandonou.

No outono de 1946, algumas testemunhas descreveram Amon Göth como um gigante com traços faciais brandos e suaves, mas a impressão externa enganava. Num piscar de olhos, ele podia se transformar num animal furioso.[37] Eu tive de aprender muito rápido a prever seus acessos de raiva e impedi-los, distraindo-o. No começo, Göth às vezes me levava em suas caminhadas de inspeção pelo campo. Meus amigos disseram, então, que eu deveria tentar acompanhar Göth mais vezes nessas rondas. Essa observação me deixou perplexo e perguntei o motivo.

— Veja — disseram alguns dos detentos — quando Göth está com você, ele não puxa o revólver e atira em alguém.

Quando Göth fazia uma inspeção ou aparecia inesperadamente em algum lugar, não raro acontecia de ele simplesmente fuzilar um detento, com ou sem razão. Essa observação conscientizou-me daquilo que eu fazia, até então inconscientemente: de maneira forçada, eu aprendi rapidamente a avaliar, a partir da expressão facial de Göth, o aumento de sua tensão interna, de sua excitação. Desse modo, eu conseguia reconhecer quando uma eclosão estava por vir — eclosão que poderia custar a vida de um detento inocente. Nessas situações, eu conseguia distrair Göth com uma observação qualquer. Às vezes eu o lembrava cautelosamente de que ainda naquele dia haveria uma reunião no posto da SS na cidade, de que era preciso fazer uns telefonemas ou de que uma carta precisava ser respondida e,

---

37. Processo contra Amon Leopold Göth.

então, ele se acalmava. Göth era como uma garrafa de água mineral com gás aberta — "borbulhante", no sentido literal. Isso me mostrou que eu nunca poderia deixar que a raiva dele se dirigisse contra mim, pois, senão, quem o distrairia? Quem poderia, então, talvez no último instante, impedir um fuzilamento?

Göth era extremamente ambicioso. Em seu ímpeto de ascensão, ele gostava de passar por cima dos respectivos substitutos de seus superiores, que tomavam isso como afronta. Göth tentava distinguir-se por seus terríveis excessos de violência e, com isso, esperava uma promoção mais rápida, o que em parte ele conseguiu. Assim, por exemplo, como já foi mencionado, ele pôde pular o cargo de *Obersturmführer* e até sua detenção pela SS era sinônimo de bom caminho para fazer carreira. Mas em Lublin ele fez inimigos com suas atitudes de desrespeito, além de ter provocado seu superior imediato, o *SS-Sturmbannführer* Hermann Höfle. Talvez por isso — e para evitar mais confrontos —, Göth fora transferido para Cracóvia. Ali, quem Göth gostaria de ter colocado prontamente de lado era o *SS-Sturmbannführer* Willi Haase. Ele o confrontava em qualquer situação e procurava estabelecer contato direto com o chefe de Haase, o *SS-Obersturmführer* Julian Scherner. Scherner participava das festas na mansão de Göth, onde um quadro na sala de caça dizia: "Quem atirar primeiro obtém mais da vida". Eu vi tal quadro quando, logo após a detenção de Göth, tive de aguardar ali pelo meu interrogatório. Frases desse tipo compunham o humor de Göth. Certa vez, ele supervisionava detentos que carregavam, cada um, uma enorme pedra da pedreira para o alicerce de um novo galpão, quando se dirigiu aos oficiais da SS presentes e disse sorrindo: "Esta é a minha nova 'teoria de Einstein.'"[38*] Para Göth, era importante que rissem de suas piadas,

---

38. `N.T.: em alemão, *"ein Stein"* significa "uma pedra".

que ninguém o contradissesse e que ele possuísse poder ilimitado sobre as pessoas ao seu redor. Seu alto grau de energia nefasta e sua inteligência criminosa eram uma perigosa e explosiva mistura.

A partir de março de 1943, Schindler se comportava como se Göth fosse realmente seu amigo e companheiro de convicções. Na realidade, porém, ele se valia do contato com Göth para proteger seus funcionários judeus. Essa aparência foi mantida até mesmo após a detenção de Göth, no outono de 1944. Schindler não queria correr o risco de que Göth pudesse prejudicar sua gente no último minuto. Até 1946, Göth acreditava ter em Schindler um amigo, pois pediu ao tribunal em Cracóvia que convocasse Schindler como testemunha atenuante.

No outono de 1944, Schindler até se mostrou disposto, por motivos táticos, a transportar todos os pertences pessoais de Göth — sapatos sob medida, ternos, móveis, tapetes e objetos de arte — de Cracóvia para Brünnlitz. Isso foi um grande favor, pois os trens eram necessários para transporte de tropas e feridos, e naturalmente também para a deportação de judeus e opositores do sistema. O fato de, naquela época, Oskar Schindler ter conseguido organizar um considerável transporte para fins privados na ferrovia mostra claramente seus talentos.

Com a ameaça e o recuo do *front* oriental, Schindler obteve permissão para transferir seu departamento de armamentos de Cracóvia para Brünnlitz, para perto de Zwittau, sua cidade natal, que era habitada por alemães sudetos. Ele recebeu uma grande quantidade de vagões, quando não precisava de mais do que dois, só para transportar os bens que Göth furtara. Na primavera de 1945, pouco antes da capitulação alemã, Göth realmente passou por Brünnlitz, para enviar os produtos de seu butim à Áustria. No processo de 1946, quando o presidente interrogou Edek Elsner, o administrador do armazém de Schindler, como testemunha, perguntou-lhe: "Quantas coisas eram?". Elsner olhou para aquela enorme sala do tribunal que tinha dois andares e disse: "Mais ou menos a metade desta sala". Essa resposta provocou nos ouvintes um incrédulo menear de cabeça e até risos.

Em junho de 1943, havia no Governo Geral apenas cento e vinte mil judeus, espalhados em cinquenta ou sessenta campos de trabalhos forçados. Mais de dois milhões de judeus já tinham sido assassinados. Com doze mil detentos, Płaszów era um dos maiores campos.[39] Quando, naquele tempo, outros campos que só produziam têxteis foram dissolvidos, ficou claro para mim que os nazistas reagiram com tais liquidações à situação cada vez mais difícil do *front* oriental. Claramente, seu interesse se concentrava em empresas "importantes para a guerra".

Na Fábrica Alemã de Utensílios Esmaltados (DEF — Deutsche Emailwaren Fabrik), de Oskar Schindler, eram produzidas caldeiras, tigelas, panelas e frigideiras para as cozinhas do exército. Schindler ganhava a maior parte do dinheiro em negócios no mercado negro e investia esse dinheiro em subornos e presentes, além de utilizá-lo para financiar os gastos com "seus judeus" e, mais tarde, para levar a cabo sua ação salvadora. Em 1996, numa entrevista ao *Frankfurter Rundschau* (Observador Frankfurtiano), Elisabeth Tont, a antiga secretária de Schindler em Cracóvia, falou sobre suas práticas comerciais:

---

39. Dieter Pohl, 1998, p. 415.

Ele assumiu a fábrica em Cracóvia, que estava desativada, juntamente com um mestre. Eles começaram com a produção de louça, que era vendida no mercado negro. Eu fui até Tschenstochau e enrolei todo o dinheiro ilegal em papel de jornal e o trouxe para Schindler. Ele também vendia algumas coisas regularmente. Sua namorada tinha uma loja em Cracóvia.[40]

No começo, Göth tentou obrigar Schindler a transferir sua importante fábrica para um terreno industrial no campo de Płaszów. Isso teria fortalecido a posição de poder de Göth e aumentado seu renome junto a seus superiores. Göth chegou até a ameaçar Schindler com a privação da força de trabalho judia, caso recusasse a transferência. Mas Schindler não se deixou impressionar. Ele possuía uma inabalável autoconfiança e retrucou à tentativa de intimidação de Göth com um gracejo:

— Mas eu não posso puxar meus pesados fornos de esmaltes sobre rodas para o campo. — E assim o tema foi esquecido.

O caminho do gueto até Emalia não era muito longo, enquanto os detentos do campo de Płaszów tinham de enfrentar uma caminhada de alguns quilômetros. Só o período de trabalho durava doze horas. Schindler tinha pena das pessoas; ele via como estavam enfraquecidas e sabia que, quando chegassem ao campo principal, eventualmente ainda teriam de ficar em pé durante algumas horas na praça de chamada até poderem entrar em seus galpões. Schindler usou o enfraquecimento dos detentos como argumento contra Göth, mostrando a necessidade de construir um alojamento para eles na própria fábrica. Com a ajuda da recomendação de Göth ao

---

40. Elisabeth Tont, in: *Frankfurter Rundschau*, 26 de janeiro de 1994.

dirigente da SS e da polícia Julian Scherner, Schindler conseguiu um enorme feito: obteve autorização para construir no terreno de sua empresa, juntamente com três ou quatro outras fábricas alemãs, um pequeno campo externo, separado. Em comparação com as más e arriscadas condições de vida no campo principal de Płaszów, estas, no campo externo da fábrica de utensílios esmaltados, eram essencialmente melhores. Não sei quantas caixas adicionais de conhaque francês Schindler deve ter pago por isso, mas ele recebeu de Göth uma permissão especial: agora, os trabalhadores judeus podiam trabalhar e dormir na fábrica, ficando consideravelmente protegidas da arbitrariedade de Göth e sua gente. Mas eu só sei de tudo isso por ouvir falar, pois nem eu nem minha família chegamos a trabalhar na rua Lipowa em Cracóvia-Zabłocie nem a pisar na fábrica.

Depois que a Emalia de Schindler se tornou oficialmente um campo externo de Płaszów, seu carro passava com mais frequência pelo portão do campo e pelo comando. Ele precisava de ferramentas para seus trabalhadores e mandava fazer na oficina de ferramentas as peças de reposição e as fôrmas para suas máquinas. Como dirigente de um campo externo que processava metal, Schindler dependia de notas de encomenda, mas o posto para economia de metais só dava tais comprovantes quando a utilidade era aprovada e carimbada pela inspeção de armamentos, cujo chefe era o tenente-general Maximilian Schindler. Oskar Schindler, um talentoso relações-públicas, também conhecia Maximilian Schindler. Os dois não eram parentes; contudo, isso não impediu que Oskar Schindler mantivesse vários interlocutores acreditando nesse parentesco em repartições e na SS. Depois da guerra, ele até agradeceu ao general e a alguns integrantes da SS. Eles pertenciam aos "[...] infelizmente tão poucos alemães" que, apesar de seu uniforme e sem retribuição, tiveram a coragem de empenhar-se "[...] por um tratamento humano dos judeus".[41]

Quando Göth fazia inspeções nos campos externos, Schindler mandava me avisar e nós nos encontrávamos no campo principal ou nos corredores da administração do campo, mas nunca na sala de espera de Göth. Podíamos então conversar sem interrupção por breves momentos. Nessas ocasiões, ele se informava sobre o que acontecia no campo, como poderia proteger seus operários ou se alguma nova ameaça pesava sobre eles, e também se interessava pela situação dos trabalhadores judeus em outros campos externos. Na época, eu não sabia nada sobre os contatos de Schindler na cidade, mas, aparentemente, ele não os considerava confiáveis o suficiente, no que dizia respeito ao risco de seus operários da rua Lipowa. Ninguém mais se preocupava com os próprios trabalhadores. Ninguém, a não ser ele, jamais me perguntou: "O que posso fazer para salvar meus operários judeus?" Ele sempre mostrava curiosidade, mas só podia me encontrar quando Göth não estava no escritório e eu tinha a possibilidade de deixar o comando por alguns instantes.

Schindler sempre me cumprimentava com um aperto de mão, o que não era usual entre um alemão e um detento judeu, e talvez até punível. No primeiro momento, sua altura intimidava. Mas, com seu jeito suave, foi ficando claro que ele nos considerava seres dignos de compaixão. E nunca se comportou de modo rude ou áspero comigo.

Na época, eu ainda não sabia que Schindler, que descendia de uma família de alemães sudetos, tinha trabalhado como espião por alguns anos, antes de 1938, no oitavo comando geral da defesa alemã, em Breslau, sob comando do general Wilhelm Canaris. Schindler era um patriota alemão. Mas, para mim, parecia ser um homem que nos via sem preconceito e não nos considerava subumanos. Sua reação

---

41. Oskar Schindler, Yad Vashem, Documento "SCH/40333".

diferenciada para conosco, criaturas renegadas, talvez se deva à influência de sua educação religiosa ou à sua experiência com amigos judeus de juventude, na vizinhança. De qualquer maneira, no verão de 1943, vi em Schindler o caminho salvador que eu procurava desde o início da guerra. Com sua ajuda, pensava eu, poderíamos tentar organizar nosso salvamento. Ninguém além de Schindler mostrava interesse por nosso destino. Sua coragem devolveu-me a confiança na humanidade. Quando eu o encontrava no campo, sabia que existia um outro mundo pelo qual valia a pena viver.

Há dez anos, Elisabeth Tont ainda afirmava: "Até hoje não consigo explicar de onde ele tirou essa coragem".[42] O próprio Schindler escreveu ao comentarista nova-iorquino Kurt R. Grossmann em 1956:

> Uma das forças essenciais para as minhas ações foi o sentimento de uma obrigação moral perante meus numerosos amigos e colegas de colégio judeus, com os quais passei uma maravilhosa juventude, longe de problemas raciais.[43]

Nos anos 1950, Grossmann foi um dos poucos jornalistas que se interessaram pela peculiar ação salvadora de Schindler. Já naquela época via nele um dos "heróis não-reverenciados" do Holocausto.

Até o outono de 1944, o campo de trabalhos forçados, mais tarde campo de concentração de Płaszów, tinha alguns campos externos.

---

42. Elisabeth Tont, in: *Frankfurter Rundschau* de 26 de janeiro de 1994.

43. Carta de Oskar Schindler para Kurt R. Grossmann, Nova York, 1956. A carta aqui citada e as seguintes de Oskar Schindler estão arquivadas em Yad Vashem e provêm da maleta que foi encontrada em 1999, vinte e cinco anos após a morte de Schindler, em 9 de outubro de 1974, em Hildesheim.

Em um deles, na rua Lipowa, estavam instalados os trabalhadores da fábrica de utensílios esmaltados de Schindler, os trabalhadores na Nova Fábrica de Refrigeradores e Aviões (NKF) e aqueles que produziam galpões para o exército. Em outro, viviam, por exemplo, os trabalhadores de uma grande fábrica polonesa de cabos. Dois outros campos externos encontravam-se em Wielicka e Zakopane. Todos respondiam a Amon Göth e, assim, à SS. A ampliação do campo, que no verão de 1944 alcançou sua lotação máxima com mais de vinte e quatro mil detentos judeus e relativamente poucos poloneses, acarretou enormes gastos burocráticos. Mas Göth, por não ser um homem vocacionado para o escritório e preferir passar o tempo em caminhadas de controle pelo campo, cedia muitas atividades burocráticas a seus ajudantes e estes, por sua vez, as passavam para mim. Após a derrota em Stalingrado, todos os homens alemães aos quais ainda se podia recorrer foram convocados para os *fronts* da guerra e escritórios e unidades administrativas, pois tanto no Reich quanto no Governo Geral havia escassez de força de trabalho qualificada. Por isso, preenchiam-se os postos de planejamento quase sempre com pessoas de uma ou duas categorias mais baixas, já que não havia pessoas adequadamente treinadas. O posto de planejamento de um comandante de campo de concentração correspondia à categoria de coronel (um *Standartenführer*). Göth só foi promovido a *SS-Untersturmführer* em 1943 e, ainda no mesmo ano, a *SS-Hauptsturmführer*. Também os ajudantes, que mudavam frequentemente, estavam subqualificados para suas tarefas, de acordo com as diretrizes internas da SS. Ao contrário deles, eu tinha facilidade em redigir cartas mais elaboradas, de modo que confiavam a mim tarefas para as quais, oficialmente, eu não poderia ser incumbido e, assim, consegui adquirir informações secretas referentes ao futuro do campo e dos detentos.

O primeiro ajudante a ir para lá, no início do verão de 1943, foi Horst Pilarzik, para quem tive de organizar as cartas secretas no gueto. Em todo caso, ele não permaneceu muito tempo no comando e desapareceu tão rapidamente quanto aparecera. Supostamente, Pilarzik fora visto bêbado em um cassino de Cracóvia, onde, não tendo encontrado uma mesa vazia, disse a altos brados: "Certamente ainda deve haver um lugar para alguém que possui uma cruz de cavaleiro!", o que fez com que imediatamente lhe oferecessem uma cadeira. Mas como ele não tinha uma cruz de cavaleiro, foi rebaixado. Depois disso, nunca mais o vi no campo.

O ajudante seguinte foi o *SS-Hauptsturmführer* Gerhard Grabow, de Hamburgo. Na sala de espera, sua escrivaninha ficava em frente à minha. Ele sempre me tratava de modo solícito e às vezes até me oferecia algo para comer, o que era bastante incomum para um integrante da SS. Grabow era um típico alemão do norte — loiro, não gordo, mas muito robusto. Ele tinha sido trabalhador de estaleiro para a empresa Blohm + Voss e, pouco depois de nos conhecermos, disse-me:

— O que eu podia fazer? Fiquei desempregado; então, veio o pessoal da SS e me ofereceu trabalho aqui.

Parece que Grabow entrou em contato com judeus pela primeira vez no campo de Płaszów. Certa vez, voltando da praça de chamada, para onde tinha ido por curiosidade, ele me disse admirado:

— Nossa, Pemper, nunca na minha vida eu tinha visto tantos judeus de uma só vez!

Grabow era um tipo singelo e decente. Ele só tinha cursado a escola fundamental e começava a transpirar quando Göth o encarregava de escrever determinadas cartas designando apenas palavras-chave. Grabow ficava muito intimidado nessas ocasiões, mas a cada ordem de Göth dizia em voz alta:

— Sim, senhor.

Assim que Göth deixava o escritório, porém, ele vinha até mim:

— Agora, precisamos escrever uma carta, mas ninguém pode saber disso, pois a coisa é secreta.

Então, eu lhe dizia que tal carta estava relacionada com uma ou outra correspondência mais antiga, que eu não conhecia, e ele murmurava:

— Sim, hmm, é muito secreta.

Aí eu lhe explicava que, de alguma forma, conseguiria escrever a carta com base nas indicações de Göth, mas que precisaria estar informado sobre todos os acontecimentos. Grabow refletia brevemente sobre o que eu lhe dizia, confirmava com a cabeça e trancava todas as portas que levavam ao escritório do comando. Depois, abria o armário blindado onde ficavam as pastas com a correspondência secreta do campo. Então, eu as folheava lentamente e memorizava o máximo possível do conteúdo das cartas. Grabow repetia sempre:

— Ninguém pode saber disso!

E eu o acalmava:

— Não, claro que não!

Foi dessa maneira que consegui ver os documentos secretos do campo. Göth, naturalmente, não suspeitava de nada.

Na primavera de 1944, quando o campo de trabalhos forçados já fora assumido pela Central de Administração Econômica da SS, em Oranienburg, como um campo de concentração, um inspetor da central deve ter notado que trabalhos importantes na sala de espera do comandante não eram feitos sob a direção de um homem competente da SS, mas executados por um detento, pior ainda: um detento judeu. Essa circunstância naturalmente foi criticada e Göth não podia ignorar esse fato.

Agora que Płaszów era um campo de concentração valiam novas regras. Assim, por exemplo, era proibido usar detentos para trabalhos nos quais, possivelmente, pudessem obter conhecimento de documentos confidenciais ou secretos.

Por conta das novas regras, certo dia, apareceu na sala de espera uma jovem mulher que devia ter quase a minha idade. Parecia ser conhecida de Göth, de Katowice, pois se tratavam por você. Ursula Kochmann trabalhava no escritório só pela manhã, durante três horas. Göth, porém, era um homem da noite, que não sabia ditar em horários fixos, e o fato de poder me chamar a qualquer hora do dia ou da noite para tomar ditado, até mesmo em sua mansão, era muito confortável para ele. Isso, talvez, o motivasse ao contínuo desprezo das regras e, talvez por isso, continuasse a ditar-me coisas que, na verdade, não poderia ditar. Algumas vezes ele me advertia expressamente para que eu não contasse nada a ninguém. Quando eu então lhe jurava que em caso nenhum faria isso, ele apenas retrucava:

— Sim, sim, eu já sei — o que era uma confirmação de que Göth mandava me observar.

Entretanto, ele raramente me ditava correspondência realmente secreta, a qual era resolvida por algum de seus suboficiais da SS que sabia escrever à máquina.

A senhora Kochmann era casada com um juiz alemão do tribunal especial em Cracóvia, nitidamente mais velho que ela. Eu o vi uma ou duas vezes. Ele me olhava como se eu fosse um animal exótico. Ela era uma mulher simpática e compadecida. Ainda me lembro de como a senhora Kochmann e eu observamos a chegada de judias húngaras na primavera de 1944. As mulheres — que tinham a cabeça raspada e trajavam roupas listradas de detento — passavam pelo comando arrastadamente, movimentando-se como num transe triste. Nessa ocasião, eu disse à senhora Kochmann que esse cortejo me lembrava uma tragédia grega, e ela replicou:

— Meu marido também diz: "Ai de nós, caso venhamos a perder essa guerra".

Não respondi à sua observação, porque, na verdade, ela não deveria ter dito algo assim na presença de um detento judeu.

Uma vez Göth teve de ir para uma reunião importante na cidade. Ele estava impaciente, esperava por uma carta que ainda tinha de assinar, andava de um lado para outro na sala de espera e olhava constantemente para o relógio. Sua agitação deixou a senhora Kochmann tão nervosa que ela começou a tremer. Nisso, aconteceu-lhe um infortúnio: colocou o papel carbono ao contrário. Göth a insultou de modo veemente. A senhora Kochmann estava quase chorando, enquanto datilografava novamente a carta. Quando Göth finalmente foi embora, eu a acalmei.

— Proponho que, no futuro, eu lhe prepare os ofícios com clipes para que não volte a acontecer o mesmo que hoje.

Ela imediatamente concordou. O que eu não disse a ela é que, naqueles ofícios, eu usava um papel carbono novo a cada vez, de modo que, quando ficava sozinho no escritório eu podia ler a impressão espelhada no papel carbono e, consequentemente, a correspondência secreta. Ainda hoje quero me desculpar perante Ursula Kochmann por tê-la enganado durante todos aqueles meses e ter sido desleal com ela, mas eu não podia agir de outra maneira. O bem-estar — e a possível sobrevivência — de todos era prioritário, tínhamos de saber o que os nazistas pretendiam fazer conosco. Há situações em que o desrespeito a determinadas normas éticas é justificado e necessário.

O truque com as tabelas de produção

Em geral, o assassinato dos judeus na Europa era coisa decidida. Porém, até a "vitória final", a força de trabalho da mão de obra barata ainda deveria ser explorada. Mas por que foram dissolvidos no Governo Geral alguns guetos e campos entre o outono de 1943 e a primavera de 1944? Por que outros foram preservados? Até hoje, essas questões receberam pouca atenção. Só o historiador Dr. Dieter Pohl tentou resolver esse mistério. Em 1998, ele escreveu que, até hoje "[...] não é possível explicar de modo inquestionável como foi criada a seleção para as dissoluções dos campos". Entretanto, ele supõe corretamente que a "importância para a guerra" das diferentes empresas deve ter sido decisiva.[44]

Depois de ter tido acesso aos documentos secretos no verão de 1943, amadureceu em mim o plano de resguardar ao máximo o

---

44. Dieter Pohl, 1998, p. 429.

campo de Płaszów da dissolução, na esperança de que o maior número possível de pessoas entre nós sobrevivesse ao fim da guerra sem ser mandado para outros campos. Parecia haver uma possibilidade, se nossa "importância para a guerra" fosse acentuada, mas eu só poderia executar esse plano com a enorme ajuda de Oskar Schindler. Só posteriormente se pôde, talvez, falar de estratégia. Na época, essa denominação teria sido exagerada, pois quase não havia tempo para ponderar e comparar apropriadamente os acontecimentos. Apenas em retrospecto parece assim, porque, na época não teria sido realista querer agir estrategicamente. Felizmente, uma pedrinha de mosaico foi se encaixando com outra e, até o último minuto da guerra, não estávamos seguros se sobreviveríamos ou não.

Quero deixar uma coisa absolutamente clara: sem a coragem de Oskar Schindler e seu contínuo engajamento por nós, judeus, em Cracóvia-Płaszów, mais tarde em Brünnlitz e também em outros lugares, não teríamos conseguido sobreviver. Schindler deu-me coragem para a resistência, pois sempre ajudava onde podia. Eu tinha as informações secretas e tirava minhas próprias conclusões. Debatia muitas coisas com ele, mas eram apenas insinuações. Schindler possuía os contatos com a inspeção de armamentos e com o exército. Ele também tinha o dinheiro necessário para alcançar, com presentes valiosos, as decisões desejadas das pessoas responsáveis. Em todas as situações, ele mostrava ações positivas e profunda humanidade, que se expressavam no fato de ele querer ajudar a qualquer custo os "seus judeus" e mantê-los com vida.

Sua secretária, Elisabeth Tont, confirma que Schindler se engajava não apenas por aqueles judeus que trabalhavam para ele:

> Eu mesma vi como ele ajudava a qualquer um, sem exceção. Um dia, recebi uma ligação de meus

antigos senhorios judeus. Ela me contava que estavam em um terrível campo em que, a cada noite, alguém era fuzilado aleatoriamente, como se fosse um mero número. Ela disse: "Peça ao Schindler para nos tirar daqui. Ele já salvou a vida de tantos judeus." Liguei para ele — eu não trabalhava mais para ele há dois anos — e pedi. Pouco tempo depois, recebi novamente uma ligação de minha senhoria, que já estava na fábrica de Schindler: ela era faxineira na guarda SS e seu marido trabalhava na produção.[45]

Hoje, é impossível mensurar os riscos que Schindler correu durante anos para nos ajudar. Assim, ele e eu, cada um no âmbito de suas possibilidades muito diferentes, conseguimos algo praticamente impossível: o campo de trabalhos forçados de Cracóvia-Płaszów, no qual por volta de oitenta por cento das empresas eram produções de costura e têxteis, não foi dissolvido prematuramente no final de 1943, mas preservado. No fim do outono de 1944, Schindler deu um golpe de mestre: conseguiu transferir todo seu pesado parque de máquinas e mil de seus trabalhadores judeus para Brünnlitz. Lá, nos deparamos com mais judeus de outros campos e prisões, que foram igualmente acolhidos por Schindler. A cada admissão, a lista dos detentos tinha de ser complementada com folhas adicionais. Essa lista, então, recebia a respectiva data e seguia para o campo de concentração matriz, de Gross Rosen, porque, de acordo com ela, se calculavam as tarifas diárias que Schindler tinha de pagar por cada trabalhador declarado para a Central de Administração Econômica da SS. Schindler protegeu e

---

45. Elisabeth Tont, in: *Frankfurter Rundschau*, de 26 de janeiro de 1994.

Campo de Cracóvia-Płaszów: mulheres são conduzidas ao trabalho

salvou não apenas os judeus de Płaszów, mas também aqueles que apareceram em Brünnlitz no inverno de 1944-1945 e que, sem ele, teriam morrido. Assim, a cifra final foi de mil e duzentos detentos. Toda a ação salvadora ficou conhecida como a "lista de Schindler", apesar de não se poder falar de uma única lista, mas de várias que se referiam reciprocamente. A fábrica de Schindler em Brünnlitz, que existiu do outono de 1944 até maio de 1945, era então um campo externo de Gross Rosen. O engajamento contínuo de Schindler durante os anos precedentes foi decisivo para esse último ato de força de sua ação salvadora. Ele lutou até o fim por nosso bem-estar e nossa vida. Só por causa dele conseguimos enfim a liberdade que sempre ansiamos, mas que frequentemente já não considerávamos possível.

Ao galpão do comandante, na ala com escritórios para as empresas, iam regularmente os dirigentes das oficinas e das fábricas, para entregar seus relatórios semanais. Antes de colocar esses relatórios na escrivaninha de Göth, eu mesmo os lia, para constatar quais oficinas do campo produziam bem, onde havia problemas e onde poderiam faltar encomendas. Eu não podia tomar nota, mas desde a infância eu dispunha de uma memória visual muito boa, na qual pude confiar também durante meus anos no campo. Até o verão de 1943, qualquer tipo de trabalho fabril oferecia certa proteção perante as seleções. "Trabalho" era sinônimo de "sobrevivência" desde o início da ocupação alemã — mesmo quando o trabalho era ruim e superava amplamente as forças dos detentos. No final de julho de 1943, deparei-me com algo inesperado no exame que fazia a documentos secretos, ficando claro que precisaria agir imediatamente, caso quisesse retardar nosso extermínio aparentemente decidido.

Depois da capitulação de Stalingrado no final de janeiro, início de fevereiro de 1943, começou a contraofensiva russa. No verão de 1943, o Exército Vermelho já tinha conseguido avançar até as proximidades da fronteira da Polônia de antes da guerra. Eu tinha lido sobre grandes mudanças na área de Lublin e Varsóvia, onde campos de trabalho judeu que dispunham apenas de alfaiatarias e produção têxtil haviam sido dissolvidos. Além disso, percebi que Göth se interessava cada vez menos pelos relatórios de trabalho e pelos números de produção de nossas empresas de vestimentas, malharias e vidraçarias. Por outro lado, ele lia com atenção especial os relatórios das empresas de metais, como funilaria e serralheria. A reação específica de Göth perante esses relatórios de oficina confirmava minhas tenebrosas suposições. Em vista da agravante situação militar e econômica, só contavam para o Terceiro Reich exclusivamente as áreas de produção "importantes para a guerra". Eu sabia que no campo quase não produzíamos bens adequados para uso direto no *front* — com exceção das grandes alfaiatarias que trabalhavam para o exército.

Em minha conversa seguinte com Oskar Schindler, pedi-lhe, sem revelar em detalhes os motivos, as folhas de dados técnicos de suas máquinas de processamento de metal. Depois de "neutralizar" as folhas de dados, para que ninguém pudesse ver a qual empresa se referiam e de onde provinham, mostrei-as aos nossos planejadores das oficinas de metal e pedi-lhes que pensassem o que poderiam produzir com suas máquinas que fosse diretamente necessário para a guerra. Solicitei detalhes exatos: quantas peças por dia de trabalho, pressupondo que forneceríamos o material necessário e as encomendas. Minha pergunta sempre foi: "Qual a capacidade das máquinas?" Também pedi a Schindler uma relação correspondente. Quando os planejadores me perguntavam sobre o motivo dessas listas, eu respondia com a observação: "O comando está negociando encomendas que são importantes para nós". Depois disso, os planejadores não perguntavam mais nada, pois me conheciam e confiavam em mim. Eu trabalhava solitariamente e estava inteiramente consciente do risco. Mas, enquanto sentenciado à morte, eu não tinha nada a perder. Caso Göth me indagasse por que eu ousava coletar informações dos planejadores sem seu conhecimento, então eu o lembraria do caso não muito longínquo de nossa fábrica de processamento de papel, que era do conhecimento dele.

Nesse caso, o dirigente técnico era um conhecido do meu pai, Benjamin Geizhals. Certo dia, ele se dirigiu a mim muito aflito, pois não sabia mais o que fazer: todo seu departamento não tinha mais encomendas. Entre outras coisas, ele produzia pastas para escritório e agora não recebia mais os mecanismos metálicos de alavanca. A vida de seus operários estava em jogo, caso fechassem o departamento. Depois de o senhor Geizhals me explicar a situação, eu obtive, por meio da Câmara de Comércio Exterior do

Governo Geral, os endereços das empresas competentes e enviei-lhes um pedido de orçamento dos tais mecanismos de alavanca. Tudo feito oficialmente, em papel com o cabeçalho do "Campo de Trabalhos Forçados Cracóvia-Płaszów do Dirigente da SS e da Polícia" e, evidentemente, assinadas por Göth. Minhas cartas conseguiram que algumas empresas nos oferecessem mecanismos de alavanca, de modo que a encadernadora voltou a ter encomendas suficientes. Desde essa intervenção bem-sucedida, os dirigentes das oficinas e os planejadores estavam convencidos da minha iniciativa, por isso elaboraram as relações sobre a capacidade das máquinas que solicitei. Quando pedi aos planejadores mais uma relação, querendo saber quais produtos podiam fabricar que fossem de interesse para o exército, eles novamente me deram diferentes recomendações do setor.

Por meio de algumas cartas que, por comodidade, Amon Göth me ditou à noite, em sua mansão, fiz mais descobertas sobre os planos dos nazistas. Nessa altura, já estávamos em meados de 1943 — os russos se aproximavam cada vez mais, o que significava que os dias de Göth como comandante estavam contados. Simultaneamente, crescia o meu risco, pois eu sabia que Göth já tinha tirado do caminho algumas testemunhas inconvenientes e pessoas que sabiam de seus crimes. Eu estava firmemente convencido de que nunca mais gozaria de uma vida em liberdade, pois Göth me fuzilaria pouco antes de uma possível libertação do campo. Já em Brünnlitz, e também em conversas após a guerra, Oskar Schindler confirmou meu temor: "Göth nunca deixaria que você pudesse contar a alguém fora do campo tudo o que tinha visto ali."

No escritório, eu me comportava o mais discretamente possível. Quando Amon Göth recebia visita de seus superiores de Cracóvia ou até de Berlim, eu mantinha meus olhos e minhas orelhas abertos, mas me fazia o mais "invisível" possível. Concorria para isso o fato de eu sempre ter insistido em vestir o simples uniforme listrado de detento. Não queria ser considerado privilegiado nem pelos outros nem por mim mesmo. Apesar disso, alguns detentos tentavam me convencer a usar o uniforme do serviço de ordem, com a boina. Talvez acreditassem que, se eu fosse um "homem do serviço de ordem", uma espécie de policial do campo, talvez lhes desse informações sobre acontecimentos secretos no escritório. Nunca fiz isso. Sempre me contive e guardei para mim tudo o que eu vi e ouvi ali. Alguns dos tais policiais de campo realmente brigavam para usar um uniforme especial de serviço de ordem. Eles até mesmo mandavam fazer suas roupas de detento sob medida, pois achavam que eram superiores, apesar de todos nós nos encontrarmos na mesma situação miserável. Esse orgulho e essa arrogância de alguns eram assustadores.

Infelizmente, havia uns poucos detentos judeus no terrível cotidiano do campo que se prejudicavam mutuamente para cair nas graças dos integrantes da SS. Esses confidentes judeus nos campos da SS são um tema difícil. Mais cedo ou mais tarde, quase todos foram assassinados pela SS como pessoas incômodas, que sabiam demais. No entanto, eles estavam fortemente convencidos de que seriam os únicos detentos a sobreviver à guerra. Mas, justamente, muitos deles não sobreviveram.

O ancião judeu do campo, Wilek Chilowicz, era quase dependente de Göth. Ele e seus homens do serviço de ordem também estavam seguros de que nada lhes aconteceria. Mas se enganaram. Chilowicz tentou me envolver várias vezes em sua área de incumbência e me trouxe o uniforme de homem do serviço de ordem. Eu me defendi, pois o destino tinha me colocado numa posição especial. Além disso, eu estava convencido de que um dia seria fuzilado por Göth. Se tivesse de ser assim, queria ser lembrado como homem decente. Eu realmente lutava para não ter de usar esse uniforme do serviço de ordem.

Mas Chilowicz me pressionava com insistência e me mandava constantemente colocar a jaqueta do uniforme e a boina de policial sobre meu catre. Ela estava ali quando eu voltava para o galpão, à noite. Eu, então, colocava esse uniforme de lado e continuava a vestir minha simples roupa listrada de detento. Por isso, não tive nenhum tipo de inibição ou problema em aparecer como testemunha no processo contra Göth em 1946. Outros que usaram tais uniformes do serviço de ordem no campo me recomendaram que não depusesse contra Göth. Izak Stern também me desaconselhou. Mas eu sabia que não tinha me sujado. Eu pude fazer o juramento perante o tribunal e, de acordo com a verdade, Göth não pôde apresentar em juízo nada que tivesse me comprometido.

Por fim, obtive de Göth a permissão de manter minhas roupas de detento. É verdade que consegui isso depois de um pequeno truque, mas, pelo menos, me livrei do desagradável Chilowicz. Eu disse a Göth que, como muitas vezes ficava sozinho na sala de espera, um dirigente desconhecido da SS poderia entrar e, não reconhecendo meu uniforme como de um detento, já que talvez partisse do pressuposto de que presos não trabalhavam na sala de espera do comandante, vir a estender-me a mão, o que só lhe traria constrangimento. Göth me olhou com ceticismo. Ele realmente não era burro e eu já temia que, dessa vez, me desmascarasse. Mas ele só murmurou algo como: "Pensando bem...". Eu interpretei isso como um consentimento. "Bem", disse eu, "então posso dizer a Chilowicz que tenho sua permissão para continuar usando meu traje listrado azul e cinza." Outros no campo talvez me tivessem por idiota, porque eu recusava — até rejeitava veementemente — o "privilégio" de usar um uniforme do serviço de ordem.

Göth não sabia nada sobre meus trabalhos anteriores. Quando finalmente fiquei seguro de que teríamos de incluir a produção de algum tipo de arma em nosso programa, falei com Oskar Schindler sobre o fechamento das fábricas de têxteis e de uniformes em outras partes do Governo Geral. Schindler reagiu suavemente:

— Pois bem, isso não ameaça minha gente; não estou no setor de confecção, mas no de metal.

Apesar de suas palavras encorajadoras, eu estava convencido da minha posição. A cada nova folheada na correspondência de serviço eu topava com novas informações. Os acontecimentos corriam. Movia-me a convicção de que era necessário ter pressa. Li relatórios sobre reuniões com o Alto Dirigente da SS e da Polícia do Leste em Cracóvia, os quais tratavam, entre outras coisas, de se e quais campos de trabalho judeu continuariam existindo e quais deveriam ser transferidos em direção a oeste, dependendo da situação no *front* oriental. Ali se tornou público que o chefe máximo de toda a área econômica da SS, o general Oswald Pohl, agora chefe da Central de Administração Econômica (WVHA) em Berlim, determinara que apenas seriam preservados os campos de trabalho judeu que pudessem comprovar uma produção, como diziam, decisiva para a vitória. "Decisiva para a vitória" — essa expressão chamou minha atenção. Até então, eu nunca a tinha visto em qualquer telex ou memorando e a entendi como um comparativo da expressão "importante para a guerra". Também a fabricação de uniformes e botas para o exército era "importante para a guerra". Até os envelopes de cartas que colávamos no campo para a SS eram "importantes para a guerra". Mas "decisivo para a vitória" era única e exclusivamente a produção de armamentos.

Eu tive então a conversa decisiva com Schindler. Por motivos de cautela, não quis dizer-lhe que eu mesmo tinha lido essas informações.

Às vezes, Schindler era um pouco desatento e muito confiante. Por isso, só contei que, com base em diferentes fragmentos de conversas, eu estava certo de que, para garantir a permanência dos trabalhadores judeu em sua fábrica, seria necessário dar início à produção de armas ao lado da de utensílios esmaltados. Schindler só murmurou algo sobre "setor de metal", e deixei escapar uma observação atrevida:

— Senhor diretor Schindler, apenas com panelas esmaltadas não se pode ganhar uma guerra. Seria bom se o senhor tivesse em sua fábrica um verdadeiro departamento de armamentos, para que sua gente estivesse segura.

Isso podia ou não ser novo para Schindler, mas a verdade é que ele ampliou a produção de armamentos em sua fábrica, sobretudo a de peças para granadas. Essas tinham o codinome "MU" para "bocal" (Mundlochbuchse) — se bem que até hoje não sei exatamente de que se tratava.

Cerca de um ano mais tarde, no verão de 1944, quando se discutiu o deslocamento de empresas importantes para o território do Reich, a Central de Administração Econômica da SS decidiu que somente a parte da fábrica de Schindler que produzia peças para granadas deveria ser transferida para a região sudeta. Por isso, praticamente só as pessoas do departamento "MU" que entravam na lista, e não aqueles que trabalhavam na fabricação de utensílios esmaltados. Se, naquela época, Schindler não tivesse começado a produzir peças para granadas, então todo o fenômeno e a ação salvadora da "lista de Schindler" teriam deixado de existir, pois os utensílios esmaltados eram considerados "importantes para a guerra", mas não "decisivos para a vitória".

Oskar Schindler agia com determinação. A produção da "MU" ganhava impulso, mas agora se tratava da preservação do campo.

O plano tinha de dar certo. Nem mesmo aos meus amigos Izak e Natan Stern eu podia dizer das cartas, telex e documentos secretos que tinha lido, pois nunca se sabia quando algum de nós poderia ser torturado. Assim, em uma conversa, apenas insinuei algumas informações, falei que as consequências de Stalingrado seriam muito maiores do que poderíamos imaginar e comentei que, possivelmente, nosso campo enfrentaria a dissolução.

— Acredito — finalizei minhas breves palavras — que o único caminho será nos anexarmos, de algum modo, a um campo de concentração, pois estes, seguramente, existirão até o final da guerra.

Os dois Sterns ficaram sem palavras; olharam-me incrédulos, quase preocupados, e certamente pensaram "Coitado, perdeu o juízo". Naturalmente, os Sterns não sabiam que, para mim, a abreviatura "KL" (campo de concentração) já tinha se tornado um conceito estrutural de ordenação. Pela correspondência de serviço, eu sabia que, dentro do sistema alemão de campos, os cerca de vinte campos de concentração tinham prioridade máxima no que se referia a abastecimento e preservação. Caso conseguíssemos, pensava eu, preservar nosso campo de trabalhos forçados como um desses campos de concentração, então, talvez, tivéssemos a oportunidade de ficar vivos mais tempo. No final, minha suposição comprovou estar correta.

Eu não desistiria porque, enquanto isso, outra coisa ficou clara para mim: a preservação do nosso campo tinha importância decisiva não só para nós, detentos judeus, mas também para Göth. Pesando quase cento e vinte quilos, ele já sofria de diabetes aguda e não queria servir no *front* de maneira alguma. Göth conhecia seu próprio dilema: em seu campo produziam-se principalmente escovas, vidros, têxteis e sapatos — isso, evidentemente, não é uma produção "decisiva para a vitória". Para ele, o fechamento do campo significaria a perda de privilégios, a renúncia ao luxo e à fartura e, eventualmente, até mesmo a participação no front; a preservação do campo, por outro lado, lhe possibilitava permanecer sendo seu "próprio *commandeur*". Apenas nesse aspecto coincidiam, de modo paradoxal, nossos interesses enquanto detentos com os interesses do comandante SS do campo.

No final do verão, talvez em agosto de 1943, quando Göth me pediu uma relação sobre o que nossas fábricas do setor de metais produziam ou podiam produzir sob encomenda, vi confirmada minha suposição de que o comandante outorgava um papel especialmente importante ao setor de metais no campo. Göth não queria saber quantos sapatos, malhas ou uniformes poderíamos produzir, mas falou expressamente de produtos metálicos. Eu pressentia que se tratava de algo extremamente importante. Göth já me dera várias tarefas sem me informar exatamente como deveria executá-las. Também dessa vez ele não me deu instruções exatas — interessava-lhe apenas o resultado. Mas, como tive acesso aos planos dos nazistas graças a certas informações secretas, arranjei com Schindler as folhas de dados de suas máquinas com todas as indicações sobre as capacidades e pedi aos dirigentes técnicos das oficinas que citassem vários exemplos de produtos que suas máquinas poderiam produzir, com a respectiva regulagem e instalação. Enfatizei aos dirigentes fabris que não dessem simplesmente os nomes dos produtos, mas fornecessem também indicações a respeito de tipos de material, formatos e variações de revestimento. Solicitei todos esses dados conscientemente, para que, na relação de cada produto, eu pudesse preencher uma linha inteira de página A4 na horizontal. Com tal abundância de informações e exatidão de detalhes, queria despertar a atenção e impressionar. E consegui isso.

Cada linha começava com o nome do respectivo produto e com o número de peças a serem produzidas mensalmente e terminava com a abreviação "o.". Seguia então a próxima linha. Novamente, todos os detalhes. E no final estava sempre um "o.", linha por linha. Eu elaborava as listas de produção do anoitecer e ia até tarde da noite, para que ninguém visse o que eu realmente escrevia. Trabalhar noite adentro não era novidade pra mim; sempre tive uma grande carga de trabalho, de modo que ninguém se admirava de ver luz no escritório do comando tão tarde da noite.

Quando mostrei a tabela a Göth, depois de alguns poucos dias, ele primeiro reagiu impaciente:

— Nós não podemos produzir tudo isso.

Ao que eu retruquei:

— Eu tenho documentação para tudo.

Ele se mostrou um tanto incrédulo.

— Mas são quantidades grandes demais.

— Sim — respondi —, mas são quantidades alternativas.

Göth de repente mostrou interesse.

— Por que alternativas?

— Isso está indicado no final das linhas com o "o.". Devo dizer que isso vem do dicionário, pois "o." significa "ou".

Mostrei a Göth o trecho correspondente no dicionário, como se isso fosse o mais importante, e o truque funcionou. Göth se impressionou com os dados e a referência ao dicionário. Eu previra isso, pois conhecia muito bem o comportamento dele em situações desse tipo. Durante alguns segundos, Göth ficou sentado em silêncio e não disse nada, mas me olhava investigativamente. O tempo parecia ter parado. Repentinamente, uma ideia assustadora me passou pela cabeça: ou ele puxará a pistola, pensando que o tomo por burro com tantos detalhes entediantes, ou pensará: "O Pemper sabe de algo que na verdade não pode saber, isto é, que essas tabelas são exatamente aquilo de que preciso". Naturalmente, Göth não podia me pedir para fornecer indicações falsificadas, pois se tornaria passível de chantagem, mas reconheceu imediatamente o valor das tabelas para si mesmo e para o campo — ali estava um plano que lhe possibilitava manter-se *commandeur* e isso era o bastante para ele. Göth só me perguntou rapidamente:

— Quantos exemplares o senhor tem disso?

Então eu lhe mostrei o original e duas cópias. Ele anuiu e guardou as tabelas no bolso. Sem mais uma palavra, foi com elas para a cidade, talvez imaginando que se tratava de um truque. Mas ele pegou as listas e, com isso, o primeiro passo estava dado. Eu tinha pensado o seguinte: caso Göth apresente minhas tabelas de produção "enfeitadas" a seus superiores, eles reagirão da mesma maneira que ele. Ficarão tão impressionados com a enorme quantidade de números que dificilmente farão perguntas desnecessárias ou descobrirão o pequeno "o.".

Minhas esperanças se realizaram. Göth realmente foi para as reuniões na cidade com as tabelas de produção melhoradas. A elaboração daquelas listas sobre a suposta capacidade armamentista do nosso campo coincidiu com as reuniões com o Alto Dirigente da SS e da Polícia do Leste. Apesar de Göth não estar em posição para participar dessas conversas, suponho que ele tenha apresentado as listas de produção diretamente aos responsáveis competentes ou tenha recorrido aos ajudantes para confirmar o significado do campo para a economia de guerra e evitar sua dissolução. Evidentemente, não sei como se desenrolaram os encontros subsequentes nos escalões mais altos, nas salas do ministro de Estado e general da SS Krüger e, depois, nas conversas com o general Oswald Pohl, na Central de Administração Econômica da SS, em Oranienburg. E nunca mais vi as tabelas de produção cuidadosamente elaboradas, apesar de ter procurado

Cracóvia-Płaszów: centro de comando com rua principal do campo. À direita, em primeiro plano, a casa cinza em que fiquei duas semanas na solitária

intensivamente por elas após 1945. Também não sei se foram destruídas no final da guerra ou se ainda estão em algum arquivo.

Mais tarde soube-se que realmente ocorreram negociações decisivas em 3 de setembro de 1943, em Cracóvia, e em 7 de setembro, em Oranienburg, nas quais ficou decidido quais campos ficariam preservados e quais deveriam ser dissolvidos. Os campos sem "produção decisiva para a vitória", sobretudo os menores, foram liquidados. Para os detentos, isso significava morte certa, pois ainda havia os campos de extermínio, como, Sobibor, que existiu até outubro de 1943, ou Auschwitz, onde foram assassinados seres humanos até novembro de 1944. Mas o campo de Cracóvia-Płaszów permaneceu[46] e, assim, quase vinte mil detentos judeus e poloneses tiveram a chance de continuar vivendo. Sem as falsas listas de produção do final do verão de

---

46. Isso também vale para alguns outros campos; vide nota 48.

1943, a morte ameaçaria a todos nós e nada levaria à ação salvadora de Oskar Schindler em outubro de 1944. Entretanto, por causa do avanço das tropas russas, em julho e agosto de 1944 muitos detentos de Płaszów começaram a ser transferidos para outros campos, como Mauthausen e Stutthof.

Nós conhecemos a decisão de Pohl por suas anotações na ata de 7 de setembro de 1943.

> Na sequência da reunião do dia 3 deste mês com o SS-Obergruppenführer Krüger, ocorreu no dia 7 deste mês uma reunião na Central de Administração Econômica da SS da qual participaram: *SS-Obergruppenführer* Pohl, *SS-Gruppenführer* Globocnik, *SS-Brigadeführer* Glücks, *SS-Brigadeführer* Lörner, *SS-Obersturmbannführer* Schellin, *SS-Obersturmbannführer* Maurer, *SS-Sturmbannführer* Florstedt e *SS-Obersturmführer* Dr. Horn. Foi acordado o seguinte:
> 1. Os aproximadamente dez campos de trabalho do Dirigente da SS e da Polícia no distrito de Lublin serão assumidos pela Central de Administração Econômica da SS como campos filiais do campo de concentração de Lublin. Com a posse, eles ficam submetidos à responsabilidade e supervisão da Central de Administração Econômica da SS e diretamente subordinados ao *SS-Sturmbannführer* Florstedt, que cuidará da segurança e da direção de acordo com as ordens.
> 2. Com a posse da Central de Administração Econômica da SS (grupo seccional D), os internos desses campos de trabalho tornam-se detentos de campos

de concentração. As despesas dos detentos serão custeadas pelo Reich.

3. Independentemente desses aproximadamente dez campos de trabalho no distrito de Lublin, deve ocorrer, no interesse de uma limpeza geral em todos os campos de trabalho existentes no Governo Geral, a posse pela Central de Administração Econômica da SS. O *SS-Sturmbannführer* Florstedt será encarregado como responsável pela posse desses campos para o grupo seccional D da Central de Administração Econômica da SS. Ele discutirá os detalhes com o *SS-Obersturmbannführer* Schellin, o *SS-Obersturmbannführer* Maurer e o *SS-Obersturmführer* Dr. Horn.

4. Almeja-se dissolver campos com reduzida força de direção ou aqueles cuja produção não seja importante para a guerra ou decisiva para a vitória.

Assinado, Oswald Pohl, *SS-Obergruppenführer* e general da SS armada.[47]

Naturalmente, eu não podia dizer uma palavra a respeito de todas as relações entre informações secretas, listas de produção e a preservação do campo. Mesmo depois da guerra, eu me mantive publicamente em silêncio e só falei sobre esse assunto com algumas poucas pessoas íntimas. Mas sou muito agradecido ao destino por, durante a guerra, ter estado em uma posição em que podia fazer algo para salvar vidas humanas.

---

47. *Eksterminacja żydów na ziemiach polskich w okresie okupacji hitlerowskiej*, Varsóvia 1957, pp. 254-255. O essencial foi a regulamentação de que campos menores "*sem produção importante para a guerra ou decisiva para a vitória*" fossem, na medida do possível, liquidados.

A decisão definitiva de preservar nosso campo foi tomada algumas semanas mais tarde, no final de outubro de 1943. Pohl escreveu que, entre outros, o campo de Cracóvia-Płaszów permaneceria[48] e se tornaria um campo de concentração. Mas a posse só se realizaria sob a condição de que o general Krüger (o Alto Dirigente da SS e da Polícia do Leste) não retirasse suas equipes, pois ele, Pohl, não poderia colocar à disposição equipes próprias de vigilância. Portanto, os antigos vigias do campo de trabalhos forçados deveriam continuar prestando seus serviços no campo de concentração. E dizia-se ainda: "Isso será seguramente regularizado".

---

48. No texto de 22 de outubro de 1943, Pohl ordenava que a seção D da Central de Administração Econômica da SS (WVHA) assumisse os seguintes campos: o campo no antigo aeroporto Lublin, em Trawniki, Poniatowa, Radom, Budzyn, Płaszów, D.A.W. em Lublin e em Lemberg (campo Janowski). In: *Eksterminacja żydów na ziemiach polskich w okresie okupacji hitlerowskiej*, Varsóvia 1957, p. 255. Também do campo de Budzyn, algumas dúzias de detentos foram transferidos para Cracóvia, por serem supostamente especialistas na construção de aviões Heinkel, devendo por isso assumir trabalhos similares em Cracóvia.

Uma surpresa no processo contra Gerhard Maurer

No final de outubro de 1943, chegou a decisão de Oswald Pohl de que o até então campo de trabalhos forçados de Cracóvia-Płaszów ficaria preservado e seria transformado em um campo de concentração autônomo. A transformação oficial ocorreu no dia 10 de janeiro de 1944. Pohl era o chefe de todo o império econômico da SS, mas, pessoalmente, não tinha nada que ver com os detalhes da transformação de nosso campo em um campo de concentração. Da conversão factual, cuidava o grupo seccional D da Central de Administração Econômica da SS, em Oranienburg, cujo chefe era o general Richard Glücks. A peça-chave para a intermediação de todas as decisões e instruções de serviço de Oranienburg era o *SS-Obersturmbannführer* Gerhard Maurer. Dentro do grupo seccional D, ele dirigia a seção D II, que controlava a utilização de trabalho de todos os detentos em todos os quase vinte campos de concentração na área de dominação alemã. Como descobri mais tarde, Maurer nasceu em

Halle, em 1907. Como nazista convicto, entrou cedo, em 1930, para o partido nazista (NSDAP) e, em 1931, para a SS.

Em 1945, quando a guerra terminou, retomei meus estudos na faculdade e terminei o curso de administração de empresas em 1948. Dois anos depois, comecei a trabalhar como dirigente do departamento de contabilidade de empresas estatais em Cracóvia, onde recebi a ligação do juiz de inquérito Dr. Jan Sehn. Sem rodeios, ele foi logo perguntando se o nome Gerhard Maurer me dizia alguma coisa.

— Naturalmente — respondi e fui imediatamente para o escritório dele no centro da cidade.

Lá chegando, imitei para Sehn a assinatura de Maurer, que eu conhecia muito bem de vários escritos dele para Göth desde janeiro de 1944. Sehn ficou feliz, pois, até então, não encontrara ninguém para quem o nome Maurer dissesse algo e que pudesse participar como testemunha da acusação no processo de crimes de guerra contra ele. Também dessa vez Sehn havia sido encarregado da preparação do processo. Cinco anos após ter deposto contra Amon Göth, fui novamente testemunha principal da acusação. O processo ocorreu em Varsóvia, em 1951. Maurer fora um dos dirigentes da SS que executaram com muito engajamento e eficiência a perseguição aos judeus a partir de seu local de trabalho, em Oranienburg. Ele sabia exatamente o que acontecia nos campos de concentração porque, no processo, ressaltou que inspecionara todos pessoalmente. Se me lembro bem, ele também visitara Płaszów pelo menos uma vez.

Primeiramente, em 23 de fevereiro de 1950, prestei o seguinte depoimento:

> Meus informantes, os oficiais da SS em Płaszów, qualificavam frequentemente Maurer como uma

personalidade especialmente ativa. Prova disso é o fato de ele ter tido permissão para assinar "e.s.", ou seja, "em substituição", e não "p.o.", "por ordem", apesar da substituição normalmente ser do chefe da seção D I. Os oficiais da SS, às vezes, diziam ironicamente que, na verdade, só havia uma atividade dentro do grupo seccional D que Maurer não podia executar sozinho e para a qual era necessária a assinatura de Glücks, que era a subscrição de permissões de tráfego de caminhões a longa distância, porque estas tinham de conter a assinatura de um general.[49] E Maurer só tinha patente de coronel (Standartenführer).[50]

Na minha opinião, o importante papel de Maurer na organização da perseguição aos judeus e na administração dos campos de concentração ainda não foi documentado com suficiente detalhamento, a não ser por Gerald Reitlinger e Johannes Tuchel. No dia 18 de novembro de 1943, o general Pohl informou a todos os departamentos

---

[49]. Depoimento no processo de inquérito contra Gerhard Maurer de 23 de fevereiro de 1950 em Cracóvia, perante a comissão principal de investigação dos crimes hitleristas na Polônia. Juiz: Dr. Henryk Gawacki, protocolante: Stanisław Malec. O original em língua polonesa encontra-se no Instytut Pamieci Narodowej de Varsóvia, sob a rubrica SWKr 11, sygn. Sadowa K291/51. Quando Gerhard Maurer foi nomeado diretor da seção D II, em março de 1942, ocorreu também sua promoção de *SS-Sturmbannführer* para *SS-Obersturmbannführer*, e pouco mais tarde, em 20 de abril de 1944, ele foi promovido a *SS-Standartenführer*, o que equivale à patente de coronel. Doravante, esse documento será citado como: *Depoimento de 23 de fevereiro de 1950 no processo de inquérito contra Gerhard Maurer*.

[50]. Segundo o arquivo pessoal da SS, Gerhard Maurer possuía desde 15 de março de 1942 a patente de *SS-Obersturmbannführer*, que equivalia à patente do exército de tenente-coronel. Posteriormente, ele foi promovido a *SS-Standartenführer* com data retroativa a 20 de abril de 1944, após solicitação de "promoção preferencial" de Maurer em função de seu engajamento especial para a "indústria de armamentos importante para a guerra e decisiva para a vitória" do Reich ter sido aceita.

na Central de Administração Econômica da SS que, após a transferência do *SS-Obersturmbannführer* Artur Liebehenschel para o comando de Auschwitz I, o *SS-Obersturmbannführer* Maurer[51] seria o substituto imediato do general Glücks, chefe do grupo seccional D. Rudolf Höß, o comandante de Auschwitz, confirmou a função de Maurer dentro da seção D em suas anotações de Cracóvia em 1946:

> Depois da saída de Liebehenschel, Maurer tornou-se substituto de Glücks. Com essa promoção, Pohl basicamente entregou a inspeção a Maurer e, pouco a pouco, Glücks também deixou quase todos os assuntos importantes para ele. Só externamente ainda era considerado o inspetor. Como a partir desse momento — de acordo com a vontade do RFSS [Reichsführer-SS Heinrich Himmler] —, o mais importante era o início da produção de armamentos pelos detentos, era muito natural que tudo fosse considerado a partir dessa ótica.[52]

Depois da guerra, Oswald Pohl e Gerhard Maurer conseguiram se camuflar e permanecer escondidos, com documentos falsos e como trabalhadores sem qualificação. Pohl só foi descoberto em maio de 1946 e entregue à justiça dos aliados.[53] Em novembro de 1947, foi condenado à morte por causa de crimes contra a humanidade e crimes de guerra no julgamento da Central de Administração Econômica

---

51. Johannes Tuchel, 1994, documento 21.4, p. 122.

52. Idem, p. 118.

53. Gerald Reitlinger, 1953, p. 547. Reitlinger pertence aos poucos historiadores que já apontava, há mais de cinqüenta anos, para Gerhard Maurer e seu importante papel no extermínio de judeus.

da SS em Nuremberg. Ele foi executado em 1951. Gerhard Maurer tinha sido mandado para a Polônia e, em 1951, no julgamento dele, em Varsóvia, a exemplo do que eu tinha feito no processo contra Amon Göth, falei sobre o envolvimento dele na ação contra os judeus húngaros.

Em março de 1944, o exército alemão invadiu a Hungria e ocupou a terra de seus antigos aliados. A partir daí, os alemães pressionaram o regente húngaro Miklós Horthy até ele entregar cerca de cem mil judeus ao "comando Eichmann". Pessoas idosas e crianças foram assassinadas imediatamente após sua chegada a Auschwitz.

No sábado, 6 de maio de 1944, já tarde da noite, eu estava como sempre no escritório do comando, para trabalhar em processos ainda não resolvidos. Para o dia seguinte estava anunciada uma "chamada de saúde". Quando Göth, muitas horas depois do horário oficial, passou pelo escritório, eu perguntei:

— Senhor *commandeur*, ainda tenho muitas coisas a fazer aqui no escritório. Preciso realmente me apresentar amanhã a essa chamada?

Göth olhou para mim demoradamente, o que era incomum, parecendo refletir sobre algo. Por fim, disse:

— Não, na verdade só se trata de engajar as pessoas de acordo com suas possibilidades corporais. O senhor está aqui no escritório, por isso não há necessidade...

A frase parecia sem final, o que me fez refletir. Tarde da noite, no galpão destinado ao pessoal da administração, falei com Izak e Natan Stern sobre minha conversa com Göth:

— Não acredito que, depois de tudo o que nos fizeram nesses cinco anos, os senhores da SS continuem achando que podemos trabalhar em função das nossas capacidades físicas. Se não fosse o caso de chorar, eu riria; não confio nisso.

Mas o que deveríamos fazer? Aconselhei Natan Stern a manter-se ereto. Ele era muito alto, media aproximadamente um metro e noventa, mas, por causa de seus problemas de coluna, andava um pouco inclinado. Portanto, ele deveria manter-se ereto, andar esticado e exprimir dessa maneira o quanto era apto para trabalho.

No dia seguinte, um domingo, todos os detentos tiveram de passar por uma comissão: homens e mulheres em duas diferentes praças de apelação, de modo que os dois grupos não se vissem nus. Toda a ação denominava-se "trabalho correspondente para todos".[54] Como fui autorizado por Göth, não precisei participar e só sei o que ocorreu nas duas praças de chamada pelas narrativas dos outros detentos. A comissão era formada pelo médico alemão do campo, o Dr. Max Blancke, e seu substituto, um assistente de sanidade da SS. No caso dos homens, quem anotava nas fichas as observações de Blancke eram os guardas da SS, e no das mulheres, as inspetoras da SS.

Cada detento merecia uma observação, mas nenhum de nós conhecia a finalidade delas. "O que significa isso? O que pretendem conosco?", assediavam-me alguns conhecidos. No entanto, eu não tinha nada a dizer sobre aquilo.

Só duas semanas depois tive a possibilidade de ver — evidentemente em segredo — os documentos relacionados a tal acontecimento. Por telex, Gerhard Maurer tinha perguntado a todos os comandantes de campos de concentração subordinados a ele quantos judeus húngaros poderiam acolher temporariamente, enquanto as fábricas de armamentos que precisavam deles como mão-de-obra terminassem os respectivos campos cercados de galpões. Göth tinha respondido imediatamente que podia acomodar oito mil, mas, para tanto, precisava obter permissão para dobrar a ocupação dos catres. Ele queria organizar um

---

54. Meu depoimento no processo contra Amon Leopold Göth.

turno diurno e outro noturno: enquanto um grupo de detentos trabalhava, outro grupo dormia nos catres. Depois de alguns dias, também por telex, chegou a resposta negativa de Maurer: a inspeção sanitária em Oranienburg receava a ocupação em dobro, porque, no verão, o perigo de epidemia era grande demais e Cracóvia, por sua importância como ponto de conexão entre o Reich e o *front* oriental, não poderia conviver com esse risco. Além disso, ainda havia no campo quase seiscentos membros da SS e da polícia cuja saúde não poderia ser posta em perigo.

Se Göth tivesse aceitado essa notificação de rejeição e a tivesse colocado em ata, então não se poderia ter feito acusações penais, uma vez que tanto a requisição de Maurer quanto a resposta de Göth não passavam de reflexões de natureza organizacional de trabalho, de logística sobre a acomodação passageira de detentos. Todavia, Göth não se conformou com a resposta de Maurer e, passado alguns dias, mandou-lhe, por telex, uma mensagem, na qual reduzia de oito para seis mil o número de detentos que poderiam ser acolhidos e informava que só faria isso sob a condição de poder mandar para o "tratamento especial" em Auschwitz os detentos de seu campo que não estivessem inteiramente capacitados para o trabalho. Imediatamente, também por telex, veio o consentimento de Maurer. O comando em Auschwitz receberia a instrução de acolher o transporte do campo de concentração de Płaszów. O resultado desse acordo foi a "chamada de saúde" de 7 de maio de 1944.

Em 1951, eu já havia testemunhado três vezes. Assim, fui chamado novamente, depois que Göth declarou que se lembrava desse transporte, mas que não estava consciente de que os detentos deveriam ser mortos.

"Para nós, no campo", respondi à pergunta do presidente do tribunal, "era, em princípio, óbvio que aquelas pessoas tinham sido mandadas para a morte. O transporte de 14 de maio consistia sobretudo de crianças pequenas e pessoas de idade avançada. No final, ainda foram acrescentados doentes da área hospitalar. Estava claro, para nós, que aquelas pessoas iriam para a morte em Auschwitz." Nas atas impressas do processo ainda encontrei mais tarde o seguinte depoimento meu: "Foram mandadas aproximadamente mil e quatrocentas pessoas para Oświęcim (Auschwitz), entre elas duzentas e oitenta e seis crianças. Göth mandou um telegrama para Oświęcim, contendo os números exatos de crianças, doentes e idosos. Eu não cuidava dessa correspondência, entretanto, mais tarde, vi alguns dos telex. Toda a ação foi executada de modo altamente secreto.[55]

Poucos dias depois do citado 14 de maio de 1944, dois ou três jovens que estavam engajados em um comando externo na estação de Płaszów desfizeram-se de suas jaquetas, que tinham nas costas um "KL" (campo de concentração) em tinta vermelha, e fugiram. Infelizmente, foram capturados e não sobreviveram. Na época, era quase impossível hospedar-se em algum lugar, pois as punições para poloneses que ajudavam judeus na fuga ou os escondiam eram draconianas. Poucos dias depois, Göth mandou um telex para Auschwitz com um conteúdo semelhante a: "Para evitar tentativas de fuga, quero equipar todos os comandos externos com as roupas listradas de detentos". Por isso, queria que fossem "[...] mandadas de volta as roupas de detento

---

[55]. Meu depoimento no processo contra Amon Leopold Göth.

daqueles que foram para o tratamento especial no transporte de 14 de maio". Com esse telex, Göth confirmava que, ao contrário de seu depoimento perante juízo, conhecia o significado da expressão "tratamento especial". Após meu depoimento, o presidente do tribunal perguntou ao acusado se ainda tinha alguma pergunta.

— Nenhuma pergunta — foi a resposta de Göth.

Gostaria de enfatizar a diferença entre uma questão de logística e uma questão criminosa pessoal. Como problema administrativo, a pergunta inicial de Maurer sobre quantos detentos húngaros poderiam ser temporariamente recebidos no campo não tinha uma intenção criminosa. Porém, a sugestão de Göth na resposta foi claramente criminosa.

Em meu depoimento juramentado de 23 de fevereiro de 1950, no processo de inquérito contra Gerhard Maurer, também falei de meu trabalho com Göth:

> De março de 1943 a outubro de 1944, como prisioneiro do campo em Płaszów, eu, juntamente com outros detentos, fui designado para atividades de escritório e trabalhei como escriturário e estenógrafo no comando do campo. No exercício de minha atividade, pude ver documentos e correspondência do campo e, além disso, tive a possibilidade de ler a correspondência secreta que chegava ou era mandada.

E descrevi detalhadamente as circunstâncias especiais que utilizei para tanto.

Em 1950, também protocolei aquilo que, de acordo com seu sentido, eu já tinha declarado no processo contra Amon Göth. Durante o processo no ano de 1951, no entanto, Maurer declarou categoricamente:

— A testemunha não pode ter vivenciado ou lido pessoalmente aquilo que ela conta aqui.

Ele disse que tinha inspecionado pessoalmente todos os vinte principais campos de concentração e que em nenhum deles havia um detento judeu como estenógrafo de um comandante de campo; disse que isso pode ter ocorrido em um campo secundário, mas que em um campo de concentração isso não ocorreu. Então, o presidente do tribunal perguntou-me se eu poderia tornar meu depoimento convincente. Primeiramente, respondi que já tinha testemunhado sob juramento no processo contra Göth e que meu depoimento fazia parte das atas oficiais do tribunal. Depois, mencionei algo que deixou Maurer quase sem ar: no verão de 1944, ele mandou um cartão de luto com tarja preta para todos os comandantes de campos de concentração, no qual informava que sua mulher e os três filhos tinham perdido a vida num ataque aéreo inimigo.[56] Por um momento, Maurer ficou petrificado; depois, consultou rapidamente seu advogado polonês. Então, levantou-se e disse em voz baixa:

— Isso é verdade. Eu não atacarei mais a credibilidade da testemunha, mas não posso compreender a coisa toda.

Ele se sentou e novamente expressou surpresa, balançando a cabeça: um detento judeu como estenógrafo de um comandante de campo de concentração! Finalmente, ele começou a insultar tardiamente Amon Göth, quase em voz alta:

---

56. No estenograma manuscrito do processo contra Gerhard Maurer, encontra-se na p. 426 (-30) a referência ao cartão de luto. *"No verão de 1944, o réu Maurer mandou a todos os comandantes de campo, também para Amon Göth, [um cartão de luto] com a notícia da morte de sua mulher e três filhos, em um bombardeio."*

— Como Göth podia ter agido de modo tão autônomo! Como ele podia ignorar de tal maneira os regulamentos!

Eu, então, declarei perante juízo que Płaszów fora bem diferente de campos de concentração como Dachau, Buchenwald, Mauthausen ou Sachsenhausen, que os nazistas encheram com detentos de toda sua área de controle. Nosso campo, inicialmente, era uma continuação do gueto de Cracóvia; por isso eu fui, por assim dizer, incorporado ao "passivo" da administração do gueto. Só assim é possível explicar meu papel especial.

Nos intervalos, ainda conversei com o presidente do júri sobre a estrutura organizacional do grupo seccional D. A seção D I era responsável pelos assuntos gerais dos detentos e D II, pela convocação de trabalho. Pelo que sei, a parte de sanidade pertencia à D III, enquanto a D IV tratava da administração geral. Na verdade, como detento, eu também não poderia saber disso. A evidência de quão secreto era tudo isso, fica clara se pensarmos que Eugen Kogon, um reconhecido especialista na área de campos de concentração e ele mesmo um antigo detento em Dachau, não sabia que "D" era a designação de um grupo seccional da Central de Administração Econômica da SS. Em seu livro intitulado *Der SS-Staat* (O Estado SS), ele escreve que viu decisões internas da Polícia de Segurança nas quais estava anotada a letra "D". Ele e outros detentos achavam que, talvez, houvesse uma regulamentação pela qual "D" referia-se a Dachau, mas a administração da SS abreviava Dachau de outra maneira. A partir da correspondência e dos esquemas que vi com meus próprios olhos no comando de Płaszów, pude deduzir toda a estrutura organizacional da Central de Administração Econômica em Oranienburg com seus cinco grupos seccionais: "W" era usado para as empresas econômicas, "D" para os campos de concentração, "C" para projetos de construção e "A" e "B" para outras áreas. Quando ouviu isso, o presidente do tribunal disse admirado:

— O quê? O senhor viu isso? — e prosseguiu, com reconhecimento — Testemunhas como o senhor é o que eu queria em todos os processos.

Tomei isso como um grande elogio, pois enfatizava aquilo que sempre fora importante para mim: uma testemunha não deve tirar conclusões próprias; ela só deve dizer aquilo que viu ou ficou sabendo. Eu sempre me guiei por essa máxima.

Com base na reação consternada de Maurer ao meu depoimento como testemunha, só mais tarde me conscientizei de verdade e constatei também o quão excepcional e única fora minha posição involuntária como escrivão detento judeu de um comandante de campo de concentração. Isso não se repetiu.

Płaszów transforma-se em campo de concentração

Durante os anos no campo, sempre pensava num ditado de Maquiavel, que o grande poeta polonês Adam Mickiewicz utilizou como epígrafe em seu épico poema *Konrad Wallenrod*: "Devemos ser uma raposa e um leão". Não podíamos ser leões, pois não tínhamos um exército atrás de nós. Por isso, nós, judeus, tínhamos de nos comportar como raposas e buscar possibilidades ocultas. Não precisávamos provar a nós mesmos e aos outros que éramos contra o regime. Nossa tarefa devia ser a de salvar o máximo possível de vidas humanas.

Sempre percebi que, apesar de muitas coisas terem dado certo para os nazistas, havia algumas contradições e inconsistências. Mesmo nesse sistema diabólico de extermínio havia lacunas e furos — nós apenas tínhamos de encontrá-los. Acolher meu pai, minha mãe e meu irmão no gueto pode ter sido difícil, mas não impossível. No campo, o caminho salvador apareceu por acaso na figura de Oskar Schindler, com todas as suas peculiaridades. Independentemente do que alguém possa dizer sobre Schindler, uma coisa é certa: ele salvou vidas humanas, e o que seria mais importante do que isso?

Quando alguém tem de se conformar, como eu, em ser um sentenciado à morte, portanto um *moriturus*, e quando se está convencido de que, no campo, a morte virá mais cedo ou mais tarde, então o estilo de pensamento muda. Há poucos anos, li uma frase importante em Ruth Klüger, que sobreviveu ao Holocausto como jovem mulher, e que sublinha minha concepção de vida daquela época: "O desespero nos torna corajosos, mas a esperança, covardes."[57] Por isso, eu dispunha de uma peculiar serenidade no campo e tentei, tanto quanto possível, ajudar minha família e outras pessoas.

Também havia outros internos no campo que se rebelaram corajosamente contra os nossos opressores — mas não com violência armada, pois isso teria sido apenas outra forma de suicídio. Um deles era Natan Stern, o irmão mais novo de Izak Stern. No final de 1943, ele redigiu um relatório manuscrito sobre as condições no campo para o *American Jewish Joint Distribution Committee*, que existia desde 1914. Em novembro de 1943, Oskar Schindler levou esse relatório para Budapeste, onde se encontrou com dois representantes do AJDC, o Joint. O Stern mais novo já adquirira renome em Cracóvia antes guerra, como advogado inteligente e cauteloso — na época, era sócio júnior do famoso escritório de advocacia do Dr. Ignacy Schwarzbart, deputado e representante dos judeus no parlamento polonês. Schwarzbart, durante a guerra, fora colaborador do governo polonês no exílio, em Londres. E Natan Stern, no gueto e mais tarde no campo, trabalhou em posição de liderança na Autoajuda Social Judaica. Quando Schindler foi para Budapeste, teve de identificar-se e provar que era um emissário legítimo dos judeus no acampamento, por isso Stern dera a ele o relatório manuscrito,

---

57. Ruth Klüger, 1994, p. 106.

supondo que esse texto também seria transmitido ao governo no exílio, em Londres. Naturalmente, Stern não podia assinar seu relatório — isso teria colocado sua vida em risco —, mas ele estava seguro de que, em Londres, Schwarzbart reconheceria a caligrafia de seu antigo sócio e, dessa maneira, garantiria a veracidade do *Stern Report* (Relatório de Stern). De Budapeste, Schindler trouxe aproximadamente cinquenta mil marcos do Reich para judeus cracovianos no campo. Com esse dinheiro, os detentos que trabalhavam durante o dia em comandos fora da área do campo podiam comprar, às escondidas, um pouco de comida para eles mesmos e para suas famílias ou obter coisas que pudessem ser trocadas. Qualquer alívio, por menor que fosse, nos ajudava a perseverar e a sobreviver.

Eu só soube do relatório de Natan Stern depois da guerra. Sempre tínhamos de imaginar que qualquer coisa era pretexto para que fôssemos torturados; assim, evitávamos nos colocar desnecessariamente em perigo. A melhor proteção sempre foi saber o menos possível um do outro; talvez, por isso, os irmãos Stern não tenham falado comigo sobre esse relatório, que para eles deveria ser arriscado, da mesma maneira que eu não lhes dissera nada sobre minhas falsas listas de produção. O melhor era cada um tratar de tais coisas consigo mesmo. Como eu soube depois, Schindler chegou a viajar algumas vezes a Budapeste e sempre levava na bagagem novos relatórios da situação e cartas para o AJDC (o Joint). Nessas ocasiões, a pessoa de confiança de Schindler era um dentista de Viena. Por intermédio de Schindler, o Dr. Rudolf Sedlatschek também passava adiante somas em dinheiro e cartas de parentes na Palestina, as quais eram distribuídas entre os detentos por pessoas de confiança no campo.

Desde a descoberta da "maleta de Schindler", em 1999, no sótão de uma casa em Hildesheim, vieram a público novos documentos referentes ao campo de Cracóvia-Płaszów e às ações salvadoras de Schindler. Nessa maleta havia um documento intitulado *As confissões do Senhor X*, um relatório datilografado de sete páginas dos membros do Joint de codinomes Israel e Schmuel — provavelmente o Dr. Rudolf Kastner (Rezsö Israel Kasztner) e Joel Springmann —, sobre um encontro com um "[...] homem loiro, alto e de ombros largos, do lado de lá", do qual queriam saber a verdade sobre o destino dos poucos detentos de campo judeus que ainda restavam na Polônia.[58] Que esse "homem do lado de lá", que sempre era designado como "Senhor X", era Oskar Schindler, deduz-se de uma carta endereçada a ele, e que Schindler sempre levava consigo, como legitimação adicional. No relatório dos representantes do Joint, essa carta aparece com as seguintes palavras:

> "De acordo com as ordens existentes, os trabalhadores judeus devem ser acompanhados de e para seus locais de trabalho — nesse caso a fábrica — por guardas com armas engatilhadas[59]. Durante uma inspeção, o dirigente SS que assinava o documento

---

58. Dos, antes, dois milhões e meio, em novembro de 1943 viviam no Governo Geral menos de cento e cinquenta mil.

59. Em seu livro *Oskar Schindler — The untold story of his life, wartime activities, and the true story behind the list*, Westview Press, 2004, p. 240, David Crowe escreve que os detentos não podiam mais sair do campo para a Emalia de maneira *"unescorted"* e *"without a SS guard"* — ou seja, "desacompanhados" e "sem vigilância da SS". Em parte, Crowe parece ter entendido erroneamente o conteúdo desse importante documento, que tratava — e isso fica nítido, tanto com base no documento original quanto na reprodução dessa carta pelo(s) representante(s) do Joint — do fato de os vigias acompanhantes terem, a partir de então, de estar equipados com armas de fogo, sob pena de os trabalhadores não poderem mais sair para a fábrica Emalia. Essa carta, de 28 de março de 1943, encontra-se também impressa na documentação do *Stuttgarter Zeitung* (Jornal de Stuttgart). Ver: *Schindlers Koffer. Berichte aus dem Leben eines Lebensretters* (A maleta de Schindler. Relatórios da vida de um salva-vidas), Stuttgart 1999. Ali, pode-se ler, na p. 19: "Numa verificação executada por mim mesmo em 28 de março de 1943, tive de constatar que o civil que acompanhava os judeus não estava de posse de uma arma de fogo."

constatou pessoalmente que os trabalhadores foram da fábrica até o campo sem acompanhamento armado." Também se informava ao "Senhor X" que "[...] não seria mais colocada à sua disposição nenhuma força de trabalho judia".[60]

Claramente, trata-se aqui da carta endereçada a Oskar Schindler que me foi ditada pelo *SS-Hauptscharführer* Albert Hujer, escrita em 28 de março de 1943, e que levou Schindler a entrar imediatamente em contato com Amon Göth. "A amizade com esse dirigente da SS" — assim continua o relatório — é, segundo o "Senhor X", uma "amizade muito dispendiosa e difícil de manter", pois o dirigente da SS:

> [...] gosta muitíssimo de conhaque francês. Quando eu o visito, preciso levar a ele cinco ou seis garrafas, no mínimo, e cada garrafa custa de dois a três mil zlotti [corretamente: złoty]. Eu fui à caça e bebi com ele. Entre duas garrafas de aguardente, tentei esclarecer que o assassinato de judeus, na verdade, não tem sentido e é supérfluo. Acredito tê-lo influenciado. Consegui que me permitisse encomendar judeus para o trabalho em minha fábrica e eu mesmo posso determinar quem eu quero. Isso foi uma grande conquista."[61]

---

60. A carta de Oskar Schindler dirigida à historiadora dra. K. J. Ball-Kaduri, Yad Vashem, de 9 de setembro de 1956. As cartas de Oskar Schindler citadas aqui e adiante estão arquivadas em Yad Vashem e provêm da maleta encontrada em Hildesheim em 1999, vinte e cinco anos após a morte de Schindler, em 9 de outubro de 1974.

61. *"As confissões do senhor X"*. O relatório provém da maleta de Oskar Schindler.

Quando voltou da Hungria, Oskar Schindler realizou outra proeza: convenceu seu suposto amigo Amon Göth a autorizar um passeio pelo campo de Płaszów. Göth sempre fazia coisas das quais esperava tirar algum proveito. Ele também gostava de se rodear de pessoas influentes, entre as quais, aparentemente, também incluía Schindler. Provavelmente por esse motivo não quis recusar a Schindler o incomum pedido de guiar Sedlatschek pelo campo.

Em 22 de outubro de 1943, o general Pohl ordenou de Oranienburg que, entre outros, Cracóvia-Płaszów fosse transformado em campo de concentração. Göth soube disso dois ou três dias depois. Na minha lembrança, o acontecimento que narrarei a seguir ocorreu simultaneamente a essa decisão satisfatória para Göth e, talvez também esteja relacionado à chegada de seu amigo íntimo, o vienense *SS-Untersturmführer* Josef (Pepi) Neuschel, que fora nomeado dirigente das empresas e oficinas do campo. Em todo caso, Göth estava de ótimo humor no dia da chegada de Neuschel. Isso acontecia raramente, motivo pelo qual o episódio seguinte ficou tão marcado em minha memória. Aparentemente, Göth queria impressionar o amigo Pepi com seu poder até então ilimitado e, por isso, fez uma inspeção nos escritórios administrativos do galpão do comando, onde acabou encontrando uma certa quantidade de embutidos nas gavetas de alguns funcionários judeus. Provavelmente, estes haviam ganhado o alimento de clientes alemães, que lhes davam alguma coisa quando vinham ao campo — os alemães gostavam das oficinas de conserto no campo por realizarem um bom trabalho por pouco dinheiro e nós, detentos, por outro lado, ficávamos gratos por qualquer encomenda. Nessa inspeção, também foi descoberta uma pistola defeituosa com um pedido de conserto e um recibo, no qual estava anotado o nome do cliente. Mas Göth, querendo criar um incidente para demonstrar seu poder, mandou os quase quinze detentos judeus daquele escritório se apresentarem e dez deles foram levados para ser mortos. Ferdinand Glaser, um alemão sudeto e vigilante do trem da Polícia de Segurança, era o encarregado do fuzilamento.

Entre os dez a serem mortos estava a namorada de um antigo colega de classe da escola fundamental. Como eu não estava presente no controle das gavetas, meu amigo me informou apressadamente que sua namorada estava para ser fuzilada com alguns outros. Querendo ajudar, procurei um pretexto para incomodar Göth naquele momento. Ele estava com Neuschel e alguns subordinados, perto do comando. Falei de telefonemas importantes, todos muito agradáveis para ele, e, dessa forma, perguntei se podia acrescentar um pedido pessoal. Quando ele respondeu afirmativamente à minha pergunta, eu lhe disse que a mulher do departamento de contas das oficinas nada tinha a ver com o achado da pistola por esse e aquele motivo. Para minha surpresa, Göth retrucou:

— Tudo bem, então traga-a de volta.

Mas o grupo dos deportados para fuzilamento já estava a duzentos metros de distância, por isso juntei toda a minha coragem e me dirigi novamente a Göth:

— Desculpe, senhor *commandeur*, mas o vigilante Glaser não acreditará em mim se eu lhe disser que a mulher deve ser separada.

Nesse momento, um jovem integrante da SS chamado Ruge entrou na sala sem ser chamado. Ele tinha uma pequena deficiência de locomoção e, ao ouvir minha observação, ofereceu-se para correr até o grupo e transmitir a decisão de Göth. Ele queria me fazer um favor, pois há várias semanas ocupava uma escrivaninha na mesma sala que eu e nos entendíamos bem. Ele foi apressadamente até o grupo e trouxe a mulher de volta. Os outros foram fuzilados por Glaser.

Se eu tivesse corrido atrás da comissão, provavelmente Glaser me enfileiraria no grupo dos candidatos à morte. Através de sua solicitude espontânea, Ruge ajudou a mulher e contribuiu para que fosse salva. (Depois da guerra, ela se mudou para Israel, onde faleceu em 2004.) O fato de Göth me conceder o pedido de salvar pelo menos uma pessoa, possivelmente também estava relacionado à recente notícia da manutenção do campo, que significava que ele não teria de contar com um engajamento no *front* no outono de 1943 e poderia continuar sendo seu "próprio *commandeur*".

Muitos dos integrantes da SS originários da Alemanha nunca tinham visto judeus antes de chegar à Polônia, pois no começo dos anos 1940 grandes áreas na Alemanha já estavam "livres de judeus". Por isso, compreendo facilmente que a propaganda onipresente e as cartas de instrução antissemita tenham encontrado tanta ressonância nesses jovens. Depois da guerra, encontrei um desses textos pérfidos.

> O sub-homem — aquela criação da natureza que parece biologicamente igual, com mãos, pés e um tipo de cérebro, com olhos e boca — é, na verdade, uma criatura completamente diferente e assustadora, é apenas um projeto de ser humano, com traços similares aos seres humanos — mas é inferior a qualquer animal, espiritual e mentalmente. No interior dessas pessoas reside um cruel caos de paixões selvagens e desenfreadas: inominável vontade de destruição, lascívia da mais primitiva, maldade

O campo de Cracóvia-Płaszów, pedreira

aberta. Sub-homem — nada mais![62]

Doutrinados por esses escritos de difamação, os jovens integrantes da SS imaginavam que os judeus eram criaturas que pareciam ser pessoas, mas que essa aparência era enganadora. Os judeus não podiam ser comparados a eles, os "dominantes". Quão perto estava a conclusão de que também o sofrimento dos judeus enganava e não era comparável ao suposto sofrimento deles, os "dominantes"?

Na minha opinião, os verdadeiros criminosos não eram apenas aqueles que fuzilavam as pessoas, mas também os autores daquele tipo de propaganda, que injetava o veneno antissemita na cabeça de pessoas jovens. Para mim, até hoje, é importante citar em conversas o jovem integrante da SS Dworschak, um alemão sudeto, com apro-

---

62. "O Sub-homem", in: *Der Nationalsozialismus — Dokumente 1933-1945*, ed. Walther Hofer, Frankfurt am Main 1960, p. 280. Originalmente publicado como: *Der Reichsführer SS, SS Hauptamt* (ed.), *Der Untermensch*, Berlim 1935.

ximadamente um metro e oitenta de altura, loiro, de olhos azuis, externando a imagem de um integrante ideal da SS. Talvez por esse motivo fizesse parte da guarda pessoal de Adolf Hitler.

Início de verão de 1943. Como tantas vezes, Göth queria ir a uma reunião na cidade. Sua BMW já estava diante do portão do campo ainda fechado, e ele ainda me ditava rapidamente uma carta. Além disso, dava-me breves instruções sobre o que deveria ser feito durante sua ausência. Apareceu então o integrante da SS Dworschak, como soldado vigilante, e se apresentou. Durante uma checagem no centro de Cracóvia, a polícia tinha descoberto uma mulher com documentos poloneses falsos e a trouxera para o campo. Ela era judia. A mulher, com uma criança nos braços, encontrava-se a cerca de cento e cinquenta metros de nós.

— Fuzile-a! — disse Göth sem ao menos olhar para ela e a criança.

O sangue subiu rapidamente para o rosto de Dworschak e, em seguida, ele disse em voz baixa, mas nitidamente:

— Eu não posso fazer isso.

Por um momento, Göth ficou sem fala. Depois, berrou com Dworschak e o ameaçou com todas as punições do inferno. Também eu fiquei quase sem respiração. Aquilo podia ser considerado desobediência! E isso com Göth, um oficial superior que gosta de se considerar senhor da vida e da morte, para o qual uma vida humana não vale nada. Dworschak só balbuciava continuamente:

— Eu não posso fazer isso... não posso fazer...

Finalmente, Göth mandou Dworschak se retirar.

Göth ditou-me uma nota pessoal de cujo conteúdo ainda me lembro, depois de mais de sessenta anos. O vigia Dworschak devia ser punido por "mentir a um superior". Eu pensei muito tempo sobre essa frase. Todas as punições no campo precisavam de uma justificativa, que era anotada nos documentos pessoais, mas aquela de "mentir a um superior" era nova para mim. Até então, Göth nunca a tinha utilizado. Suponho que se tivéssemos perguntado a Göth, talvez ele tivesse respondido do seguinte modo: "Dworschak mentiu para mim, pois não é verdade que não podia fuzilar a mulher; ele apenas não queria fazê-lo".

Dworschak recebeu impedimento de promoção por alguns meses e de saída por algumas semanas; não lhe aconteceu mais do que isso. De modo algum se ouvia de antigos soldados ou integrantes da SS:

— Se não tivesse seguido a ordem, eu mesmo teria acabado no campo de concentração.

Isso não era uma verdade absoluta, ou pelo menos nem sempre o era, mas, nesse tipo de situação, as pessoas não sabiam o que as ameaçava, e a incerteza e o medo as tornavam mudas e submissas. Em todo caso, não sei como uma recusa de seguir ordens teria sido classificada perto do front, ou quando um soldado se negasse a atirar em combatentes de guerrilha.

Mas eu me perguntava, sobretudo, por que exatamente um homem como Dworschak, soldado de uma unidade SS de elite, tinha aceitado uma punição desconhecida e se oposto à ordem do comandante de campo. O que o teria levado a isso? Talvez ele se lembrasse de alguma pessoa próxima ou tivesse uma irmã ou uma noiva na qual pensasse naquele momento. Poderia, eventualmente, ter sentido pena da criança. Não conheço seus motivos; só sei que Dworschak não cumpriu a ordem, não fuzilou a mulher e a criança.

Nas muitas das palestras que dei desde 1994, só uma vez uma aluna perguntou o que tinha acontecido com a mulher e a criancinha. Os dois foram fuzilados ainda naquela mesma tarde por Wenzel, chefe da vigilância da polícia. Wenzel tinha observado toda a cena a alguma distância e sabia que eu também testemunhara o acontecimento. Talvez tenha sentido necessidade de se justificar na manhã seguinte, quando pegou a correspondência de sua companhia na sala de espera do comando, como sempre fazia, porque, sem que lhe perguntasse, disse em tom choroso:

— O que eu deveria ter feito? Foi uma ordem.

Eu não respondi nada, pois também para o jovem Dworschak tinha sido uma ordem — e até bastante rigorosa.

Sei que os integrantes da SS não se apresentavam em bandos aos comandos de execução, apesar de ser oferecido aguardente e cigarros adicionais a quem o fizesse. Quase sempre, no chamado morro de fuzilamento do campo, alinhavam-se os mesmos dez ou vinte homens que então matavam os internos sentenciados à morte ou os integrantes detidos da resistência polonesa.

Depois que Cracóvia-Płaszów foi considerado campo de concentração, a partir de 10 de janeiro de 1944, tornou-se mais importante do que antes não deixar que eu visse os arquivos pessoais dos integrantes da SS, por isso Göth já não me ditava notas particulares. Essa foi uma das novas diretrizes que ele passou a seguir à risca. Ele nomeou como secretário pessoal um suboficial da SS natural da Alsácia. Charles Ehlinger era suboficial francês de contabilidade quando se tornou prisioneiro de guerra alemão, em 1940. Seu pai era alemão e sua mãe francesa. Ele falava alemão com um leve sotaque francês. Quando foi preso, explicaram-lhe: "O senhor não se chama Charles, mas Karl, Karl Ehlinger". Ele não foi colocado em um campo de prisioneiros de guerra, mas declarado "alemão do povo" e entrou involuntariamente — segundo me declarou mais tarde — na SS para "reforço na concepção de mundo". Assim chegou a Płaszów.

Em 1960, pouco depois da minha mudança de Cracóvia para a Alemanha, viajei a Mühlhausen. Eu soube que depois da guerra a França foi dura com os alsacianos que tinham "mudado de lado" durante o regime nazista. Parece que, nessa ocasião, não se compreendeu que muitos, como Charles Ehlinger, tinham sido obrigados a isso. Eu queria ajudá-lo e confirmar que sempre se comportou decentemente perante mim. Infelizmente, não pude encontrá-lo no endereço que me dera naquela época. Em seguida, liguei para todas as famílias Ehlingers que estavam registradas na lista telefônica, mas não obtive sucesso.

Voltando a 30 de abril de 1942, o general Pohl informou as novas determinações para comandantes de campo ao chefe de seu grupo seccional D da Central de Administração Econômica da SS em Oranienburg, o general Richard Glücks, assim como para todos os comandantes de campos de concentração, dirigentes de fábricas e encarregados das "seções W" da época. Como ponto quatro, Pohl escreveu:

> O comandante do campo é o único responsável pelo engajamento das forças de trabalho. Esse engajamento deve ser esgotante no verdadeiro sentido da palavra, para alcançar uma medida máxima de rendimento.

Pohl também fixou a divisão das competências entre os campos e o grupo seccional berlinense D:

> A atribuição de trabalhos será feita só de modo central pelo chefe do grupo seccional D. Os comandantes de campo não podem aceitar arbitrariamente trabalhos de terceiros nem fazer negociações sobre isso.

No último ponto, o oito, Pohl falava das qualificações dos comandantes de campos de concentração:

> A execução dessa ordem coloca exigências notoriamente mais altas a cada comandante de campo do que até

então. Como quase nenhum campo é igual a outro, prescinde-se de regras que os tornem equivalentes. Em compensação, toda a iniciativa é do comandante do campo. Ele precisa unir um claro conhecimento técnico em questões militares e econômicas a uma direção inteligente e sábia dos grupos de pessoas que ele deve reunir, para alcançar um alto potencial de rendimento.[63]

Um mês antes, Pohl informara aos comandantes de campo de concentração: "Por isso, toda a organização do inspetor dos campos de concentração será integrada à Central de Administração Econômica da SS, como grupo seccional D em 16 de março de 1942".[64] Essas ordens de 1942 já eram muito bem conhecidas em outros campos de concentração quando Płaszów também se tornou um, em janeiro de 1944. Mas, para Amon Göth, agora comandante do "Campo de Concentração Płaszów", essas determinações eram inteiramente novas e havia elementos administrativos a recuperar, por isso ele gostava de visitar outros campos de concentração e sempre retornava com novas ideias e propostas. Nessas visitas, o que parecia impressioná-lo em especial eram os portões de entrada de ferro forjado, com frases cínicas, como "o trabalho liberta" e "a cada um o que é seu". Uma vez, ele trouxe de uma viagem um bilhete e me encarregou de encomendar aos desenhistas do campo uma frase em letras garrafais. Eu reconheci o texto e o murmurei em italiano, comigo mesmo. "O que é isso?", quis saber Göth. "É o último verso da inscrição sobre o portão do inferno na *Divina comédia* de Dante: *Lasciate ogni speranza, voi ch'entrate* (deixai aqui toda esperança, vós que entrais), frequentemente traduzido para o alemão como

---

63. Johannes Tuchel, 1994, documento 16.6, p. 92 e seguintes.

64. Idem, documento 16.4, p. 89.

'andarilho que entras aqui, deixe toda esperança'". Göth ficou calado por um momento. O que o demoveu de seu projeto, eu não sei. Em todo caso, Płaszów nunca recebeu essa frase — nem nenhuma outra.

De outra visita, Göth voltou com a ideia de construir um bordel no campo. Ele queria premiar os detentos que se destacassem de maneira especial com uma visita a um bordel. Enquanto ele contava sobre sua nova decisão, eu quase não podia acreditar na monstruosidade de tal pensamento: um bordel aqui, no campo, onde imperava a fome e nossa gente quase não se mantinha em pé de tanta fraqueza? Mas, naturalmente, também havia no campo alguns privilegiados que, seguramente, não sentiriam aversão à ideia de se divertir em um bordel. E a filha, a irmã de quem, quais mulheres seriam "agraciadas" com esse destino? Mas não se podia contradizer as ideias de Göth em hipótese alguma. Cautelosamente perguntei-lhe se podia dizer alguma coisa a respeito e ele respondeu:

— Sim, sim.

— Em outros campos de concentração há bordéis porque, neles, as pessoas foram colocadas separadamente. Mas o nosso campo é a continuação do gueto; aqui nós temos famílias inteiras. Acho que, se o senhor quer introduzir um sistema de premiação por bons trabalhos, então nossa gente se alegraria com um pouco mais de pão ou sopa, que eles também poderiam dividir com suas famílias. Isso é mais importante para os detentos do que uma visita a um bordel.

Então Göth pensou em um bordel para a equipe russa de vigilância. Para os integrantes da SS já havia há muito tempo vales para idas a um bordel no centro da cidade, que a SS tinha mandado instalar para sua própria gente, na antiga residência dos universitários judeus.

Em outra ocasião, o assunto foi a tatuagem que os detentos de Płaszów deveriam receber. Depois que Göth retornou de uma visita ao campo de concentração de Mauthausen, ele me confiou a missão de encomendar carimbos de metal numerados em nossa oficina de campo: para cada algarismos, de zero a nove, um carimbo. Para economizar tempo, os detentos deveriam ser tatuados com uma impressão de três a cinco números agrupados em uma moldura de metal: esse seria o número do detento. Então, passou pela minha cabeça: não apenas números de detento em arquivos, não, agora também números tatuados. De escravo trabalhador a gado — estigmatizado de modo visível para toda a vida. Também dessa vez perguntei cautelosamente a Göth se podia dizer algo. Revelei-lhe minhas ressalvas a respeito de poder tatuar com um carimbo desse tipo. Excitado, ele perguntou:

— Por que não seria possível? Tatua-se em todos os campos e com tais carimbos é muito mais rápido do que com uma simples agulha.

Cuidadosamente, retruquei:

— A arte dos faquires indianos consiste em poder deitar-se sobre uma cama de pregos sem machucar a pele. Eles o fazem de maneira tão cuidadosa e equilibradamente que nenhum prego fura a pele.

Göth olhou-me incrédulo e calou-se por um momento, enquanto eu o fiz compreender que, evidentemente, encomendaria os carimbos, "mas a resistência da pele será grande demais para tatuar com tais carimbos".

Göth só replicou:

— Isso não existe. É só apertar com mais força.

Em todo caso, minha observação deve tê-lo feito pensar, pois, aparentemente, perguntou ao médico alemão do campo, o Dr. Max Blancke, que parece ter confirmado a minha suposição. Quando Göth perguntou mais tarde se eu já encomendara os carimbos de metal e eu respondi afirmativamente, ele apenas disse:

— Então, simplesmente cancele o pedido dos carimbos. Não tatuaremos.

Em 1946, Helena Hirsch, antiga empregada doméstica da mansão de Göth no campo, falou como testemunha, perante juízo, sobre o desregramento dele. Ele lhe disse mais de uma vez que "quando dava uma ordem, isso era sagrado"[65]. Göth gostava de sua onipotência e de intimidar as pessoas. Os detentos que poderiam se tornar perigosos para ele eram liquidados sem dó. Ele se achava o "rei sem coroa" de Płaszów e esperava ter obediência incondicional.

Essa arrogância era típica de muitos integrantes da SS. Eles demonstravam seu poder não apenas perante os detentos do campo, mas também tentavam se agredir e se superar mutuamente. Um dia, apareceu no comando o *SS-Sturmbannführer* Willi Haase, chefe de Estado-Maior, o substituto do dirigente da SS e da polícia no distrito de Cracóvia, com suas duas filhas, e pediu um cabeleireiro para cortar o cabelo das crianças. Göth não estava no campo naquele momento. Ele e Haase não se suportavam. Haase insistiu então que suas meninas só poderiam cortar o cabelo no escritório pessoal de Göth, que era forrado com uma pele de ovelha de cerdas longas, tingidas de vermelho. Eu tive um medo terrível de que caíssem muitos cabelos naquela pele. Se Göth soubesse que Willi Haase tinha utilizado sua sala de trabalho como salão de beleza para as filhas, haveria um grande escândalo. Assim, cobri cuidadosamente o chão com toalhas, que sacudi depois.

Por causa da correspondência e dos telex que eu selecionava previamente e colocava em cima da escrivaninha do comandante, uma coisa ficou rapidamente clara para mim: quem o agradava permanecia vivo. Caso contrário, ia para a morte. Mais tarde, li que não fora possível comprovar no processo criminal que o comandante de Auschwitz, Rudolf Höß, que organizou todo o maquinário de morte por ordem de Himmler, tivesse torturado, batido ou fuzilado pessoalmente

---

65. Depoimento de Helena Hirsch no processo contra Amon Leopold Göth.

algum detento. Mas Göth comprovadamente o fez várias vezes. Visto por esse ângulo, ele era pior do que Höß. Ele se comportava de modo mais extremo e brutal do que outros comandantes. No processo contra Göth, o presidente perguntou se ele possuía uma instrução individual de seus superiores para cada sentença de morte.

— Não em todos os casos — respondeu Göth.

Ao contrário, sua regra geral era tratar os prisioneiros com rigor. Além do mais, ele não teria tido pessoal alemão confiável o suficiente para fazer isso.

Para mim, Göth era um exemplo perfeito de que até que ponto alguns elementos que fazem uma pessoa realmente humana — especificamente consciência e autocontrole, sem falar em compaixão — podem ser perdidos. Eu não conheço os motivos que fazem um homem se tornar um assassino. Göth não apenas executava as ordens de seus superiores, mas sempre pensava em agir de modo ainda mais cruel e impiedoso. O comportamento dele parecia a imagem espelhada em negativo de minhas próprias convicções éticas.

Depois de janeiro de 1944, entretanto, Göth teve de frear um pouco suas explosões violentas, pois suas duras punições e constantes maus tratos afetavam a produtividade dos detentos e reduziam o lucro da SS. Como fabricantes de armamentos, nossa produção agora era considerada "decisiva para a vitória". Isso aumentava o nosso valor e estávamos um pouco mais protegidos contra as ações arbitrárias de tortura e fuzilamento de Göth. Daquele momento em diante, a seção D II organizava os engajamentos de trabalho dos detentos de campo. Em meu depoimento de fevereiro de 1950, no julgamento de Maurer, enfatizei como isso se expressou concretamente:

> Requerimentos amparados por atestados de autoridades e de seções (sobre a necessidade de re-

alização do programa de produção da empresa que faz o requerimento, a escassez de força de trabalho civil e coisas similares) eram passados do campo para a seção D II da Central de Administração Econômica da SS em Berlim-Oranienburg e utilizavam formulários correspondentes com muitas cópias em carbono. Os requerimentos eram confirmados e assinados manualmente pelo chefe da seção D II, Gerhard Maurer. Às vezes, especialmente quando se tratava de um pequeno número de detentos, isso era feito pelo substituto de Maurer, o SS-Obersturmführer Sommer (que foi promovido a SS-Hauptsturmführer em 1944). O dirigente do engajamento de trabalho do campo — no campo de concentração de Płaszów, o SS-Hauptsturmführer Franz Müller — organizava as brigadas de trabalho, dividia as tarefas entre os vários detentos e adquiria dos empregadores os atestados diários com o número de detentos que tinham sido trazidos para o local de trabalho. Ele também fazia inspeções para verificar se os detentos estavam efetivamente trabalhando, se estavam executando as tarefas para as quais tinham sido designados, se a empresa seguia as recomendações para impedir a fuga de detentos, se o comando de acompanhamento supervisionava os detentos corretamente e os impelia ao trabalho.[66]

---

66. Meu depoimento no processo de inquérito contra Gerhard Maurer, em 23 de fevereiro de 1950.

A seção D II elaborava, avaliava e, depois, executava quase todos os assuntos referentes aos detentos. Isso acontecia principalmente porque, em 1944, todos os detentos de campos de concentração estavam inseridos no sistema maior de produção para as demandas de guerra. Para mim, é difícil informar precisamente todo o âmbito de competência da seção D II, pois era muito grande.

> Praticamente, a seção D dividia os detentos para o trabalho. Só em casos isolados, por exemplo, quando havia requisições de urgência, de curto prazo ou que apenas se referiam a um pequeno número de detentos, o comandante do campo tinha licença de desligar comandos de trabalho. Os requerimentos do portador da demanda eram elaborados no campo, o qual também tinha de comprovar as condições de segurança — no entanto, entendia-se aqui não a segurança do local de trabalho ou a segurança perante acidentes no local de trabalho. Entendia-se a proteção contra tentativas de fuga dos detentos, assaltos externos para libertação de detentos, a possibilidade da separação dos detentos dos tais trabalhadores civis na respectiva empresa, a proteção contra possíveis contatos com o mundo exterior.[67]

Em 18 de março de 1944, minha mãe sofreu um derrame no campo de concentração de Płaszów e, depois disso, ficou paralisada de um lado. Quase não se podia ajudá-la na época e, dali em diante, teve

---

67. Idem, ibidem.

de andar com o auxílio de uma bengala. Naquela época, eu tinha muito que fazer no comando e frequentemente trabalhava até tarde. Certa noite, esperei por um momento propício e deixei Göth saber o quão importante era, para mim, ficar com minha mãe o mais tempo possível. Göth não deu uma resposta clara à minha insinuação, por isso decidi agir e falar com o médico alemão do campo, o Dr. Blancke. Eu o informei de que Göth concordava que minha mãe, Regina Pemper, ficasse tanto tempo no campo quanto eu estivesse ali. Naturalmente, Blancke me conhecia como estenógrafo do campo e não duvidou de que eu lhe dizia a verdade. Eu tinha confiado nisso — o que comprovou estar correto. Blancke e Göth tinham a mesma patente *(SS-Hauptsturmführer)*. Por isso, especulei, Blancke não iria se informar com o comandante do campo se um detento o enganava ou não. Em todo caso, se tivesse perguntado a Göth, eu seria hoje um homem morto. Mas eu tinha de ariscar. Em virtude disso, minha mãe, apesar de sua limitada habilidade de locomoção, não foi selecionada para a "chamada de saúde", em maio de 1944, e mandada para Auschwitz.

As equipes de vigilância no campo pertenciam ao batalhão de vigilância da SS que estava sob a supervisão do *SS-Hauptsturmführer* Raebel. Elas eram compostas pelos mesmos integrantes da SS e por policiais, como no tempo em que Płaszów ainda não era um campo de concentração, pois a Central de Administração Econômica da SS não dispunha de equipes de vigilância. Entre essas equipes havia as chamadas tropas de povos estrangeiros, que vinham do campo de treinamento da SS Trawniki, perto de Lublin. Eram, na maioria, prisioneiros de guerra russos, lituanos, letões e ucranianos. Eles usavam uniformes pretos e nós, detentos, os temíamos, pois eram especialmente brutais. Eles nos apressavam com espingardas, carabinas e chicotes de couro. Não havia neles uma distinção clara entre tratamento rigoroso e matança sem consideração. A vigilância na fábrica de Schindler, na rua Lipowa, também era constituída por pessoas desse tipo, mas Schindler os "subornava" com aguardente e cigarros. Assim, os trabalhadores — principalmente as mulheres — no campo de sua fábrica podiam dormir mais tranquilos à noite.

Em vista da gradual deterioração da situação do exército alemão em ambos os fronts, em 17 de junho de 1944 Heinrich Himmler entregou expressamente a "[...] segurança militar dos campos de concentração e dos campos de trabalho situados em suas áreas" ao Alto Dirigente da SS e da Polícia.[68] Assim, o Alto Dirigente da SS e da Polícia no leste, o general Wilhelm Koppe (sucessor do general Krüger), tornou-se simultaneamente o mais alto encarregado de segurança no Governo Geral. Em casos graves, ele podia intervir imediatamente sem consentimento prévio da Central de Administração Econômica. Suponho que tenha sido ele quem ordenou a Göth, em meados de junho de 1944, a elaboração de um plano de segurança para o campo de concentração de Płaszów. No dia 6 de junho de 1944 os aliados desembarcaram na Normandia e no dia 20 de julho ocorreu o atentado contra Adolf Hitler. Eu sabia desses acontecimentos pelos jornais que lia no comando, quando ninguém me observava. A situação geral de guerra não era muito boa para a Alemanha. A SS também se preocupava com um possível ataque de combatentes de guerrilha ou com uma revolta dos detentos.

Quando Göth mandou me chamar à noite para um ditado, percebi que ele lutava contra um cansaço de chumbo. Uma vez

---

[68]. Jan Erik Schulte, *Trabalho forçado e extermínio. O império econômico da SS. Oswald Pohl e a Central de Administração Econômica da SS 1933-1945*. Schöningh, 2001, p. 403.

ouvi de um dos médicos judeus do campo que Göth tinha diabetes e que seu fígado também não estava em ordem. Não sei se devido ao esgotamento proveniente da doença ou se por conveniência, Göth continuou a me ocupar com processos internos da SS, apesar disso ser contra o regulamento oficial. Em junho de 1944, ele se comportou de maneira negligente. Certa noite, com a observação de que realmente ninguém poderia saber disso, deu-me os "planos de alarme e defesa" de dois ou três campos de concentração. Ele me encarregou de modificar os planos para ajustá-los ao nosso campo. Tratava-se, sobretudo, de detalhar quantas torres de vigilância tínhamos no campo, quantos minutos eram necessários para um revezamento de vigilância, onde se encontravam as linhas telefônicas, como um alarme podia ser passado adiante de modo seguro e rápido, quem deveria ser contatado em casos graves e onde se encontravam o portão do campo e as outras saídas. Para a SS, os "planos de alarme e defesa" eram considerados, como o nome diz, o "mais secreto dos segredos". Eu estava sentado ali e deveria fazer algo que desconhecia por completo. Só em setembro de 1944, depois da detenção de Göth, ficou claro para mim a que dificuldades esse processo me levaria. Como detento judeu do campo, eu tinha visto e até elaborado planos que tinham a avaliação do mais alto grau de segredo.

Durante os primeiros meses no campo de trabalhos forçados, na primavera e no verão de 1943, Göth exercia o poder com absoluta arbitrariedade. Ele fuzilava ou torturava pessoas, mandava enforcar ou chicotear detentos, sem prestar contas a seu superior SS, em Cracóvia. E um tiro de seu revólver era uma morte confortável, quando comparada com o despedaçamento por seus cães. Como comandante de um campo de concentração, desde janeiro de 1944, Göth tinha de obter uma autorização oficial de Berlim para a punição de detentos. O formulário mencionava o número solicitado de chicotadas no traseiro nu. Ali também era indicado o número de noites que o punido deveria passar em pé no *bunker*, após o trabalho, antes de ter de se apresentar novamente para o turno normal de trabalho na manhã seguinte. No escritório do comando havia formulários correspondentes em três vias de cores diferentes: duas cópias iam para a seção D II e uma ficava no campo, e a punição só podia ser executada após a autorização do requerimento. Mas é ilusão supor que, então, os detentos realmente estivessem melhor. De maneira alguma. O respectivo requerimento era enviado a Oranienburg e, depois de algumas semanas, chegava uma cópia com a autorização para dar um determinado número de chicotadas no detento por tal ou qual delito. Para o detento, esse novo sistema significava punição em dobro. Até então, ele era surrado imediatamente no local por um integrante da SS, mas quando a notificação de punição com a autorização da seção D II retornava ao campo, a medida proposta por Göth às vezes era alterada em Oranienburg para mais ou menos chicotadas e o pobre homem era punido uma segunda vez. No entanto, os fuzilamentos arbitrários cessaram.

As autorizações de punição mandadas de volta de Oranienburg tinham a assinatura ou o visto de Gerhard Maurer e, às vezes, também eram assinadas pelo substituto oficial de Maurer, que o fazia com um "o.V.i.A.[69]". Eu vi muitos desses formulários assinados nos arquivos do comando.

A partir de janeiro de 1944, a punição dos detentos estava burocraticamente regulamentada. Mesmo assim, Amon Göth, que para cada punição em forma de surra tinha de preencher o requerimento

---

69. "Oder Vertrerer im Amt", em português "substituto em função".

Körperliche Züchtigung:

Anzahl der Schläge*)
5
10
15
20
25

*) Anzahl einsetzen.

Vorschriften:
Zuvor Untersuchung durch den Arzt! Schläge mit einer einrutigen Lederpeitsche kurz hintereinander verabfolgen, dabei Schläge zählen; Entkleiden und Entblößung gewisser Körperteile streng untersagt. Der zu Bestrafende darf nicht angeschnallt werden, sondern hat frei auf einer Bank zu liegen. Es darf nur auf das Gesäß und die Oberschenkel geschlagen werden.

Der Täter ist bereits körperlich gezüchtigt worden:

am	Schläge

Ärztliches Gutachten:
Der umseits bezeichnete Häftling wurde vor dem Vollzug der körperlichen Züchtigung von mir ärztlich untersucht; vom ärztlichen Standpunkt aus erhebe ich keine Bedenken gegen die Anwendung der körperlichen Züchtigung.

~~Gegen die Anwendung der körperlichen Züchtigung erhebe ich als Arzt Bedenken, weil~~ ....

Der Lagerarzt:
SS-Hauptsturmführer

Dienstaufsicht:
Der Vollzug der körperlichen Züchtigung wird im Hinblick auf die Tat und gestützt auf das vorliegende ärztliche Gutachten genehmigt — nicht genehmigt.

SS-Wirtschafts-Verwaltungshauptamt
Amtsgruppenchef D
16. FEB. 1944

Der Führer der Amtsgruppenchef D
Konzentrationslager
SS-Gruppenführer:
SS-Obersturmbannführer

Ausführende:
Die Strafe der körperlichen Züchtigung haben folgende Häftlinge am ...... Uhr vollzogen:
eigenhändige Unterschrift: 93830 ....
289 ....

Zeugen und Aufsicht:
Als verantwortliche SS-Führer und Zeugen waren bei dem Strafvollzug zugegen:

eigenhändige Unterschrift
Lagerkommandant
Schutzhaftlagerführer
Lagerarzt

Nr. 106853
PAŃSTWOWE MUZEUM
Sygn. D-AuI,II,III-2/76

Aktenvermerk:
1. Originalverfügung zu den Schutzhaftakten.
2. Abschrift zum Sammelakt: Strafen.
3. Abschrift an den Führer SS-WV/KL.

Der Lagerkommandant:
SS-Obersturmbannführer

Segunda página de uma notificação de punição, Campo de Concentração Auschwitz para a seção D II, conseguiu mandar fuzilar sem investigação prévia, em 13 de agosto de 1944, o ancião do campo, Wilhelm Chilowicz, e outros quatorze detentos.

Naquele 13 de agosto, um domingo, alguns amigos vieram até mim muito nervosos, porque, ao contrário de seu costume, Göth apareceu muito cedo no portão do campo. Eu corri para o comando.

Göth estava sentado em seu escritório, rodeado de alguns oficiais da SS, entre eles o oficial SS Richartz, dentista em Kärnten, e agora também oficial SS de tribunal. O interrogatório de um detento já estava acontecendo. Ele era acusado pelo vigilante do campo, Sowinski, de ter tentado barganhar com ele, Sowinski, a aquisição de uma arma de fogo. O detento, um homem jovem e alto, negava veementemente, mas Sowinski insistia na acusação. Finalmente, Göth mandou o detento sair do prédio por uma das janelas do corredor. O detento obedeceu e, quando seus pés tocaram a grama em frente ao comando, Göth pegou seu revólver e atirou na cabeça dele.

Depois, ele se virou em minha direção:

— Agora teremos de escrever vários protocolos de interrogatório sobre a fuga do grupo de Chilowicz; aliás, o Chilowicz disse que também o Pemper queria fugir.

Imediatamente ficou claro para mim: agora será executada minha sentença de morte e essa afirmação servirá como justificativa oficial. Exteriormente calmo, eu respondi:

— Chilowicz mentiu, isso não é verdade. Com sua roupa e sapatos sob medida, ele não chamaria a atenção na cidade após a fuga; eu, ao contrário, seria imediatamente reconhecido como detento — mostrei uma costura aberta na perna direita da minha desgastada roupa listrada de detento — e trazido de volta ao campo.

Göth riu e disse que devia ficar preparado para tomar ditado.

À tarde aconteceram os ditados na mansão de Göth. O oficial SS Richartz também estava presente, e ele encerrou o caso e atestou que o ato de Göth não se tratava de uma ação arbitrária, mas de uma medida — ao pé da letra — para o "impedimento de uma grande revolta no campo".

Os ditados de Göth, Richartz e outros duraram algumas horas. Eles descreveram com todos os detalhes as preparações para uma revolta no campo — quantas armas foram obtidas, por exemplo. Essa revolta teria possibilitado por um breve instante a abertura do portão do campo e, assim, oferecido a um grande número de detentos a oportunidade de fuga. Também esconderijos fora do campo já estariam organizados.

Finalmente acabou o ditado e eu me preparava para ir ao comando para datilografar os longos relatórios. Então, Göth abriu uma pequena janela lateral e me chamou. Voltei alguns passos, e ele disse:

— Deixe uma linha livre no final da lista de nomes.

Meu coração quase parou. Ele falava da lista com os nomes dos "cabeças dessa impedida revolta de campo" que seriam executados... E, na última linha, estaria escrito o meu nome! Para mim, não havia dúvida quanto a isso depois da observação de Göth pela manhã. Eu seria obrigado a datilografar o relatório da minha própria execução.

Assim, voltei ao escritório. Já era final da tarde e eu ainda tinha duas boas horas de trabalho antes de o relatório ser enviado por um mensageiro no trem noturno para Berlim — relatório em que também estaria anotada minha execução.

No caminho de volta, o vigilante russo Wasniuk abordou-me. Aparentemente, não se lembrava de que eu podia me movimentar livremente pelo campo, pois estava muito bêbado. Meu Deus, pensei, se ele acabar comigo agora, pelo menos não terei mais de datilografar esse relatório! Mas ele me deixou passar. Entreguei meu trabalho a tempo e como desejado, com a última linha em branco. Ainda no mesmo dia foram fuzilados quatorze homens e mulheres. Eu esperei...

Estava claro: Göth queria eliminar pessoas inconvenientes, que sabiam de seus negócios no mercado negro, e apagar vestígios incriminadores. Ele também queria me fuzilar, para que não sobrasse nenhuma testemunha de seus assassinatos arbitrários e atos brutais. Se, em 1944, até para chicotear um interno do campo ele tinha de ser autorizado pela seção D II, então o assassinato de aproximadamente quinze pessoas, seguramente, dependeria de uma autorização especial, com processo prévio de investigação. Enquanto isso, os detentos determinados para morte teriam dito coisas sobre o regime de Göth — sua arbitrariedade, seu estilo de vida e seu comércio negro — que poderiam pôr em perigo sua posição.

Chilowicz, um simples peleteiro, era inteiramente obediente a Göth e fazia tudo por ele. Se tivesse sobrevivido à guerra, também ele teria sido colocado perante juízo. Não sei se seria condenado à pena de morte. Pelo menos, ele ajudava os outros presos. Mas, por outro lado, prejudicava muitos outros detentos e estava firmemente convencido de que ele e a família sobreviveriam à guerra. Sobre isso Halina Nelken escreveu em seu livro:

> As condições desumanas faziam efeito sobre as qualidades de caráter: pessoas ruins tornavam-se completamente más, pessoas boas transformavam-se em santas.[70]

---

70. Halina Nelken, 1996, p. 335.

Wilek Chilowicz executava todas as ordens sem pensar. No campo, dizia-se que ele enforcaria a própria mãe por ordem de Göth. Felizmente, ela já não vivia naquela época.

De que modo engenhoso Göth inseriu o assassinato de Chilowicz, eu soube uma semana depois, quando o *SS-Hauptscharführer* Grabow me pediu para ajudá-lo novamente com uma carta difícil. Ao folhear as pastas, deparei com as circunstâncias exatas do ato.

No início de agosto de 1944, Göth agendou uma conversa com o Alto Dirigente da SS e da Polícia no leste, o general Wilhelm Koppe, agora encarregado de segurança para o Governo Geral, e informou-o de que uma revolta estava sendo preparada no campo. Disse, porém, que poderia impedi-la, desde que pudesse fazer isso numa ação relâmpago e imediatamente — sem notificação prévia a Oranienburg, sem posterior interrogatório e, sobretudo, sem julgamento em tribunal. Os cabeças eram conhecidos. Consequentemente, o general Koppe autorizou Göth por escrito. Ele, então, atrelou um dos vigilantes, o polonês Sowinski, supostamente descendente alemão e oriundo das redondezas de Zakopane, que se aproximou de Chilowicz. Sowinski desenvolveu planos de fuga com Chilowicz, afirmando já ter lhe arranjado um alojamento seguro em Cracóvia, mas Chilowicz ficou desconfiado e exigiu uma pistola como prova de confiança. Depois de consultar Göth, Sowinski conseguiu uma. Contudo, ela teve a trava de segurança limada no pino que é tensionado por uma mola, de modo que parecia uma arma em funcionamento, mas não era possível atirar com ela. Chilowicz não suspeitava de nada disso, pois ele não podia testar a pistola no campo.

Na manhã de 13 de agosto de 1944, Chilowicz, sua mulher e alguns outros planejaram deixar o campo, ainda cedo, escondidos em um caminhão carregado de madeira. Naturalmente, Göth tinha sido informado desses planos por Sowinski. Ele, que nunca aparecia antes das dez horas nos fins de semana, naquele dia já estava no portão principal às sete e mandou controlar o caminhão. Desse modo, como era esperado, o grupo de Chilowicz foi descoberto. Também foram encontrados brilhantes, com os quais Chilowicz queria financiar o resto de sua fuga. Eu fiquei admirado de que ainda existissem tais objetos de valor no campo. Para poder trocar brilhantes, era preciso estar envolvido em negócios no mercado negro, pois a moeda normal no campo era pão e cigarros. Göth ordenou que as aproximadamente quinze pessoas do grupo Chilowicz fossem "liquidadas" naquela mesma tarde. Ele dividiu o grupo entre seus oficiais da SS, para envolver toda a equipe dirigente na ação assassina e, assim, mantê-los em silêncio. Ele também quis dar a impressão a seus superiores, em Berlim, de que todos os oficiais da SS impediram juntos uma revolta planejada no campo, por meio de sua ação imediata.

Pouco tempo depois, eu soube o motivo de uma linha ter ficado em branco. Uma das pessoas do grupo de Chilowicz chamava-se Alexander Spanlang; ele era judeu e diretor técnico da oficina de marcenaria e carpintaria. Quando já estava despido no morro de fuzilamento, ele disse ao *SS-Untersturmführer* Anton Scheidt (de Ibbenbüren, na Westfália) que tinha escondido alguns cavalos de montaria e um grande número de valiosos azulejos de parede com um camponês polonês fora de Cracóvia (tais azulejos eram muito cobiçados pelos alemães) e que lhes daria se fosse livrado do fuzilamento. Scheidt informou Göth e, em princípio, deixaram Spanlang com vida, pois naquele domingo, por motivos que desconheço, não se podia ir até o camponês para pegar os azulejos. Por isso Göth só inseriu o nome de Spanlang depois de ter recebido de mim o relatório datilografado para assinatura. Suponho que a companheira de Göth, Ruth Kalder, tenha feito isso. Às vezes ela datilografava algo para ele, sobretudo quando era urgente ou muito confidencial. Supostamente, Göth queria assegurar-se, por meio dessa medida de precaução, de que eu não avisasse Spanlang e ele, então, não entregasse o esconderijo de suas riquezas.

No dia seguinte, integrantes da SS foram com Spanlang até o camponês, exigiram todos os azulejos e buscaram os cavalos de montaria. Quando, por fim, Scheidt fuzilou Spanlang, o nome deste já estava há muito tempo a caminho de Berlim. Também junto ao Alto Dirigente da SS e da Polícia em Cracóvia, o nome de Spanlang já estava nos arquivos. Göth dispunha de uma monstruosa esperteza e fantasia criminosa, que não se intimidavam perante colaboradores como Chilowicz e Simche Spira, o antigo dirigente da polícia judia no gueto. Esses oportunistas acreditavam que sobreviveriam à guerra, mas não estavam à altura da energia criminosa de Göth.

Alguém teria de fazer as coisas com muita astúcia, caso quisesse utilizar Amon Göth para suas próprias metas. No outono de 1943 — uma ironia da história —, a preservação do campo também tinha sido seu interesse, por isso a ação com as falsas tabelas de produção fora bem-sucedida. Mas Göth podia me eliminar a qualquer momento. Só Oskar Schindler estava, para nossa sorte, não apenas à altura de seu pseudo-amigo Göth, mas também muito acima em caráter e moral.

Contrastes: um assassino em massa e um salva-vidas

A ação salvadora de Oskar Schindler ficou conhecida sobretudo pelo filme de Steven Spielberg. Segundo dados da Shoah Foundation[71], mais de duzentos e cinquenta milhões de pessoas assistiram ao filme *A Lista de Schindler* no mundo inteiro desde 1993. Esse filme é obra de um diretor judeu que pensou em homenagear a mãe, que sobreviveu à guerra em um campo do leste. Spielberg nasceu nos Estados Unidos em 1947. A dramaturgia especial do filme consiste em confrontar duas figuras, Amon Göth e Oskar Schindler, que se relacionaram como o diabo e o anjo: o primeiro, um assassino em massa, e o outro, um salvador de vidas. Eu convivi com os dois de perto — um fenômeno raro e notável. Descobrir que na escuridão do inferno ainda existiam seres humanos verdadeiros como Oskar Schindler foi um presente feliz para mim.

---

71. O nome completo é *"Survivors of the Shoah Visual History Foundation"*.

Assim como Göth, Oskar Schindler também nasceu em 1908. Ao contrário de Göth, Schindler nunca foi briguento ou agressivo. Seu forte carisma lhe abria muitas portas. Seu aniversário, em 28 de abril, foi festejado em Brünnlitz em 1945. Schindler era originário de Zwittau, na região sudeta que desde o fim da Primeira Guerra Mundial pertencia à Tchecoslováquia. Ainda jovem, ele se sentia um patriota alemão. Mas sua irrefreada alegria de vida, sua vontade de liberdade e sua inteligência veloz o fizeram duvidar rapidamente do sentido e da verdade da política alemã depois de 1º de setembro de 1939. Em meados dos anos 1950, ele escreveu para a historiadora Ball-Kaduri, em Jerusalém:

> Depois de vivenciar os primeiros meses da ocupação alemã no protetorado e na Polônia, percebi que, como milhões de alemães que não eram do Reich, eu me deixei enganar pela propaganda externa, tão convincente [...] para me tornar súdito de um grupo de assassinos sádicos e hipócritas, que tomaram o governo de um povo forte.[72]

Schindler falava um alemão notoriamente bonito e suas cartas preservadas confirmam a bondade e simpatia que lhe eram próprias. Em conversas comigo, ele usava frequentemente os títulos do exército, em vez das recém-inventadas patentes da SS. Em questões políticas, tendia mais ao conservadorismo. Ele dispunha de arraigados princípios éticos. Certa vez, Schindler formulou essa questão da seguinte maneira:

---

[72]. As cartas de Oskar Schindler citadas aqui e adiante estão arquivadas em Yad Vashem. Elas provêm da "maleta de Schindler", que foi descoberta em 1999, em Hildesheim.

> Durante a guerra, eu vivia uma pressão mental entre a discrepância das minhas crenças éticas e o que estava acontecendo politicamente. Isso me custou um esforço enorme, até que eu decidi reprimir completamente meu sentimento de obediência, ou seja, o respeito pelas leis. E dei lugar apenas ao sentimento da própria capacidade de julgamento, de humanidade e de compaixão. Ver o grande sofrimento dos perseguidos que diariamente estavam diante dos meus olhos e ter amigos que pensavam dessa maneira me ajudaram a superar tais conflitos.[73]

Göth e Schindler eram como dois polos opostos. Ambos dispunham de determinados privilégios dentro do exército alemão e da burocracia nazista, mas utilizavam, cada um a seu modo, os espaços que lhes eram respectivamente concedidos. Como mencionei anteriormente, Göth mandava colher no fichário os números de detento dos familiares das pessoas por ele assassinadas para fuzilá-las também. Schindler sempre insistiu em requisitar seus trabalhadores pelo nome — nome e sobrenome, não pelos números. E, na transferência de sua fábrica para Brünnlitz, insistiu em levar também as famílias de seus colaboradores.

Para nós, "seus judeus", Oskar Schindler tornou-se um tipo de figura paterna. Sua mudança moral não ocorreu de repente, de um dia para o outro, e sim passo a passo. Certamente, ele não veio a Cracóvia como salvador de vidas, mas como homem de negócios. Porém, quando viu o que acontecia na Polônia e como os ocupantes

---

[73]. Carta da "maleta de Schindler".

nos tratavam, ele decidiu fazer alguma coisa. Tenho quase certeza de que, no princípio, éramos apenas uma força de trabalho barata. Mas, com o passar do tempo, nós nos tornamos pessoas com as quais ele se preocupava. Muitos de nós chegaram inclusive a manter vínculos de amizade com Schindler. Mais tarde, quando trabalhei mais perto dele, em Brünnlitz, percebi que ele se sentia visivelmente bem no papel de salvador de vidas. A responsabilidade assumida era enorme, mas centenas de pares de olhos contemplavam-no e esperavam ajuda. Em seu discurso de despedida, meticulosamente formulado no dia 8 de maio de 1945, dia em que os alemães se renderam, ele jurou nosso vínculo de amizade:

> Eu me dirijo a todos vocês, que passaram anos muito difíceis ao meu lado e temeram comigo não viver para presenciar o dia de hoje.

Depois ele nos aconselhou a ter calma e disciplina. É incrível quanta prudência e força emocional ele possuía, mesmo naqueles momentos finais. Schindler pensava no período que se seguiria à guerra e esperava poder voltar à Tchecoslováquia. E imaginava até que alguns de nós ficaríamos com ele e o ajudaríamos a se tornar o grande fabricante de máquinas que seu pai queria ter sido, sem nunca conseguir.

Emilie Schindler, que se casou com Oskar em Zwittau em 1928, o acompanhou inicialmente em Cracóvia, mas logo retornou ao seu lar alemão. Quando o marido se mudou, em outubro de 1944, com sua fábrica e "seus judeus" para Brünnlitz, ela foi para o campo e ajudou no que podia. Ela tinha bons contatos na região com camponeses e proprietários de moinhos e cuidou incansavelmente de nos fornecer alimentação adicional, pois nossas reservas de comida eram extremamente escassas — apesar dos cartões oficiais de alimentos. Emilie Schindler também fez perigosas viagens aos arredores mais distantes de Brünnlitz com o intuito de conseguir medicamentos e curativos para o hospital improvisado do campo.

No começo, Schindler teve grande dificuldade para encontrar um local apropriado para sua fábrica. As pessoas dos vilarejos vizinhos não queriam uma indústria de armamentos nas proximidades — e muito menos judeus. Mais tarde, ficamos sabendo que foi graças a Emilie Schindler e seu poder de persuasão que Schindler obteve permissão para utilizar o terreno de uma fábrica abandonada.

Schindler tinha orgulho de sua corajosa mulher e falava dela com muito respeito:

— Ela não tinha medo de falar com ninguém; tinha coragem até mesmo de tratar um dirigente da SS como um mordomo.

No entanto, ele reclamava de seus antigos vizinhos, os fabricantes em Cracóvia-Zabłocie:

> Eu conheço algumas pessoas "muito decentes" que hoje vivem muito melhor do que eu, mas que falharam no momento crítico. Apesar de terem entregado seus funcionários judeus a seu próprio destino um ano antes do fim da guerra, [...] essas pessoas "muito decentes" passam pela vida de cabeça orgulhosamente erguida [...] e produzem novamente cabos e refrigeradores de avião [...] Será que uma das esposas desses senhores teria viajado trezentos quilômetros nesse rigoroso frio com uma mala de aguardente pesada demais para um homem, para

Izak Stern (à esquerda) e Oskar Schindler em um encontro em Paris, 1949

trocá-la por medicamentos para esqueletos judeus a quem a barbárie alemã retirou a última faísca de vida? Para minha mulher, essa prestimosidade era natural. Quando se tratava de ajudar pessoas na maior das misérias, ela não dava a menor importância ao perigo.[74]

A assistência de Schindler perdurou até depois do fim da guerra. Perto da fábrica em Brünnlitz, havia um depósito da marinha. Schindler negociou com os administradores do depósito uma quantidade enorme de tecido azul e cor de mostarda. Nós levamos então esses fardos de tecido para o campo e nossos alfaiates fizeram moldes

---

74. Idem, ibidem.

para confecção de ternos azul-escuros e roupas claras para dormir. Assim, todos recebemos uma provisão básica, para que tivéssemos o que vestir depois da guerra. Usei meu pijama por muitos anos. Mas só há pouco tempo eu soube o quão dispendioso tinha sido esse negócio para Schindler. "Dezoito carregamentos de caminhão de puro fio de lã cardada, tecidos para ternos, jaquetas e roupa, cem mil rolos de linha, acessórios, sapatos etc. antes do final da guerra, vindos de um depósito da marinha", escreve ele, foram transportados para a fábrica, a fim de fornecer a cada um de nós, mais de mil pessoas, "[...] tecidos para dois ternos, jaquetas, roupa etc. para a liberdade". Especialistas calculam o valor só dessa aquisição têxtil em mais de cento e cinquenta mil dólares. Schindler também relacionou mais tarde os custos de construção para o campo separado da fábrica na rua Lipowa, em Zabłocie, assim como as despesas com a vigilância da SS, as enormes quantias de suborno e as gigantescas compras de alimentos para seus trabalhadores da Emalia, no mercado negro. O custo total ultrapassava os cinco milhões de marcos do Reich.[75]

No campo, o estilo de vida opulento de Schindler não era segredo para ninguém. Ele era autocrítico o suficiente para admiti-lo:

> Estou longe de ser um santo. Como homem desmedido, tenho muito mais defeitos do que a grande média daqueles que passam virtuosamente pela vida.[76]

Mas sua grande realização foi investir toda a sua fortuna na ação salvadora de mais de um milhão e cem mil pessoas.[77]

---

[75]. A soma declarada por Schindler totaliza 5.256.400 marcos do Reich.

[76]. Carta da "maleta de Schindler".

[77]. Idem, ibidem.

No outono de 1946, descobrimos que Schindler e sua mulher viviam no sul da Alemanha. Ele nos pediu que lhe possibilitássemos de alguma maneira uma emigração. Na época, ainda havia alguns sobreviventes em Cracóvia. Nós interviemos em diversas organizações judias e Oskar e Emilie Schindler foram convidados para ir a Paris pelo Joint, a organização conjunta das instituições judias de bem-estar. Ali se informou sobre o que poderia ser feito por ambos. Schindler queria comprar uma fazenda na Argentina e criar animais para pele. Certamente, as pessoas do Joint devem ter trocado olhares de admiração. Organizações judias femininas da Inglaterra compraram um bangalô na Argentina para livrar o casal Schindler das preocupações com moradia. Não entendi por que, pouco tempo depois, o empreendimento da fazenda fracassou. Schindler era extremamente ousado, mas também era um grande empreendedor que, na minha opinião, sabia fazer cálculos. Mais tarde, também o casamento dos Schindler começou a ruir e os dois se separaram definitivamente. Em 1957, Schindler voltou para a Alemanha sozinho e sem nada. Ele tentou obter uma compensação de gastos que o governo alemão pagava a quem tivesse sofrido perdas com os nazistas. Eu o ajudei o melhor que pude. Era o mínimo que eu poderia fazer por ele. Sempre acreditei que você pode ter ou perder dinheiro à vontade, mas somente o que você faz pelos outros tem valor permanente. Oskar Schindler vivia esse princípio e salvou vidas humanas.

Durante os anos da guerra, Oskar Schindler superou-se constantemente, mas depois da guerra sua força se esvaiu rápido. Seus anos de brilho foram aqueles da guerra — nem antes de 1939 nem depois de 1945 Schindler se distinguiu em algo especial. Ele era um homem extraordinário, mas só para tempos extraordinários. Depois da guerra, na vida cotidiana, ele, infelizmente, nunca mais se reergueu. Tampouco recebeu em vida, na Alemanha, o reconhecimento público que merecia. Isso foi sublinhado por Elisabeth Tont, sua antiga secretária, ainda em 1994:

> Eu falo de minhas lembranças a favor de Oskar Schindler porque nossos compatriotas sudetos não reconheceram suficientemente seus atos. Isso sempre me magoou, pois eu sabia que ele tinha ajudado os judeus do fundo do coração. Eu quero inclusive acusá-los, pois até hoje não reconheceram isso.[78]

Em Israel, Schindler era venerado como "o justo entre as nações", e, em 1967, plantou ali uma árvore no Yad Vashem Memorial. Na Alemanha, ele recebeu a Grande Cruz de Mérito Federal, mas faltou dar-lhe a verdadeira estima. Em seus últimos anos de vida, ele decaiu rapidamente. Acreditávamos que viveria cem anos, mas Oskar Schindler morreu em 1974, doente e solitário, em Hildesheim. Entretanto, quando Emilie Schindler morreu, em outubro de 2001, pessoas de todo o mundo manifestaram seus pêsames. Até chefes de Estado mandaram cartas de condolência. A carta do presidente norte-americano para a sobrinha de Schindler mostra que até hoje a ação salvadora de Oskar e Emilie Schindler é mais valorizada no exterior do que na Alemanha.

Depois da guerra, ouvi em diferentes ocasiões que Schindler nos ajudara principalmente por obrigação, perante seus antigos colegas

---

[78]. Elisabeth Tont, in: *Frankfurter Rundschau* de 26 de janeiro de 1994.

Oskar Schindler, início dos anos 1960

de colégio e amigos judeus. Mas, de acordo com as conversas que tive com ele, considero seus motivos mais como um *mixtum compositum*, uma mistura de motivos em que os pesos mudaram no decorrer da guerra. No início, Schindler era exclusivamente um homem de negócios que queria ganhar dinheiro rápido. Depois, quando viu a miséria em que éramos obrigados a viver no gueto, seu impulso de nos ajudar começou a crescer. No campo, sua decisão de ficar do nosso lado já tinha se fortalecido de tal maneira que ele se arriscava por nossa causa e aceitava sacrifícios. E, na sequência, veio a jogada realmente grande e única de sua ação salvadora: a lista, a mudança para Brünnlitz e a perseverança até a libertação em maio de 1945. Em todas essas coisas, seu comportamento não combina com a imagem de um fabricante nazista em um campo de concentração externo.

Claro que Schindler tinha seus defeitos, mas sustento a opinião de que só se deve falar de seus aspectos positivos. Quando me perguntam, em minhas palestras, se é verdade que Schindler tinha tantos relacionamentos com mulheres quanto se comenta, limito-me a dizer:

— Vejam, nós que estamos nos afogando descobrimos na margem um homem que já tirou a jaqueta para pular na água. O senhor acredita realmente que deveríamos perguntar a esse homem corajoso se ele é fiel à sua esposa, porque, se não for, não poderá nos tirar da água?

Eu acredito que foi uma sorte Schindler ter sido como era: tão valente, tão corajoso, tão resistente à bebida, tão destemido. Antes e depois da guerra, ele tinha vida própria; durante a guerra, porém, ele e sua mulher fizeram uma operação de resgate sem precedentes. Hoje, mais de seis mil pessoas, espalhadas por todo o mundo, como companheiros de vida, filhos e netos, devem direta ou indiretamente a vida a eles. Isso é o essencial. Todo o resto não tem importância.

A lista de Schindler
— os antecedentes desconhecidos

Fazendo um retrospecto, duas coisas não aconteceram como eu previa: errei ao supor que Göth me fuzilaria mais cedo ou mais tarde, e ele errou em achar que continuaria no posto de comandante do campo até o fim vitorioso da guerra. Como candidato à morte, esperei durante meses pela execução da sentença, sem qualquer perspectiva de poder mudar o que quer que fosse na situação. Como Schindler me disse mais tarde, também ele lamentava que não houvesse a possibilidade de eu desistir do meu trabalho no comando. Mas então aconteceu o imprevisto: Göth foi preso durante suas férias em Viena, pelo juiz de inquérito da SS, o Dr. Konrad Morgen. Para mim, isso foi uma virada inesperada e positiva. Em parte, também devo minha vida a esse juiz. Konrad Morgen era responsável pelo esclarecimento de deslealdades e também mandou prender outras pessoas da SS. Göth tinha ótimas relações em Cracóvia, que ele seguramente teria acionado para se antecipar à sua detenção, mas, em Viena, não possuía essa teia de relacionamento. O azar de Göth foi minha sorte.

A detenção de Göth em 13 de setembro de 1944 parecia tão improvável para nós, presos, quanto a detenção do rei da Inglaterra por ter roubado colheres de prata em uma recepção diplomática. Göth foi acusado de "usurpação no cargo". Durante a liquidação dos guetos em Cracóvia e Tarnów, ele enriqueceu de maneira desenfreada, apoderando-se de objetos de valor dos judeus: roubou móveis e objetos de arte e vendeu no mercado negro os alimentos destinados aos detentos. Por fim, foi acusado de maus-tratos aos prisioneiros. Em 2000, vi no Arquivo Federal, em Berlim, um telex do quartel-general de Himmler dirigido a Wilhelm Koppe, o sucessor do general Krüger na posição de Alto Dirigente da SS e da Polícia no Leste. A pergunta era: "Onde está Göth?". Koppe respondeu que Göth estava em Cracóvia, encarcerado por usurpação no cargo e por outros delitos eventuais.

No processo contra Göth por crimes de guerra, no outono de 1946, eu afirmei, entre outras coisas:

> Ele foi denunciado por seus subordinados... Ele era conhecido pela brutalidade e por se aproveitar dos presos e dos subordinados.[79]

O imperioso comandante ainda exagerou nas atitudes no que diz respeito aos integrantes da SS. Eles o invejavam e o temiam. Ao mesmo tempo em que os negócios abertamente feitos por ele no mercado negro eram um espinho nos olhos daqueles integrantes, por qualquer pequeno delito Göth os submetia ao tribunal da SS e da

---

79. Meu depoimento no processo contra Amon Leopold Göth.

polícia. Eu escrevi algumas dessas acusações. As penas deveriam ser pagas pelas pessoas quando a guerra acabasse. Certa vez, um desses integrantes da SS reclamou:

— Quando vocês todos estiverem festejando depois da guerra, eu estarei na prisão.

Em uma ocasião, Göth mandou Warenhaupt, um mecânico judeu, à cidade a fim de conseguir peças de reposição para sua BMW particular. Como vigilante, Warenhaupt, um esquiador atlético de Zakopane, foi acompanhado pelo *SS-Rottenführer* Krupatz, um homem corpulento e idoso, que o deixou escapar. Numa casa com duas entradas, Warenhaupt disse a Krupatz:

— Aqui mora o polonês que tem as peças de reposição, mas ele só as entrega se eu entrar sozinho. Espere aqui por mim.

Krupatz caiu no truque e acabou voltando para o campo sem Warenhaupt. Como era de se esperar, Göth denunciou Krupatz por "[...] libertação leviana de presos" e "[...] favorecimento de fuga". Mais tarde, descobri que, segundo o regulamento, um detento sempre deveria estar acompanhado por dois integrantes da SS quando fosse para a cidade.

Com o acúmulo de incidentes desse tipo, os integrantes da SS acabaram por se insurgir: eles se juntaram e redigiram uma denúncia que tinha mais ou menos os seguintes termos: "Göth vive como um paxá, enquanto nossos soldados morrem no leste". Essa denúncia acabou sobre a escrivaninha do juiz da SS, Dr. Morgen, cujos protocolos de interrogatório em outros processos foram mais tarde aproveitados até mesmo pelo tribunal militar de Nuremberg. Dessa forma, chegava ao fim a carreira de Göth na SS.

No campo, nós não sabíamos desses acontecimentos. Também não sabíamos que tínhamos um oponente perigoso a menos para temer. Só imaginamos que algo especial devia ter acontecido quando juízes uniformizados da SS apareceram em Płaszów, em 13 de setembro de 1944, para interrogar os colaboradores do comandante do campo. Eles falaram com todos aqueles que, de alguma forma, tinham contato direto com Göth. E tiveram conversas especialmente demoradas com o médico judeu do campo, Dr. Leo Groß, com o arquiteto Zygmunt Grünberg e comigo. Os detentos que trabalhavam nos outros escritórios do comando foram rapidamente mandados de volta ao campo. Soube-se, então, que o dirigente da detenção preventiva do campo, Lorenz Landstorfer, informara a um juiz da SS que eu contava com a confiança especial de Göth. Landstorfer era uma pessoa simples, um trabalhador sem qualificação, em cujos arquivos pessoais constava que era de um vilarejo na Baviera oriental. Landstorfer admirava Göth e acreditava poder ajudar com essa insinuação, mas a observação dele colocou-me em uma situação perigosa. O oficial da SS ordenou que eu esperasse.

O oficial de interrogatório da SS se instalou na grande sala de estar da mansão de Göth. Eu esperei ao lado da escada, na chamada sala de caça, decorada com chifres e frases. Finalmente, ele me chamou.

— Anteriormente, o senhor declarou ter realizado apenas tarefas insignificantes de escrivão para Göth, mas fiquei sabendo por Landstorfer que o senhor escreveu até mesmo o plano secreto de alarme e defesa do campo.

A sensação foi de ter sido atingido por um raio: o plano altamente secreto — isso significava minha sentença de morte! Em alguma ocasião, Landstorfer realmente me observara, e isso eu não podia negar.

Tentei minimizar a situação.

— Escrevi diferentes coisas. Pode ser que entre elas houvesse também um plano de defesa, mas se tratava apenas do número de torres de vigilância, e estas, todo mundo consegue ver. Então, em caso de alarme, as equipes de vigilância deveriam ser reforçadas, o que também não é nada de especial para nós, detentos do campo. No entanto, eu naturalmente não sei com que carimbo oficial o documento final foi selado.

A duração do interrogatório e o tom em que foi realizado mostraram-me quão perigoso se considerava permitir que eu circulasse livremente com tal conhecimento, ainda que apenas dentro do campo. Minha resposta, que procurou passar a imagem de uma pessoa inofensiva, não enfraqueceu nem um pouco a preocupação do juiz de investigação. Eu não podia voltar para o campo. As condições de detenção que se seguiram reforçaram em mim meus piores receios. Fui para a solitária. Ninguém podia falar comigo. Quando me traziam a comida, sempre estava presente um integrante da SS para impedir que surgisse eventualmente alguma conversa. Minha cela de prisão ficava no porão da Casa Cinza e só tinha uma janelinha com grade. Se eu ficasse em cima de uma cadeira, podia ver as pernas dos detentos quando iam para o trabalho — nisso consistia minha única conexão com o mundo exterior. Só eu sei como se faz calar da maneira mais rápida e definitiva um portador desagradável de segredos, sobretudo um detento judeu.

Após duas semanas, fui novamente interrogado. Levaram-me para o galpão do comando. O juiz que me fazia as perguntas era um oficial da SS mais velho, calmo e controlado. Uma secretária estenografava o longo interrogatório. Novamente, tratava-se de meu trabalho com Göth e daquilo que eu possivelmente descobrira de segredos. (Mais tarde, Schindler contou-me que a SS costumava mandar os supostos portadores de segredos para serem liquidados em Dachau.) Também a esse juiz tentei explicar que, externamente, algumas das coisas que eram tratadas em relatórios podiam ser consideradas "secretas", mas que, para os internos do campo, eram completamente evidentes; que a designação "secreto" só tinha importância para a via de instâncias. O juiz ouviu minha justificação interessadamente, mas não se deixou convencer. Ele pediu que eu explicasse mais precisamente o que queria dizer.

O interrogatório ocorreu no final de setembro de 1944. Em julho e agosto daquele ano foram feitos transportes de milhares de detentos para outros campos de concentração e, por isso, alguns galpões foram desmontados e enviados para outros campos. As partes soltas desses galpões eram primeiramente levadas do interior do campo para o comando, em carrinhos sobre trilhos e com cordões ramificados: mulheres puxavam esses carrinhos por cabos, como se fossem animais de carga. Ao lado do galpão do comando, na praça frontal, havia uma plataforma, onde eram carregadas as partes do telhado ou das laterais em vagões comuns de trem. O restante do transporte era feito sob a supervisão da Central de Administração Econômica da SS, grupo seccional D. Os receptores eram os respectivos comandos dos outros campos de concentração. As notificações oficiais de transporte — indicações sobre número e forma dos elementos de construção — recebiam o carimbo de "secreto". Por isso, expliquei o seguinte ao juiz da SS:

— Aqui em frente ao nosso campo estão vagões de trem. Nesses vagões há peças de galpões que serão transportadas. Para nós, no campo, isso é evidente, mas nos papéis de transporte está escrito "secreto"; portanto, o que é "secreto" lá fora, quando visto de dentro, é do conhecimento de todos.

O homem refletiu um momento.

— Hmm, isso obviamente está claro — disse ele.

É possível que ele tenha apreciado minha explicação por eu ter inserido algumas expressões em latim em minha comprovação. Eu disse que tal coisa me parecia um exemplo da diferenciação de que

Campo de Cracóvia-Płaszów: mulheres puxando carros

algo é secreto *pro foro externo*, mas nem por isso *ad usum internum*. Minhas exposições pareciam ter surtido efeito, pois agora ele até mostrava certo interesse pessoal.

— Quanto tempo o senhor ainda tem de permanecer no campo? — perguntou. — Que sentença judicial o senhor possui?

Isso existia? Um juiz que, em 1944, ainda não soubesse qual era a política de detenção adotada em seu país? Que não soubesse que judeus não precisavam de sentença judicial para ser mandados para a morte? Ele, então, perguntou se tinha havido alguma possibilidade de eu trabalhar em um comando externo, temendo, aparentemente, que eu tivesse levado informações para fora do campo. Assegurei-lhe, verdadeiramente, de que eu nunca tinha trabalhado fora do campo, o que foi confirmado pelo *SS-Hauptscharführer* Schupke.

Fiquei aliviado quando, em seguida, o juiz só se informou sobre as questões pessoais e os negócios privados de Göth. Realmente, Göth tinha a intenção de adquirir uma propriedade rural e uma casa bancária. Certa vez, ele exigiu que eu elaborasse uma lista de perguntas para as negociações de compra de tais objetos. Ele também discutia esse assunto com o pai. Depois de ter mostrado ao juiz a pasta de correspondência com os documentos sobre as intenções de compra de Göth, pude finalmente retornar ao campo. Era dia 27 de setembro de 1944, exatamente duas semanas após a detenção de Göth e véspera do *Yom Kippur*, a festa máxima dos judeus.

Por enquanto, eu não tinha nada a temer da justiça da SS. Mesmo assim, a espada de Dâmocles ainda pendeu sobre mim até a primavera de 1945, pois em Brünnlitz fui interrogado mais uma vez. Quando o dirigente do campo Leipold ouviu "tribunal da SS e da polícia para assuntos especiais", ele disse que eu deveria me preparar para ser levado. Mas, também dessa vez, consegui desfazer as suspeitas do juiz da SS. Pouco depois, a guerra felizmente acabou.

Em setembro de 1944, Schindler estava envolvido em intensivas negociações com as autoridades competentes para poder levar o máximo possível de trabalhadores do campo de Płaszów para seu novo campo externo, em Brünnlitz. Depois de eu ser liberado da solitária na Casa Cinza, ele quis falar imediatamente comigo. Estava muito alegre com a minha soltura e imediatamente deu a instrução:

— Pemper estará na lista com toda sua família.

Esse era seu desejo explícito. Nem meus pais nem meu irmão tinham trabalhado alguma vez na Emalia, mas Schindler conhecia o valor das informações secretas que eu lhe dera e sabia que podia confiar em mim. Também com Izak Stern ele tinha uma relação especial de confiança e, assim, a mãe de Izak, seu irmão Natan e sua mulher também foram para a lista. Nas duas semanas entre minha dispensa da detenção e nosso transporte via Gross Rosen até Brünnlitz, trabalhei no escritório do dirigente de engajamento de trabalho. Naquele momento, já não havia um comando como antes. Depois dos grandes transportes do verão de 1944 para Auschwitz, Mauthausen e Stutthof, só viviam no campo aproximadamente sete mil detentos. Era fácil perceber que o campo de concentração de Płaszów estava sendo dissolvido.

A lista, hoje famosa, foi criada no escritório do dirigente de engajamento de trabalho, o *SS-Hauptscharführer* Franz Müller. Durante as gravações do filme de Steven Spielberg em 1993, em Cracóvia, conversei com o jornalista Urs Jenny, na época chefe de cultura do *Spiegel*. Na edição de 24 de maio de 1993, ele me chamou de "o homem que escreveu a lista de Schindler"[80]. Mas a lista não foi datilografada só por mim, e sim por vários internos do campo no escritório dessa repartição. Nela, todas as informações tinham de ser exatas: número sequencial, número de detento, nome e sobrenome, data de nascimento e profissão. Não podiam ocorrer erros. Algumas páginas foram reescritas várias vezes. Eu mesmo tive de refazer o trabalho de datilografia de algumas páginas da lista.

O feito decisivo, porém, não era a reescrição da lista; o que possibilitou sua elaboração foi a contínua colocação de "pedrinhas de mosaico" por variadas realizações de resistência. Entre os milhares de detentos transportados no verão de 1944 para outros campos, também havia algumas centenas de trabalhadores da Emalia, de Schindler. A maioria dessas pessoas torturadas não sobreviveu. Nem mesmo Schindler não foi capaz de impedir isso naquela época, porque a maioria dos espaços na lista era limitado aos detentos judeus do departamento MU.

Eu colaborei estreitamente com Schindler no campo de Płaszów, da primavera de 1943 até o outono de 1944. Isso foi possível por

---

80. Urs Jenny, *Der Spiegel*, 24 de maio de 1993.

causa da peculiar posição à qual Göth tinha me obrigado. Sem minhas informações exclusivas do escritório do comando do campo, muita coisa teria acontecido de outra maneira. A partir da sala de espera do comandante, eu avaliava as informações sobre a política de campo da SS e as transmitia em código para Schindler. Quando finalmente o *front* oriental foi recuando cada vez mais, os nazistas fecharam alguns campos menores e mandaram muitas pessoas para a morte. No entanto, Schindler e eu, com base em nossas possibilidades realmente muito diferentes, conseguimos preservar o campo de Płaszów de seu fechamento precoce, que, desse modo, pôde continuar existindo como campo de concentração até o outono/inverno de 1944 — essa foi uma das várias circunstâncias felizes às quais eu e muitas pessoas devemos nossa sobrevivência. A "lista de Schindler" é o resultado coroado desse longo trabalho prévio, no sentido da preservação do campo e das muitas corajosas ações individuais cujo sucesso ninguém poderia prever. Naqueles anos, Schindler passou da condição de homem de negócios orientado pelo lucro a salvador de vidas convicto. "Deve ser notado", frisou ele em 1956, "que minha transformação não começou em 20 de julho de 1944, quando todos os *fronts* ruíram e muitos não queriam mais, mas quatro anos antes, quando os ataques relâmpago alemães deixavam o mundo com a respiração suspensa."[81]

No filme de Steven Spielberg, Oskar Schindler ditou a Izak Stern os nomes das pessoas que deviam ser incluídas na lista, mas não foi assim que o fato se deu. Na realidade, a lista não foi nem ditada pessoalmente por Schindler nem datilografada por Stern, e deve-se frisar

---

81. Oskar Schindler para Dr. K. J. Ball-Kaduri, Yad Vashem, 9 de setembro de 1956, in: *Maleta de Oskar Schindler*, microfilme, Arquivo Federal (Bundesarchiv) Koblenz.

que listas faziam parte do cotidiano do campo. Na transferência de detentos de um campo de concentração para outro, sempre foram produzidas listas como documentos de acompanhamento (carta de frete), mas estas, normalmente, compunham-se de certo número de pessoas de determinadas profissões: por exemplo, a lista de detentos transferidos para Dachau, que solicitara cinquenta serralheiros, ou para Buchenwald, que solicitara cinquenta marceneiros ou cem costureiras. Mas a lista de Schindler era diferente, pois ele sempre requisitava seus trabalhadores com a indicação exata do nome.

Para a transferência de detentos, era necessária uma autorização do grupo seccional D. Apenas esse escritório tinha autoridade para decidir se detentos de um campo podiam ou não ser mandados para outro; portanto, não fazia parte da avaliação do comandante de campo dar esse tipo de autorização. Eu não conheço os detalhes, mas, pelo que sei sobre o âmbito de competência do grupo seccional D na Central de Administração Econômica da SS, Schindler deve ter entrado em contato direto com as pessoas em Oranienburg. Ali, ele deve ter procurado pelos respectivos dirigentes da SS e tê-los convencido, talvez com presentes caros, de que não poderia levar qualquer tipo de detento para Brünnlitz. Provavelmente, os contatos de sua antiga atividade de espionagem o tenham ajudado. Em vista da difícil situação de guerra, ele deve ter argumentado que o tempo era precioso demais para ainda ter de treinar detentos, que suas máquinas eram muito caras e insubstituíveis nessa fase da guerra para serem operadas por trabalhadores não-qualificados e que sem sua própria gente, já familiarizada com o serviço, o início da produção "decisiva para a vitória" das peças de granadas seria retardada.

Finalmente, depois de uma longa batalha, Schindler executou seus planos com tenaz persistência e Oranienburg firmou a lista com

KL Gross-Rosen – AL Brünnlitz / Häftl. Liste (Männer) – 18.4.45. Blatt 11					
lfd. Nr.	H.Art u.Nat.	H.Nr.	Name und Vorname	Geb.-Datum	Beruf
601.	Ju.Po.	69458	Finder Maurycy	23. 6.07	Maschinenbau-Ing.
602.	"	9	Schreiber Isak	5. 7.06	Schlossermeister
603.	Ju.Dt.	6946o	Schubert Alexander	5. 3.94	Dentist
604.	Ju.Po.	1	Kornfeld Henryk	14.10.19	Maschinentechniker
605.	"	2	Borger Viktor	4. 1.01	Mechanikermeister
606.	"	3	Biedermann Max	18. 1.13	Stanzer
607.	"	4	Teitelbaum Leib	12. 8.13	Schlossergehilfe
608.	"	5	Friedmann Pinkus	16. 2.16	Bauarbeiter
609.	"	6	Kopec Samuel	12. 1.11	Schlossermeister
610.	"	7	Roter Siegmund	19. 3.2o	Maschinenschloss.Ges.
611.	"	8	Beck Kuba	31. 8.22	Werkzeugschlosser
612.	"		Kornfeld Ludwig	5. 6.13	ang.Schlosser
613.	"	6947o	Silberstein Max	30. 4.24	Klempnergehilfe
614.	"	1	Chojna Moniek	1. 1.22	Schlossergeselle
615.	"	2	Gengel Maurycy	17. 7.09	Schlosser
616.	"	3	Rottmann Jakub	14. 2.1o	Schlossergeselle
617.	"	4	Begleiter Stefan	6. 4.25	Schlossergehilfe
618.	"	5	Feiler Abraham	23. 1.21	Autoschlossermeister
619.	"	6	Schindel Samuel	11. 1.05	Schlossermeister
620.	"	7	Feiler Salomon	9. 3.23	Drehergehilfe
621.	"		Neumann Siegmund	21. 6.98	Maschinentechniker
622.	"		Danzig Hirsch	29.12.09	Stanzer
623.	"	6948o	Fränkel Salomon	3. 4.22	ang.Schlosser
624.	"	1-	Fried Fissel	13. 7.o2	ang.Schlosser
625.	"	2	Fischer Ismar	12.11.o5	Koch
626.	"	3	Feit Lazar	25. 4.13	ang.Metallverarb.
627.	"	4	Heilmann Henryk	3. 3.08	Buchhalter
628.	"	5	Herz Isak	15. 9.24	Maler
629.	"	6	Dienstag Markus	23. 2.15	Tischlergehilfe
630.	"	7	Eisland Jakub	1o. 9.o9	ang.Klempner
631.	"	8	Trei Moses	18. 1.25	Ing. Schlosser
632.	"	6949o	Kleiner Meier	14.10. 24	Kesselheizer
633.	"	1	Friedner Löbl	12. 1.97	Silberschmied
634.	"	2	Wachsberg Lejbusz	1. 5.08	ang.Metallarb.
635.	"	3	Doktorczyk David	25. 2.o9	ang.Metallverarb.
636.	"	4	Flint David	22. 1.o6	Bauarbeiter
637.	"	5	Flint Hersz	30.12.04	ang.Metallarb.
638.	"	6	Frisch Samuel	21. 4.o1	Schreibkraft
639.	"	7	Feil Oskar	29.1o.o1	Maschinenmech.Meister
640.	"	8	Kaminski Felix	15. 9.12	ang.Metallverarbeiter
641.	"		Ferber Israel	13. 7.99	ang.Metallarbeiter
642.	"	695oo	Grossmann Moszek	15. 5.24	ang.Tischler
643.	Ju.Slov.	1	Goldmann Alexander	6. 6.15	Buchhalter
644.	Ju.Tsch.	2	Ring Leopold	8. 2.98	ang.Tischler
645.	Ju.Po.	3	Lewi Salomon	26. 6.16	Tischler
646.	"	4	Spatz Natan	13. 1.15	Autoklempner
647.	"	5	Fleischmann Chaim	15.11.o6	ang.Tischler
648.	"	6	Jereth Simon	11. 1.88	Baufacharbeiter
649.	"	8	Garde Mieczyslaw	14. 1.21	Schlossergeselle
650.	"	9	Kessler Jerzy	24. 4.21	Schreibkraft
651.	"	6951o	Goldberg Marcel	11. 4.15	Bilanzbuch alter
652.	"	1	Rosen Szymon	17. 7.oo	Schreibkraft
653.	"	2	Bule Isidor	14. 1.12	Korrespondent
654.	"	3	Glückmann Naftali	1o. 2.98	ang.Klempner
655.	"	4	Pempar Mieczyslaw	24. 3.2o	Buchhalter,Stenotypist
656.	"	5	Garde Adam	+24. 9.13	Bauarchitekt
657.	"	6	Guthers Adolar	22.11.15	Schreibkraft
658.	Ju.Dt.	7	Davidowitsch Erwin	19. 7.97	Schreibkraft
659.	Ju.Po.	8	Stern Isak	25. 1.01	Bilanzbuchhalter
660.	"	69519	Kessler Maximilian	6. 1.95	Buchhalter

Uma folha da lista de Schindler com o nome de Izak Stern e o meu os nomes de trezentas mulheres e setecentos homens. *"Ninguém de fora pode mensurar"*, acentuava Schindler nos anos 1950, quão grande foi o trabalho, desde a tomada de decisão de levar meus judeus para oeste até o fato concluído, quando eu tinha mais de mil pessoas em segurança em um novo local. Caos e burocracia, inveja e malevolência eram os entraves que faziam o traslado parecer ilusório e me levaram à beira do desespero. Só minha vontade férrea me ajudou a alcançar a meta de não entregar meus judeus — em cujas fileiras encontrei verdadeiros amigos no decorrer dos seis anos — a um crematório em Auschwitz ou a outro lugar, depois de resguardá-los das garras da SS durante anos, e com enorme esforço pessoal.[82]

Em agosto e setembro de 1944, o *front* oriental recuava cada vez mais. O tempo para a mudança para Brünnlitz urgia e os dirigentes da SS em Berlim e Cracóvia sabiam que, com qualquer demora arbitrária da decisão, o valor dos presentes oferecidos por Schindler aumentaria. Já Oskar Schindler tinha de tomar cuidado para não ser acusado de suborno de funcionários. Ele poderia transferir sem esforço sua fábrica — isto é, as pesadas máquinas e o valioso inventário — para Rheinland ou para perto de Semmering, mas, para isso, teria de abrir mão de "seus judeus". Porém, para poder levá-los, Schindler seria obrigado a anexar sua fábrica como campo de trabalho a algum outro campo de concentração. Como Emilie e Oskar Schindler dispunham de boas relações na região sudeta, Brünnlitz tornou-se a última estação da fábrica de Schindler. O novo campo de Brünnlitz era um dos quase cem campos externos do campo de concentração de Gross Rosen, a aproximadamente sessenta quilômetros a sudoeste de Breslau, atual Wrocław.

---

82. Relato de Oskar Schindler, da "maleta de Schindler".

Algumas das memoráveis cenas do filme de Spielberg mostram que foi necessário desviar-se um pouco da realidade para enfatizar determinados fios de ação e torná-los mais envolventes para o público. O filme mostra Oskar Schindler se apresentando na casa de Amon Göth com uma mala cheia de dinheiro e comprando a liberdade de "sua gente". Isso nunca aconteceu — nunca poderia ter acontecido. É provável que também não tenha havido um jogo de pôquer em torno de Helena Hirsch. Um comandante de campo, mesmo tão influente como Amon Göth, não podia simplesmente "transferir" mil internos de seu campo para outro; todo esse processo ocorreu oficialmente e de acordo com a autorização por escrito do grupo seccional D, responsável pelos campos de concentração, e os documentos, muito provavelmente, estavam assinados pessoalmente pelo *SS-Standartenführer* Gerhard Maurer ou pelo general Richard Glücks. Também era necessária a aprovação pela inspeção de armamentos do Governo Geral, cujo chefe era o tenente-general Maximilian Schindler. Sem as correspondentes disposições oficiais de Oranienburg e Cracóvia, mil pessoas não poderiam simplesmente ter abandonado o campo de concentração de Płaszów em direção a Gross Rosen e, enfim, Brünnlitz. Mas, afinal, essa burocracia também revelou ser vantajosa, pois possibilitou a Schindler, em novembro de 1944, trazer "suas" trezentas trabalhadoras, que esperavam pela deportação no campo de concentração de Auschwitz, para o campo de trabalho de Brünnlitz. Apenas com diamantes isso não teria sido possível.

Várias pessoas participaram da elaboração da lista. Estou seguro de que foi exigido e também oferecido dinheiro e outros presentes em troca de um lugar na lista. Deduzo isso das narrativas de alguns envolvidos. Nesse âmbito, sempre aparece o nome de Marcel Goldberg, que trabalhava como escrivão detento para o dirigente de engajamento de trabalho, o *SS-Hauptscharführer* Franz Müller. Em última instância, porém, Schindler detinha o controle. Havia a instrução de que naturalmente "sua gente", isto é, seu comando judeu de trabalho na fábrica de utensílios esmaltados, deveria figurar na lista. Dela também faziam parte aqueles a quem era atribuída a fabricação de peças de granadas: as pessoas do departamento MU. Depois, ele determinou que casais não deveriam ser separados: se uma mulher trabalhava na Emalia, mas seu marido estava ocupado no campo principal, então ele também deveria figurar na lista. Assim também sucedia frequentemente com irmãos e outros familiares diretos.

A "maleta de Schindler", que agora se encontra no arquivo Yad Vashem, em Jerusalém, também continha uma lista que, desde o achado, é tida como a "lista de Schindler". Ela leva a data 18 de abril de 1945. Na numeração corrente dos internos masculinos do campo há algumas lacunas, e o número total dos detentos aproxima-se de oitocentos. Esse número inclui os detentos de Golleschau (Goleszów), que se juntaram a nós em janeiro de 1945, assim como algumas outras pessoas que Schindler acolheu adicionalmente em Brünnlitz. No arquivo e museu *Auschwitz-Birkenau w Oświęcimiu* foi encontrada uma lista de nomes dos detentos masculinos do "Campo de Concentração Gross Rosen — Campo de Trabalho Brünnlitz", datada de 21 de outubro de 1944. Ela abrange exatamente setecentos nomes. Meu nome se encontra na última página, com o respectivo número corrente 668. Esse documento é a lista de detentos elaborada em Gross Rosen, pois o número de detento 69514, que mantive até minha libertação em maio de 1945, era o do campo de concentração de Gross Rosen, e não aquele que eu tinha em Płaszów. Segundo o diretor do arquivo, a lista datilografada por nós em Płaszów está desaparecida. Em todo caso, o Dr. Piotr Setkiewiz não conhece nenhuma lista de detentos de meados de outubro de 1944 do campo de concentração de Płaszów. É provável que essa lista levasse o título "Campo de Concentração Płaszów — Campo de Concentração Gross Rosen".

Quando se comparam as duas versões, isto é, a lista de abril de 1945 e a de outono de 1944, notam-se duas coisas: não há pessoas muito velhas nem muito novas e quase todos os detentos têm um ofício manual. Tendo conhecimento dos critérios de seleção dos nazistas, na lista nós registramos arbitrariamente uma ocupação manual para quase todo mundo. Sabíamos que o transporte para a nova fábrica de Schindler nos levaria de modo escalonado, mas não sabíamos como; queríamos, portanto, evitar que já em um controle superficial alguém pudesse ser eliminado unicamente em função de sua profissão. Também tornamos as crianças e os jovens um pouco mais velhos e os bem velhos alguns anos mais jovens. Com essas falsificações, procurávamos proteger as pessoas da melhor maneira possível. Meu pai, Jakob Pemper, número de detento 68936, rejuvenesceu dez anos, quando alteramos o ano de seu nascimento de 1888 para 1898; meu irmão Stefan, número 68928, ficou dois anos mais velho.

Quando da morte de Emilie Schindler, no outono de 2001, um antigo judeu de Schindler mencionou numa entrevista que tinha sido mecânico "empregado". É verdade que usávamos a abreviatura "ang." na frente de determinadas designações de profissões; isso, porém, não significava "empregado" *(angestellt)*, mas sim "treinado" *(angelernt)*. Com os verdadeiros técnicos, não fazíamos isso. A abreviatura *ang.* aparecia sobretudo na frente dos ofícios manuais de intelectuais e acadêmicos, para evitar que nossa fraude fosse imediatamente percebida caso os nazistas quisessem comprovar-lhes a qualificação como marceneiro, pintor, serralheiro, encanador ou pedreiro formado. Como trabalhadores de metal apenas "treinados", essas pessoas estavam mais bem protegidas; declarar corretamente sua profissão — professor, rabino, representante de comércio ou comerciante autônomo — seria altamente suspeito, visto que ocupariam um cargo técnico na indústria de armamentos. Os únicos de nós que tiveram sua qualificação mantida foram os médicos. Como naturalmente não podíamos divulgar as falsificações, muitas vezes nem as próprias pessoas em questão sabiam com que profissão apareceriam na lista. Tudo era risco de vida, e mesmo essa pequena contribuição a uma ação salvadora era extremamente perigosa para nós, envolvidos.

O número de detentos autorizados pelo grupo seccional D — setecentos homens e trezentas mulheres — era mais alto que os trabalhadores judeus que, no final de setembro de 1944, ainda restavam na fábrica de Schindler. Portanto, ainda havia lugares livres na lista. Então, quem ainda fosse colocado nela talvez tivesse uma chance de sobreviver; quem não fosse, ia, mais ou menos certo, em direção à morte. Mas não havia um grande espaço de folga na inserção de nomes adicionais, de modo que não podíamos adicionar arbitrariamente nomes de familiares ou amigos. Infelizmente, mesmo assim, os interesses egoístas desempenharam seu papel, sobretudo Marcel Goldberg, que cuidou para que alguns de seus próprios protegidos entrassem na lista. Ele não está mais vivo e não quero dizer coisas negativas sobre uma pessoa morta, mas, depois da guerra, Goldberg teve de se esconder, porque até o serviço secreto israelense estava procurando por ele. Ele foi acusado de ter colocado algumas pessoas na lista em troca de contrapartidas consideráveis — apenas essa acusação já teria sido suficientemente grave se, para fazer isso, ele não tivesse, supostamente, cortado outras pessoas que já estavam na lista. Em muitos casos, a arbitrariedade de Goldberg significou a sentença de morte para os judeus removidos da lista.

Imediatamente após a detenção de Göth, o fabricante de têxteis Julius Madritsch deve ter pedido a Schindler para incorporar à sua lista os aproximadamente vinte planejadores de trabalho aos quais devia especial gratidão. Schindler concordou. Mas, mesmo depois desse acréscimo, o contingente de setecentos homens e trezentas mulheres ainda não tinha sido alcançado. Então, mesmo sem acordo prévio com Schindler, também foram incluídos detentos do campo principal na lista. Depois da guerra, meu amigo Heinz Dressler perguntou-me se devia a mim o fato de ele e sua família (pais e irmã) terem feito parte da lista de Schindler. Infelizmente, não posso me lembrar dos detalhes. Só sei que fiz algo por Heinz. Tudo tinha de transcorrer muito discretamente, pois, oficialmente, tratava-se da transferência de uma importante fábrica de armamentos e não de salvar pessoas judias. Isso significava que, perante a SS, Schindler tinha de trabalhar de modo muito habilidoso.

Eu não tinha nenhuma autorização para decidir e seguia as instruções de Schindler. Talvez isso tenha sido um erro. Até hoje tenho a sensação de não ter feito o suficiente por meus familiares mais distantes. O nome Pemper não soa especialmente judeu nem polonês: ele é raro e, naquela época, saltaria aos olhos de um alemão, até por ser breve. Como já foi descrito, essa lista tinha de passar por várias situações, das quais não conhecíamos todas. Mas era a lista de trabalhadores técnicos numa produção "decisiva para a vitória". Se, em algum lugar, um integrante da SS percebesse uma grande repetição do nome Pemper, isso poderia novamente provocar questionamentos e controles. Também teria sido concebível riscar arbitrariamente alguns dos sobrenomes comuns. Meu primo, só alguns anos mais novo que eu, não sobreviveu. Por outro lado, nem sei como o poderia ter salvado, pois Marcel Goldberg fazia tantas manipulações que, a cada dia, eu me alegrava que ele não tivesse riscado meu pai, minha mãe, meu irmão ou a mim. O aspecto mais pérfido em todas as decisões no campo era que nunca se podia prever com segurança suas consequências.

Nesse tempo, literalmente no último momento, Oskar Schindler tentou persuadir Julius Madritsch a salvar também sua gente, mas Madritsch não parecia interessado nisso. Ele transferiu sua fábrica para perto do Bodensee e entregou seus quase oitocentos operários e operárias judeus à própria sorte. Schindler empreendeu uma última tentativa e, com o auxílio de Raimund Titsch, o dirigente da fábrica de Madritsch, elaborou de improviso uma relação de sessenta pessoas, que declarou simplesmente serem seus "alfaiates de fábrica" e colocou na lista[83]. Ao novo pedido de Schindler de pensar mais uma vez sobre a ação salvadora proposta para seus trabalhadores, Julius Madritsch

---

[83]. Em seu livro *Oskar Schindler. The untold account of his life, wartime activities, and the true story behind the list*, na p. 361, David Crowe propõe a tese que Schindler não teve "*absolutely nothing*", ou seja, absolutamente nada que ver com a elaboração da lista. Essa afirmação está baseada primordialmente na curta declaração do Dr. Stanley Robbin (antes Dr. Samek Rubenstein). Numa entrevista dada à jornalista Elinor J. Brecher no início dos anos 1990, Robbin falou de um encontro com Oskar Schindler depois da guerra (infelizmente não sabemos nada mais detalhado sobre o momento e as circunstâncias desse encontro). Perguntado por que ele e outros trabalhadores da Emalia não foram colocados na lista, Schindler teria respondido que ele "não era responsável por isso". Ver a declaração de Stanley Robbin em *Schindler's Legacy. True stories of the list survivors*, ed. por Elinor J. Brecher, Nova York, 1994. Ali se lê na p. 430: "*Ele [Schindler] me disse que não era responsável por isso. Ele nunca providenciou isso e se desculpou.*" Para David Crowe, essa breve observação de segunda-mão parece servir de apoio a sua tese explícita de que Schindler não tinha nada a ver com a lista. Mas no momento em que a lista foi elaborada — especificamente no final de setembro de 1944 —, o Dr. Robbin já não se encontrava no campo de Płaszów, pois como o próprio Crowe escreveu na p. 361 de seu livro, ele foi enviado para o campo de concentração de Mauthausen já em agosto de 1944, na sequência da dissolução gradual de Płaszów. Por isso Robbin, apesar de ter ficado lotado na fábrica Emalia de Oskar Schindler até então, não é um sobrevivente da 'lista' propriamente dito. David Crowe também não se ocupou das negociações travadas pessoalmente por Schindler ou por algum de seus representantes com mediadores da seção D II em Oranienburg. Pois sem uma autorização oficial da seção D II na Central de Administração Econômica, mil detentos judeus nunca poderiam ter sido colocados numa 'lista' e depois transferidos para o campo de trabalho de Brünnlitz.

supostamente respondeu: "Querido Oskar, economize suas palavras, isso é coisa perdida, eu não invisto mais nenhum tostão nisso"[84].

Duas semanas depois de ter saído da solitária na cadeia do campo, pude efetivamente ser incluído na relação de transporte dos "judeus de Schindler". Eu não sabia se aquele segundo interrogatório tinha sido decisivo para minha dispensa para o campo, se as investigações no caso Göth — no que me dizia respeito — estavam encerradas ou se eu continuava a ser considerado um desagradável portador de segredo para algum posto da SS.

Em 15 de outubro de 1944, um carregamento com aproximadamente quatro mil e quinhentos detentos masculinos deixou o campo de Płaszów. Amontoaram-nos em vagões de gado, sem água nem instalações higiênicas. Aproximadamente um dia depois chegamos a Gross Rosen. Sem a presença de Schindler, nos sentíamos desprotegidos e abandonados. O fato de nós, setecentos "judeus de Schindler", termos sido alojados separadamente dos detentos restantes nos primeiros sete vagões também não mudava nada. Quem se comprometeria por nós, caso algo não acontecesse conforme planejado? E nenhum de nós sabia se Gross Rosen seria, afinal, o destino final de nossa viagem.

No caminho aconteceu algo inesperado. À noite, em algum lugar desabitado, o trem parou repentinamente. Alguns de nós acharam que estávamos perto de Gleiwitz, mas ninguém soube explicar por que o trem parou exatamente ali. Nós esperamos.

— Pemper..., Pemper...! — Alguém chamou meu nome.

Os vigias da SS passaram pelos vagões de gado.

— Pemper...

Meu único pensamento: "É o tribunal SS de polícia; agora vão me pegar". Eu me espremi até a porta do vagão e bati para que eles abrissem.

---
84. Da "maleta de Schindler".

A porta foi aberta e eu pulei sobre o cascalho do dique íngreme da ferrovia. Uma pontada fez doer meu tornozelo. Levantei-me com esforço e fui mancando, com os dentes cerrados, atrás de um vigia da SS. Outro me seguiu. Assim, chegamos ao compartimento de serviço do dirigente do transporte. Eu estava tremendo de frio, medo e dor reprimida.

Lorenz Landstorfer, que servira com admiração ilimitada a Amon Göth, saiu de seu compartimento e disse:

— O comandante faz aniversário no início de dezembro? — Ele estava se referindo a Göth, que estava na cadeia. — O senhor sabe quando ele faz aniversário?

— Sim — eu sabia, e sabia até mesmo a data de aniversário de sua mulher e filhos.

Mas por que ele queria saber isso de mim precisamente naquele momento? Será que mandou parar um trem com cinquenta vagões no meio da noite num lugar desabitado por causa disso? Eu estava ao lado do trem, sob a luz do holofote de um soldado vigilante, e suando. Landstorfer, então, pediu-me para elaborar um telegrama de felicitações para Göth. Fiquei atordoado. De repente, meu medo sumiu e deu lugar a meu senso de humor.

— Sim, senhor Hauptscharführer — respondi —, na verdade eu deveria redigir dois telegramas.

— Por que dois? — perguntou Landstorfer, confuso.

— Um telegrama para o caso de o senhor comandante ficar livre até seu aniversário e outro para o caso de isso não acontecer.

Landstorfer convenceu-se imediatamente. Entusiasmado, disse:

— Pemper, o senhor tem razão! Então, escreva dois telegramas. Depois, ele ainda murmurou quão sábio fora de sua parte ter me chamado. E ali estava eu, um detento judeu, em algum lugar da Silésia, no caminho entre dois campos de concentração, escrevendo, sob vigilância da SS e iluminação de holofotes, um telegrama de felicitações A e um telegrama de felicitações B para um assassino em massa.

Depois desse incidente grotesco, fui levado de volta ao meu vagão de gado, e o cirurgião Dr. Ferdynand Lewkowicz examinou meu pé machucado. Seu diagnóstico: torcido, mas, felizmente, não quebrado. Em seguida, ele massageou meu pé, mas aconselhou-me a não ir, sob nenhuma circunstância, à área hospitalar depois de nossa chegada a Gross Rosen, porque eu podia não ser dispensado a tempo de seguir viagem. Lewkowicz emigrou para a América depois da guerra e perdeu a vida em um acidente de trânsito.

Nossa estada no campo de concentração de Gross Rosen demorou sete dias. Mas, antes que nos deixassem continuar, fomos submetidos a um regime rigoroso, começando por ficar completamente nus. Entregamos tudo o que tínhamos e depois fomos obrigados a passar a noite de 16 para 17 de outubro nus e em pé na praça de chamada. Ficamos embaixo de uma lona que não oferecia lugar para todos. Por isso, nos aquecíamos mutuamente, alternando com quem ficava do lado de fora, deixando que entrassem depois de determinado tempo. Quando amanheceu, nos mandaram para o estabelecimento de desinfecção. Ali, capangas ucranianos rasparam todos os pelos do nosso corpo, mostrando-se alegres quando nos feriam. Alguns de nós ainda sofreram meses com os ferimentos adquiridos nesse procedimento. Só depois disso recebemos a usual roupa listrada. A semana seguinte exigiu toda nossa força. Apesar de termos sido mantidos separados até o último momento, nós — setecentos — não sabíamos efetivamente se poderíamos permanecer na lista e se ela significava realmente a sobrevivência.

Pouco tempo depois de nossa chegada a Gross Rosen, Landstorfer foi mandado de volta para Płaszów. Antes, ele falou a seus colegas da SS sobre dois detentos que poderiam servir de contato: Marcel

Goldberg e eu. Assim, quando a SS do campo queria algo do grupo, sempre chamava a ele ou a mim. Mas como eu só podia me locomover limitadamente, por causa da torcedura no pé, Goldberg apresentava-se sempre que a SS chamava por nós dois e, dessa maneira, fazia avanços. Ele deve ter visto essa situação como uma chance e também foi várias vezes sozinho ter com o dirigente de relatório. Como ouvi mais tarde, mesmo em Gross Rosen ele ainda trocava pessoas na lista por joias e outros objetos de valor. Desconheço como ele deve ter justificado a eliminação desse ou daquele nome da lista e a inserção de outros. Como a lista elaborada em Płaszów parece não existir mais, não sabemos quantos dos setecentos homens que finalmente alcançaram Brünnlitz foram trocados no último minuto. Um deles foi o do pai de Roman Polanski. Depois da guerra, nos encontramos em Cracóvia e fiquei sabendo de seu destino e que o Dr. Aleksander Biberstein fora colocado na lista salvadora já na praça de chamada. Seu sobrinho, o engenheiro Scheck, que já tinha trabalhado para Schindler e sofria do coração, já constava da lista. Se não constasse, seguramente não teria sobrevivido.

Entre outros nomes, Marcel Goldberg também riscou o de Noah Stockmann, um antigo suboficial polonês do campo de Budzyn, perto de Lublin. Ele tinha sido o ancião judeu do campo, uma posição que o *SS-Untersturmführer* Josef Leipold, novo dirigente de campo de Brünnlitz, provavelmente também lhe outorgaria. Talvez Goldberg especulasse se poderia ser promovido a ancião judeu do campo, caso Stockmann não chegasse a Brünnlitz. Mas depois de nossa chegada a Brünnlitz, Leipold informou-se exatamente sobre esse homem e nunca perdoou Goldberg por essa manipulação. Noah Stockmann não sobreviveu à guerra.

Durante nossa permanência em Gross Rosen, fomos mandados para o dentista da SS, onde foi feito um levantamento rigoroso de nossas obturações de ouro e pontes, devidamente anotado nos cartões de identificação. Isso foi um golpe duro.

— Vocês ainda precisam de mais provas de que os nazistas simplesmente nos fuzilarão? — falavam alguns. — Agora, eles já sabem com quanto ouro podem contar quando arrancarem nossos dentes depois de tudo.

Nós tentávamos encorajar os demais:

— Vocês não podem desistir agora; Schindler não nos abandonará.

Finalmente, no dia 22 de outubro, chegamos a Brünnlitz, onde uma fábrica de fiação judia abandonada já estava equipada, de acordo com os regulamentos da SS, com torres de vigilância, arame farpado, cozinha, compartimento de doentes e campos de dormir separados para setecentos homens e trezentas mulheres. No galpão da fábrica já estavam as pesadas máquinas da fábrica de Schindler em Cracóvia-Zabłocie, com as quais agora deveriam ser produzidas as peças de granadas. As equipes de vigilância eram constituídas por integrantes da SS mais velhos, que não serviam para o front. Eles não demonstravam muito entusiasmo. Além disso, desde o início, Oskar Schindler os mantinha de bom humor à custa de presentes e álcool.

Mas onde estavam as mulheres? O transporte com os detentos femininos deixou o campo de concentração de Płaszów em 22 de outubro, o dia de nossa chegada a Brünnlitz, e chegou a Auschwitz-Birkenau em 23 de outubro. Em palestras, frequentemente me perguntam se as mulheres de Płaszów chegaram por engano a Auschwitz em vez de a Gross Rosen, mas não foi engano. A fábrica de armamentos de Oskar Schindler em Brünnlitz era um campo externo do campo de concentração de Gross Rosen, por isso, todos os detentos de Płaszów tinham de ser oficialmente registrados em Gross Rosen. Além disso, havia a regra de que os internos tinham de ter todo o corpo raspado, inclusive os genitais, quando ingressavam em um campo dentro do território do Reich, e que essa raspagem só poderia ser feita por homens em homens e por mulheres em mulheres. Naquela época, porém, já não havia um campo feminino em Gross Rosen, de modo que as trezentas detentas tiveram de ser conduzidas ao campo de concentração mais próximo, que era Auschwitz, e, depois, levadas a Brünnlitz. As mulheres chegaram ao campo de trabalho em meados de novembro de 1944. Antes disso, tinham vivido três semanas em condições miseráveis. Em Auschwitz, o grupo foi separado e espalhado por diferentes galpões. Custou muito esforço encontrar exatamente as mulheres da lista de Schindler para o transporte para Brünnlitz. Reinava na época uma considerável superlotação em Auschwitz e, consequentemente, a desorganização era total. Mas como a lista tinha sido deferida oficialmente pelo grupo seccional D, ela foi considerada obrigatória. Mesmo assim, Schindler teve de forçar seus contatos para evitar que, no final, algumas de "suas" mulheres fossem substituídas por outras. Em Auschwitz, as supervisoras tinham de selecionar individualmente "as mulheres de Schindler" nos muitos galpões do enorme terreno do campo. Também dessa vez Schindler insistiu em acolher em Brünnlitz unicamente as mulheres da lista, incluindo aí as mais jovens, que, ele dizia, tinham dedos finos, com os quais podiam alcançar o interior das peças de granadas para determinar desníveis para posterior nivelamento.[85] Para o transporte para Brünnlitz, as mulheres realmente foram chamadas pelo nome, o que nunca acontecia, pois em Auschwitz só contava o número.

---

85. Quando se juntam duas peças de metal, forma-se uma cicatriz que precisa ser nivelada, isto é, lixada para ficar lisa.

"A viagem até a fábrica de Schindler em Brünnlitz demorou dois dias", lembra-se Stella Müller-Madej em uma entrevista de televisão. Schindler recebeu as mulheres em Brünnlitz.

> Nós cheirávamos muito mal, pois não havia sequer um balde para tomarmos banho. O pobre Schindler teve de suportar aquele odor, que deve ter sido horrível. As mulheres que já o conheciam da Emalia tiveram ataques histéricos quando o viram. Ele sorria sutilmente e, quando não havia nenhum dos alemães por perto, conseguia sussurrar que agora estávamos em segurança. A partir daquele momento, eu acreditei em Oskar Schindler e em sua verdadeira vontade de nos salvar.[86]

A Brünnlitz chegaram trezentas mulheres, mas duas das que faziam parte da lista de Schindler em Płaszów não estavam entre elas: a mãe de Izak e Natan Stern, Perla Stern, que pegou tifo em Auschwitz e morreu ali, e minha mãe, Regina Pemper. Ela foi excluída em 3 de novembro de 1944 por causa de sua deficiência de locomoção. No lugar delas, duas outras conseguiram chegar a Brünnlitz. A lista das detentas de novembro de 1944 foi ordenada alfabeticamente com números correntes de detento, de 76201 até 76500. Também esses números não se referem àqueles de Płaszów. E também não há qualquer indício de que duas mulheres que estavam na lista originalmente não tivessem chegado a Brünnlitz. Ao contrário do que ocorreu com os detentos masculinos, não havia admissões de outros campos entre as mulheres de Brünnlitz, por isso, quando se compara a lista

---

86. In: SPIEGEL-TV-documentário, VOX, 2003.

de novembro de 1944 com a de 18 de abril de 1945, nota-se que, com exceção de Elisabeth Chotiner, Janina Feigenbaum e Anna Laufer, duzentas e noventa e sete das trezentas mulheres que chegaram a Brünnlitz viveram a libertação.

Em Auschwitz, minha mãe foi mandada para um galpão internacional de mulheres não inteiramente aptas para o trabalho. Naquela época, já não ocorriam seleções para matanças em massa, o que deve ter sido um dos "gestos de boa vontade" que Himmler mostrava perante os aliados, para fortalecer sua própria posição de negociação como "sucessor de Hitler".

No dia 27 de janeiro de 1945, soldados russos e poloneses libertaram o campo de concentração de Auschwitz I e Auschwitz-Birkenau. Poucos dias mais tarde, minha mãe foi levada para Cracóvia. Mais tarde, ela contou que, pouco antes de serem libertadas, um homem mais idoso e uniformizado chegou ao galpão. Minha mãe não se lembrava mais se ele vestia um uniforme do exército ou da SS, mas conta que ele tinha consigo duas malas pretas que pareciam maletas de médico, nas quais, provavelmente, havia explosivos. Já antes havia detonações em todo o terreno do campo, pois os nazistas explodiram partes do campo de Birkenau no último minuto. Minha mãe me disse que o homem olhou em volta, no galpão escuro, com ar inquiridor, mas só viu mulheres mais velhas e então abandonou o galpão com suas malas, balançando a cabeça.

A libertação em Brünnlitz

O dirigente do campo de Brünnlitz designou-me como homem de conexão entre a direção do campo e a da fábrica. Josef Leipold foi ajudante de Göth por um curto período no verão de 1943 e, como tal, conheceu-me já no campo de trabalhos forçados. Quando chegamos a Brünnlitz, à exceção do suboficial polonês Noah Stockmann, provavelmente eu era o único de quem Leipold se lembrava. Ele era alemão sudeto e não falava uma palavra de polonês. Cabeleireiro de profissão, tinha uma aparência bem cuidada, mas era uma pessoa simples e obediente, e um nazista convicto (depois da guerra, ele foi sentenciado à morte em Lublin). Leipold escolheu-me como seu homem de conexão também por causa de meus conhecimentos linguísticos e de minhas habilidades em trabalho de escritório. Entre outras coisas, em Brünnlitz, eu era responsável pelo engajamento de trabalho. Marcel Goldberg, que tinha exercido essa função em

Płaszów, era tão odiado pelos detentos que Oskar Schindler também insistiu que eu assumisse essa posição. A partir de então, Goldberg mostrava-se constantemente insatisfeito e não perdia uma só oportunidade para se queixar. Ele estava isolado, pois ninguém queria fazer algo com ele.

Eu passei a fazer o faturamento diário do trabalho que Schindler tinha de pagar à SS. De tempos em tempos, ele me instruía a respeito de quem deveria ser encarregado de qual trabalho, pois talvez já trabalhasse há mais tempo com ele ou porque conhecera o pai em Cracóvia. Minha atividade não era nem um pouco agradável. Eu também decidia quem era designado para o serviço externo e quem poderia executar seu trabalho no quente galpão das máquinas. No inverno de 1944-1945, imperava um frio horrível e ninguém queria trabalhar fora voluntariamente, de modo que deixei os médicos tomarem essas decisões: se alguém estava seriamente doente, eu, naturalmente, o engajava em trabalhos no galpão da fábrica, enquanto os detentos jovens e ainda fortes iam executar o trabalho externo. Com esse acordo, eu evitava problemas adicionais com os outros detentos. Mesmo depois da guerra, ninguém me censurou, pois todos sabiam que eu não era subornável. Favorecer ou desfavorecer alguém sem um forte motivo contradizia meu senso de justiça.

Pouco tempo após nossa chegada a Brünnlitz, Leipold mandou me chamar tarde da noite e me incumbiu de uma tarefa secreta. Na manhã seguinte, eu deveria acordar alguns pais e seus filhos porque alguém viria buscá-los e levá-los. Para onde, Leipold não me disse. Desse grupo, participavam o médico do campo Leo Groß e Zbigniew, o filho de sua companheira; Abraham Ginter e seu filho Eugeniusz; Leon Ferber e Roman, que na época tinha 11 anos (ele foi um dos que tornamos dois anos mais velho); Dawid Horowitz e o menino Ryszard; assim como o músico Herman Rosner e seu filho Aleksander.[87]

Apavorado, refleti, perguntando-me: o que faço agora? Será que devo acordar os pais agora e alertá-los, dizendo que prestem atenção, porque, em seis horas, talvez eles precisem ir para Auschwitz? Deveria incitá-los à fuga? Impossível. Não se podia fugir. Eu tinha quase certeza de que aquelas pessoas seriam colocadas à disposição do famigerado médico da SS Josef Mengele para experimentos "médicos". Himmler parara em grande parte o maquinário de matança, mas, aparentemente os experimentos, ditos científicos, continuavam.

Eram dez horas da noite. Deixei as pessoas dormirem até as quatro da manhã e então as acordei. Eu mesmo não pude dormir naquela noite. Ninguém me censurou posteriormente. Como as mulheres ainda não tinham chegado a Brünnlitz, muitas disseram depois que viram seus maridos e filhos em Auschwitz. As famílias não podiam se cumprimentar diretamente, só acenar de forma discreta e trocar algumas palavras através da cerca de arame farpado. Minha felicidade, com essa notícia, foi ilimitada. Felizmente, todos os pais e seus filhos sobreviveram à guerra.

No início de 1945, Amon Göth apareceu repentinamente em Brünnlitz. Pelo que sei, ele foi levado primeiramente para a cadeia militar em Breslau e de lá novamente para Viena. Por motivos de saúde, talvez tenha sido temporariamente dispensado da detenção. Que

---

[87]. Os nomes dos pais e filhos estão riscados na lista de detentos de 21 de outubro de 1944. Portanto, a deportação deve ter ocorrido imediatamente após a chegada ao campo de trabalho de Brünnlitz, ainda antes que uma nova lista pudesse ser elaborada. Na lista de 18 de abril de 1945, os nomes desses pais e filhos não figuram mais. Os números correntes de detento dos deportados para Auschwitz, originalmente conferidos em Gross Rosen, foram ignorados, na lista de 18 de abril de 1945.

choque para todos! Mas Schindler nos acalmava:

— Não é o mesmo Göth, ele não pode fazer mais nada com vocês. Ele só vem para cá para buscar suas coisas.

Mas Göth ficou sabendo que eu tinha sido interrogado por juízes da SS e queria saber detalhes. Schindler colocou à nossa disposição uma sala e, como ele tinha comentado anteriormente que Göth já não tinha mais nenhum poder, fui serenamente a esse encontro e até me permiti um gracejo. Quando Göth me pressionou a dizer o que eles me perguntaram, eu respondi:

— Não posso me manifestar sobre isso.

Göth ficou sem palavras. Mesmo sendo uma pessoa feliz — pelo menos eu frequentemente o ouvia rir —, ele não tinha nenhuma faísca de humor. Naquele momento, perto do fim da guerra, ele não podia acreditar que um detento judeu se negasse a lhe fornecer uma informação. Por fim, contei-lhe uma coisa ou outra do interrogatório, mas sem entrar em determinados detalhes. Nossa conversa não durou muito e Göth deixou rapidamente o campo. Só o vi novamente cerca de um ano e meio mais tarde, no outono de 1946, em Cracóvia, no banco dos réus.

Um dia, três ou quatro judeus ortodoxos falaram comigo. Eles tinham conhecido bem meu avô e por isso vinham a mim com um desejo: queriam que eu pedisse que lhes dessem a sopa — a única refeição quente do dia — antes de acrescentar a carne de porco. Essa carne era da pior qualidade, mas não era isso que incomodava aqueles homens. Agora que estavam no campo de Schindler, eles queriam, apesar de sua fome, voltar a viver de acordo com as velhas leis judaicas, ou seja, sem comer carne de porco. Na cozinha, sem dar as circunstâncias exatas, assumi a tarefa com gosto e impus o desejo deles, que me impressionava.

Como eu estava encarregado da distribuição dos trabalhos, pude incumbir meu pai, que tinha uma leve deficiência de locomoção, de um trabalho no qual não teria de ficar em pé o tempo todo. Juntamente com Abraham Bankier e o rabino Jacob Levertow, ele se ocupava da distribuição de ferramentas. O depósito era um armário gigantesco com as caras e especiais ferramentas Vidiastahl, que só eram entregues em troca de recibo individual. Os três homens ficavam sentados amigavelmente, discutiam e, provavelmente, também faziam suas orações, pois não havia muito o que fazer. Certo dia, não me lembro o motivo, na qualidade de "trabalhadores de armamentos", recebemos um prêmio monetário na forma de vales, que podíamos trocar por cigarros e, aos três da distribuição de ferramentas, dei o menor montante. Dois ou três dias depois, o engenheiro Schöneborn, diretor técnico, chamou-me com o semblante enraivecido:

— Pemper, há uma acusação contra o senhor. Na distribuição dos prêmios, o senhor não se comportou de modo correto.

Eu titubeei e disse:

— Posso imaginar que um ou outro tenha se sentido injustiçado, mas minha intenção era ser justo.

De repente, Schöneborn começou a rir e disse jovialmente:

— Imagine que seu pai se queixou de que o rabino Levertow, o senhor Bankier e ele teriam recebido o menor prêmio; os outros dois senhores deduziram que o filho não queria em hipótese alguma dar a impressão de que estava ajudando o pai, de modo que eles teriam sido injustiçados, vítimas de seu senso exagerado de justiça.

Como já mencionei, os três senhores realmente não eram muito ocupados e, por isso, tiveram tempo suficiente para elaborar esse argumento. Entretanto, ofereci ao engenheiro Schöneborn entregar uma parte do meu próprio prêmio ao meu pai, mas ele colocou calmamente a mão em meu ombro e disse:

— Eu conheço o senhor e sei quão justo é, mas não pude resistir de lhe contar essa história.

No final de janeiro de 1945, Schindler recebeu uma ligação do diretor da estação de Brüsau, comunicando que dois vagões de gado estavam presos em "sua" estação. Pela carta de frete, ele deduzia que se tratava de força de trabalho judia, mas queria saber se Schindler sabia algo a respeito. Sendo Schindler tão esperto como era, ele disparou:

— Finalmente! Essas são as pessoas que solicitei há tempos. Eu já telefonei para Berlim perguntando onde estavam. Empurrem os vagões para o trilho de minha fábrica.

Mais tarde, verificou-se que as esquálidas oitenta e seis pessoas do campo de Golleschau, um campo secundário de Auschwitz, haviam sido embarcadas em vagões e mandadas para uma viagem de morte — Himmler ordenara que nenhum detento de campo de concentração poderia cair nas mãos dos aliados.

Quando os vagões chegaram, só pudemos abrir as portas corrediças congeladas com maçaricos. De acordo com a carta de frete, aquelas pessoas estavam viajando havia mais de uma semana — sem comida e bebida, sem cobertores, sem esperança de vida. Elas eram originárias da Holanda, França, Bélgica, Hungria e Tchecoslováquia. Doze deles estavam mortos. Os homens que estavam sentados junto às portas estavam em melhor situação, porque podiam quebrar as pontas de gelo e, desse modo, ingerir um pouco de líquido. Também estive presente quando os setenta e quatro sobreviventes foram pesados e seus pertences pessoais, registrados — pela primeira vez na vida vi adultos que pesavam trinta quilos. Desde então deixei de utilizar a expressão "pele e osso", pois ela me faz lembrar imediatamente daquele episódio.

As pessoas de Golleschau estavam tão magras que não suportavam a comida normal do campo. Nossos médicos achavam que só se poderia restabelecê-las com mingau de semolina. Por causa disso,

Emilie Schindler mandou cozinhar caldeirões e mais caldeirões de semolina. Na época, perguntávamo-nos como a senhora Schindler teria conseguido tamanha preciosidade em fevereiro e março de 1945, mas ela conseguiu. Ela se relacionava com uma senhora nobre, a proprietária do moinho Daubek. Dali, ela conseguiu a semolina que, naquela época, nem com suborno era fácil de se obter. Emilie Schindler cuidou de modo comovente dos nossos doentes e dos que não estavam inteiramente aptos ao trabalho. Lembro-me dela como uma mulher séria e disciplinada. Aquilo que via todos os dias no campo e sobretudo na área hospitalar deve ter sido muito triste para ela, mas não deixava ninguém perceber. Num relatório para o Joint, no verão de 1945, o Dr. Biberstein escreveu:

> A senhora Schindler sacrificou todas as reservas de semolina, manteiga, leite, queijo e embutidos. O senhor Oskar Schindler trazia de Mährisch-Ostrau todos os alimentos possíveis e medicamentos em caixas de munição.[88]

Quatro dos sobreviventes morreram, apesar dos melhores cuidados médicos possíveis. Os outros setenta sobreviveram. No decorrer das semanas seguintes, outros pequenos grupos dispersos de detentos chegaram a Brünnlitz, vindos de campos menores que haviam sido dissolvidos. No final da guerra, o número de "judeus de Schindler" tinha subido dos originalmente mil, para mil e duzentos. Schindler também possibilitou a sobrevivência dos novos acolhidos.

Muito poucas pessoas morreram em Brünnlitz, entre elas, uma jovem mulher com leucemia. Oskar Schindler combinou com o

---

88. O relatório de Aleksander Biberstein provém da "maleta de Schindler".

padre do lugar que seria separada uma fileira de covas no cemitério, onde nossos mortos seriam sepultados de acordo com o rito judeu, e o rabino Levertow faria as orações. Isso já demonstra que tipo de ser humano era Oskar Schindler. Graças à sua intervenção, Brünnlitz diferenciava-se em quase todos os aspectos dos campos que ainda restavam.

Para Oskar Schindler, os meses em Brünnlitz foram o maior ato de força de toda a sua ação salvadora. A imensa pressão que já pesava sobre ele desde Płaszów intensificou-se mais uma vez, e fortemente, até o final da guerra. Mesmo assim, não se lhe notava essa pressão e, em seus esforços para nos salvar, ele não desistiu até o último momento. Na fase final da guerra, Oskar e Emilie Schindler viviam em Brünnlitz, no terreno da fábrica, numa pequena e modesta moradia. Sobre isso, Schindler escreveu ao Joint em 1945:

> Porque a segurança das minhas pessoas ameaçadas era mais importante para mim do que meu conforto, e porque eu sabia que minha vida estava inseparavelmente vinculada ao destino das pessoas daquele galpão, pois eu assumi uma posição inequívoca. Aquele galpão tornou-se meu front! A vitória foi possível pela excelente autodisciplina da minha gente e sua grande confiança em meu trabalho.[89]

Em março de 1945, apresentou-se em Brünnlitz um inspetor do ministério de armamentos de Berlim. Schindler ordenou que eu participasse da reunião para estenografar o relatório. Depois, combinamos outros detalhes do procedimento. Durante a reunião e na

---

89. Da "maleta de Schindler".

presença da visita de alta patente, eu deveria lembrar Schindler de duas máquinas que já tinham sido encomendadas, mas ainda não tinham chegado. Por interesse, perguntei a Schindler por que ele não queria ditar o relatório de reunião a sua secretária.

— Veja — disse Schindler sorrindo levemente —, se a senhora Hoffmann ouvir todas as mentiras que vou contar ao homem, ela pode me denunciar amanhã na Gestapo.

O inspetor chegou. Magro e baixinho, com cabelo preto, parecia um francês, ao menos como imaginávamos um. Eu não soube o nome dele. Schindler o cobria de presentes, que na época eram raridade: *foie gras*, vinho, licor — só do melhor. Depois, ele ouviu, quase sem objeções, o relatório contábil da empresa. Schindler estava inteiramente em seu campo e contava entusiasmado sobre a capacidade de produção de sua fábrica, que ainda não chegara ao limite. Conforme combinado, eu o lembrei das duas máquinas pelas quais ele esperava e coloquei em cifras o aumento de produção alcançável com elas. Tudo correu esplendidamente e o inspetor deixou Brünnlitz convencido de ter inspecionado uma fábrica de armamentos bem operante de um entusiasmado nazista. Schindler deu um tapinha nas minhas costas, em reconhecimento, e disse:

— Você viu, assim também nos livramos desse.

Uma outra vez ele me disse:

— Venha, vou lhe mostrar algo.

E levou-me à central de energia do campo. Vi que a curva de consumo de eletricidade diminuiu rapidamente vinte minutos antes da troca de turno — aparentemente os trabalhadores haviam desligado suas máquinas. Schindler me olhou preocupado.

— Imagine se Leipold visse isso! Ele diria imediatamente algo sobre "sabotagem" e enviaria uma notificação a Berlim, e isso seria o inferno.

Prometi a Schindler resolver essa questão. Depois de alguns dias, ele me perguntou espantado:

— Como você conseguiu isso? Agora a curva quase não decresce mais na troca de turno.

Expliquei-lhe que as pessoas não inseriam uma nova peça minutos antes da troca de turno, porque não poderiam terminá-la, e eu recomendei a elas que deixassem pelo menos as máquinas em funcionamento.

— Mas isso é desperdício de energia — objetavam elas.

— Sim, mas Leipold não pode afirmar, com base na curva decrescente, que vocês estão sabotando o trabalho, o que seria um perigo muito maior.

Em Brünnlitz, a solução desses detalhes aparentemente sem importância também fazia parte de minhas tarefas diárias. Assim que surgiam problemas desse tipo, eu era instruído por Schindler a solucioná-los de imediato e, se possível, silenciosamente.

O dirigente do campo, Josef Leipold, era cento e cinquenta por cento nazista e nós temíamos que ele ainda se tornasse perigoso para nós. Agora, Schindler só deixava a fábrica raramente. Mas, de vez em quando, ele precisava sair para comprar mercadorias e resolver negócios no mercado negro. Então, mas também só então, ocorriam exageros por parte do pessoal da vigilância. Numa entrevista em 2003, Stella Müller-Madej confirmou a insegurança dos detentos na ausência de Schindler:

> Assim que Schindler nos deixava e passava pelo portão de ferro, sentíamo-nos como crianças órfãs abandonadas [...] Sempre tínhamos a sensação de que algo ruim podia acontecer, mesmo que ele só estivesse ausente por um breve período.[90]

---

90. In: SPIEGEL-TV-documentário, VOX 2003.

Ao contrário, quando Schindler estava no campo, o pessoal da vigilância — tanto os integrantes da SS, quanto os supervisores — não ousava nos maltratar. Além disso, Schindler sublinhou perante Leipold que acreditava na autoridade, que o Reich necessitava de nossa força de trabalho e por isso não toleraria atos de violência. Desse modo, ele fazia referência expressa a suas excelentes relações com a indústria de armamentos e com as autoridades em Berlim. Os operários tremeriam se vissem os uniformizados no galpão da fábrica e assim suas valiosas máquinas poderiam ser danificadas. E então ele teria — infelizmente — de denunciar o responsável ao senhor dirigente de campo na SS!

— Sobretudo, é importante — acrescentou Schindler — que as pessoas não fujam. E para isso bastavam vigilantes nos portões.

As ameaças não explícitas de Schindler, juntamente com seus argumentos bastante claros, impressionavam Leipold. Em vista disso, não se viam integrantes da SS nas oficinas nem no galpão de produção.

Na última fase da guerra, provavelmente no início de 1945, o comandante de campo de Gross Rosen, o *SS-Sturmbannführer* Johannes Hassebroek, veio a Brünnlitz para uma inspeção. A visita inquietou em grande medida o nosso dirigente de campo. Hassebroek vestia uma capa de couro preta e conversou durante muito tempo com Leipold. Aparentemente, tratava-se do fato de que até então não havia ocorrido uma inspeção detalhada nos galpões de fabricação em Brünnlitz, ou esta só tinha sido executada superficialmente. Também chamou a atenção o fato de Leipold deixar com frequência o terreno da fábrica com alguns integrantes da SS, mas o motivo principal da visita de "alto escalão" eu só descobri mais tarde: Hassebroek e Leipold mandaram demarcar alguns lugares num pedaço de floresta nas redondezas do campo. Conforme soubemos depois, as demarcações na floresta faziam parte dos preparativos para uma evacuação do campo. A um sinal de Oranienburg ou também de outro alto oficial, os internos do campo capazes de andar deveriam formar uma coluna para iniciar uma marcha em direção a oeste, quando as tropas soviéticas se aproximassem. Antes, porém, os detentos mais velhos e sem forças deveriam ser fuzilados e deixados na floresta.

Quando Schindler me perguntou se Leipold executaria esse plano de fuzilamento da SS, eu, infelizmente, só pude confirmar com base em minhas experiências com ele em Płaszów. Leipold, disse eu, era um nazista convicto e não tinha escrúpulos de obedecer a qualquer ordem. Então, Schindler opinou que deveríamos nos livrar dele de outro modo. Sua ideia era espantosa e se mostrou efetiva.

Schindler convidou os detentores de cargos de Brünnlitz e outros oficiais da região para uma recepção e, conforme me disse mais tarde, proferiu perante o grupo de militares e SS um inflamado discurso patriótico:

— A Alemanha precisa agora de todos os homens no front. A Alemanha precisa de homens como vocês. Cada um que se apresentar agora, voluntariamente, ao serviço no front — prometeu Schindler — será levado pessoalmente por mim até o posto de apresentação em meu automóvel.

Como esperado, Josef Leipold se apresentou. Schindler manteve sua palavra e passou pelo portão do campo com ele no assento do passageiro. Mais uma vez, Schindler conseguia tirar de cima de nós nosso maior inimigo. Stella Müller-Madej descreve a reação de Schindler após seu retorno do posto de apresentação. Segundo ela, Schindler veio para o galpão da fábrica, sentou-se sobre uma máquina e "não conseguia parar de rir. Ele ria descontroladamente e disse que ainda não tinha nascido alguém que pudesse lhe passar a perna. Ele ria como louco".[91]

---

91. Stella Müller-Madej, 1998, p. 253.

Mesmo assim, tínhamos de ser cautelosos até o último dia da guerra. O perigo de vida nos ameaçava de várias maneiras; uma delas é que uma unidade bombardeada da SS topasse conosco no campo e nos ceifasse com metralhadoras. Por isso, para nossa segurança, havia sempre dois ou três homens nossos do lado de fora do galpão de produção, para observar os movimentos na estrada situada um pouco acima do terreno. Até mesmo Schindler estava preocupado naquela época. Mas, simultaneamente, ele comprovava sua inesgotável riqueza de ideias, quando se tratava de continuar tapeando a SS do campo. Seus métodos sempre eram originais, mas, às vezes, ousados. Na maioria dos casos, eram executados nos bastidores e apenas raramente, como no caso da apresentação de Leipold para o front, diante de nossos olhos.

Nós sabíamos do constante recuo do front, mas não podíamos estimar como o Exército Vermelho se comportaria diante de nós e, sobretudo, de Oskar Schindler. De conversas isoladas com tchecos que moravam no local e que mantinham contatos com combatentes de guerrilha, podíamos compor um quadro. Não poderíamos explicar aos soviéticos o quanto Schindler e sua mulher tinham feito por nós, e ele, como fabricante e membro do partido, seria imediatamente encostado contra a parede e fuzilado. Nem mesmo nossas descrições de sua ação salvadora o resguardariam disso. Por isso o impelíamos a deixar o campo com sua mulher, na direção oeste, antes da chegada dos russos. Mas Schindler não queria saber disso. Ele não queria nos abandonar. Provavelmente, também acreditasse ter em nós sua melhor proteção e por isso não era fácil convencê-lo da fuga. Por outro lado, sob circunstância alguma nós queríamos dar a impressão de que gostaríamos de nos livrar dele. Procedemos cautelosamente. Estávamos completamente conscientes de quão precária seria nossa situação sem sua presença e autoridade.

Finalmente, Schindler decidiu deixar o campo. Juntamente com a mulher, ele pretendia ir para oeste, acompanhado por alguns de nós que já tinham a triste certeza de que uma busca por familiares sobreviventes não fazia mais sentido. Mas, antes, quis festejar conosco seu aniversário, em 28 de abril. Poucos dias antes chegou um telegrama da empresa para a qual fornecíamos nossos produtos para posterior processamento, no qual se lia:

— O procedimento de trabalho número tal aparentemente não foi testado de maneira; por esse motivo, todo o fornecimento é inapropriado para o processamento.

O pequeno grupo de colaboradores mais próximos a Schindler estava sinceramente preocupado:

— Se mostrarmos isso a Schindler, ele possivelmente nos incriminará de sabotagem.

O que fazer? Decidimos, então, mostrar a mensagem só no dia do aniversário dele, pois, nesse dia, ele sempre estava de bom humor. Em 28 de abril de 1945, poucos dias antes do fim da guerra, mostramos o telegrama a Schindler. Ele leu o conteúdo por cima e exclamou, radiante:

— Esse é meu melhor presente de aniversário!

Só depois da guerra eu ouvi que, de tempos em tempos, Schindler deliberadamente mandava calibrar erroneamente as máquinas da produção das peças de granadas. É provável que quase não tenhamos contribuído para a continuação da guerra com nossa "produção de armamentos".

Em 28 de abril, entregamos solenemente a Schindler uma carta de proteção redigida em três idiomas — hebraico, inglês e russo.[92]

---

92. Outra carta de proteção para Oskar Schindler, de 8 de maio de 1945, escrita em polonês, foi assinada por seis representantes dirigentes da antiga Comunidade Judaica de Cracóvia, entre eles o Dr. Chaim Hilfstein, médico e cofundador do Ginásio Hebraico em Cracóvia, Natan Stern, advogado, Izak Stern, presidente do escritório palestino para a Pequena-Polônia ocidental e Silésia, e Abraham Bankier, antes de 1939 coproprietário da fábrica de utensílios esmaltados que Schindler depois assumiu. O original dessa carta encontra-se em Yad Vashem, em Jerusalém.

"Mietek Pemper chegou com uma enorme folha de papel, tão comprida como uma toalha", escreve Stella Müller-Madej. "Cada um assinava embaixo, inclusive eu, o que quase me deixou contente."[93]

Nós não sabíamos com quem ele ia topar ao cruzar a fronteira para a área do Reich e também não estávamos seguros de como os norte-americanos se comportariam quando se deparassem com um alemão, um ex-nazista. Assim, nós, de quem Schindler tanto tempo foi protetor, nos tornávamos agora, no final da guerra, *seus* protetores.

Quando o final da guerra estava próximo e quase já não contávamos com a possibilidade de sermos assassinados pela SS no último momento, quisemos demonstrar nossa gratidão e dar um presente pessoal a Schindler, para sua viagem. Mas com o que deveríamos presenteá-lo? Nós não tínhamos nada, éramos quase nus. Então, Simon Jereth se dispôs a sacrificar o ouro de seus dentes. Jereth já era um homem velho, um comerciante de madeira cuja empresa também ficava em Zabłocie, vizinha da Emalia. Como havia ourives entre nós, eles fundiram o ouro dos dentes de Jereth e fizeram um anel. Nele foram gravadas palavras do Talmude: "Quem salva uma vida humana, salva todo o mundo". Naturalmente, Schindler não sabia ler a mensagem, pois nós utilizamos caracteres hebraicos. Como em hebraico quase só se escrevem as consoantes e não as vogais, a frase cabia completa na parte interior do anel. Nessa ocasião, pensei no erudito (Tannaiten) Ben Assai que, aproximadamente trezentos anos após o nascimento de Cristo disse: "Uma boa ação acarreta outra — uma má também acarreta uma má". Nós entregamos esse anel a Oskar Schindler na noite de 8 para 9 de maio de 1945. Pouco depois, a pequena comitiva deixou o campo de Brünnlitz na direção oeste.

---

93. Stella Müller-Madej, 1998, p. 248.

No dia de sua partida, Schindler proferiu um discurso de despedida. Nós, "seus judeus", estávamos todos reunidos — pouco mais de mil homens, mulheres e algumas crianças. Mais uma vez, Schindler esboçou em largos traços seus esforços nos últimos cinco anos:

> Foi difícil defender os pequenos direitos do trabalhador polonês, mantê-lo na empresa e resguardá-lo da deportação obrigatória para o Reich [...] Assim, as dificuldades na luta pela defesa das forças de trabalho judias pareciam muitas vezes insuperáveis. Vocês, que desde o início trabalharam comigo durante todos estes anos, sabem como, depois da dissolução do gueto, eu tive de intervir incontáveis vezes pessoalmente, pedindo por vocês à direção do campo, para resguardá-los da emigração e liquidação.[94]

Schindler também deu a entender que ocultou de nós muitas de suas medidas de segurança, para não colocar em perigo a ação salvadora como um todo:

> Eu exigi algum desempenho produtivo, que pode ter parecido sem sentido à maioria de vocês, já que lhes era vedado o acesso aos grandes contextos, mas ali sempre esteve meu desejo de provar e defender a humanidade.

---

94. O original do discurso de Schindler encontra-se em Yad Vashem, em Jerusalém.

Schindler falou durante aproximadamente uma hora. Ele estava em boa forma e o que tinha a dizer testemunhava sua profunda humanidade. Eu me espantei sobre como um homem que se encontrava tão perto do fim de sua carreira pudesse proferir um discurso tão bem pensado. Ele não lia um texto, mas falava livremente, e assim o discurso adquiriu uma dinâmica e plasticidade especiais. Dois dos nossos escrivães estenografaram. Mais tarde se encontrou uma cópia datilografada desse discurso e, da imagem desse documento, deduz-se que Schindler não apenas concebeu sozinho o discurso, como também o datilografou de próprio punho, pois tinha o hábito de não pressionar a tecla de espaço depois de uma vírgula. O que significa que ele preparou seu discurso com cuidado. Schindler também mencionou os vigilantes da SS. Ele queria evitar que nós extravasássemos nossa raiva contra aqueles "idosos pais da família" e nos alertou que os deixássemos seguir pacificamente seu caminho. Eles não nos torturaram nem nos bateram — apesar de não podermos avaliar se, sem o álcool doado por Schindler, eles teriam se comportado assim. Schindler nos suplicou que agíssemos de maneira humana e justa.

> Deixem o julgamento e a vingança àqueles que estão incumbidos disso. Se vocês tiverem de denunciar alguém, então façam isso nos postos autorizados, pois na nova Europa haverá juízes, juízes insubornáveis, que acolherão suas queixas.

Schindler também apelou para que não fizéssemos saques.

> Mostrem-se dignos dos milhões de vítimas em suas fileiras, abram mão de qualquer ato individual de vingança e terror.

Enquanto ele falava, sempre me passava pela cabeça o pensamento: como uma pessoa nessa situação, aqui neste dia, pode proferir um discurso tão ajuizado e ponderado? Schindler também lembrou a família Daubek. Sem sua ajuda no fornecimento de alimentos, muitos de nós teriam morrido de fome. Por fim, agradeceu a alguns de nós que ajudaram na sua ação de salvamento.

> Por sua sobrevivência, não agradeçam a mim, mas a sua própria gente, que trabalhou dia e noite para salvá-los do extermínio. Agradeçam aos seus destemidos Stern e Pemper e a alguns outros que, em sua luta por vocês, olharam a morte de frente a cada momento, sobretudo em Cracóvia, quando pensaram em todos e cuidaram de todos"[95]

No final, Schindler nos pediu um silêncio de três minutos em memória das incontáveis vítimas em nossas fileiras.

Em minhas palestras durante os últimos anos, muitas pessoas me perguntaram por que Oskar Schindler só citou dois de nós pelo nome, Izak Stern e Mietek Pemper. E por que os outros detentos deveriam nos agradecer. Perguntas desse tipo não me espantam, minhas palestras são geralmente muito breves e quase não faço parte dos bastidores importantes para a preservação do campo. Izak Stern estava em contato com Schindler desde os primeiros meses de guerra e, no decorrer das longas conversas e discussões, surgiu um tipo de amizade. Com relação a mim, Schindler provavelmente pensou nas informações secretas que lhe passei e na "peça de hussardo" com as tabelas de produção retocadas, no final do verão de 1943. Em todo

---

[95]. Idem, ibidem.

caso, o campo de Płaszów e também o campo da fábrica de Schindler ficaram preservados até o outono de 1944 por causa da simulação de importante produção de guerra. Sem as tabelas falsas, provavelmente não teria havido uma lista de Schindler e um Brünnlitz.

Na madrugada de 9 de maio de 1945, Schindler deixou o campo acompanhado por sua mulher e alguns de nós. Demos a ele um uniforme azul de mestre de oficina e também vestimos sua mulher de modo correspondente. Em seguida, a comitiva de alguns automóveis moveu-se em direção da fronteira bávara. No dia 13 de maio de 1945, fomos libertados oficialmente pelo Exército Vermelho.

Retorno a uma Cracóvia sem judeus

No verão de 1945, muitos dos judeus salvos por Oskar Schindler retornaram a Cracóvia, mas a cidade não era mais aquela que os alemães tinham ocupado em 1939. Dos quase cinquenta e seis mil judeus que ali viviam antes da guerra, só aproximadamente quatro mil voltaram para casa. Quase todos os meus parentes, cerca de setenta pessoas, tinham sido mortos. E a maioria dos sobreviventes só esteve ali de passagem, à espera da permissão para emigrar para o Canadá, América do Sul, Austrália, Estados Unidos ou Palestina. Eles queriam distância dos lugares de seu sofrimento. Hoje, no início do século XXI, depois de quase seiscentos anos de história judia em Cracóvia, vivem na cidade não mais do que duzentos judeus. Minha família também retornou a Cracóvia depois da guerra. De lá, meu irmão mais novo, Stefan, foi para a Alemanha. Ele fixou residência primeiramente em Augsburg e, anos mais tarde, em Hamburgo, onde faleceu em 1978 e está enterrado.

Depois da libertação em Brünnlitz, não se podia viajar sem pretexto para Cracóvia. A União Soviética tinha conquistado e ocupado essa parte da Europa Central e agora trocava os trilhos das ferrovias, substituindo-os por outros, mais largos, usuais na Rússia. Sobre esses trilhos se transportava carvão da reserva polonesa, anteriormente da Alta Silésia, para a obtenção de aço na Ucrânia, por isso o eixo principal da linha ferroviária Katowice-Cracóvia-Lemberg estava fechado para o trânsito de pessoas. Enquanto esperávamos impacientes pela próxima possibilidade de transporte, recebemos uma notícia maravilhosa. Naquela época, havia garotos que subiam em caminhões e, dessa maneira, iam e voltavam, transmitindo mensagens entre parentes e amigos. Por meio desse "correio", descobrimos que minha mãe ainda estava viva. Foi uma notícia sensacional. Soldados poloneses e russos já a tinham levado para Cracóvia em um carro blindado, juntamente com outros doentes da Auschwitz libertada. Ali, ela nos esperava em um hospital. Estava acamada e nunca mais se recuperou completamente. Nos anos seguintes, tive de contratar uma enfermeira para ela. Também meu pai estava muito enfraquecido pelos anos de privação no campo.

 Chegamos a Cracóvia sem qualquer recurso e nos perguntávamos como poderíamos garantir nosso sustento no futuro. Meu pai tentou reativar suas antigas relações comerciais no setor de farinhas. Durante a crise econômica mundial no final dos anos 1920, o governo polonês decretou uma moratória — parece-me que de vinte anos — para todas as dívidas do setor agrário. Com isso, meu avô, Arthur Gabriel Pemper, perdeu grande parte de sua fortuna. Na esperança de recuperar algumas das somas pendentes, meu pai alugou um táxi e foi a diferentes fóruns municipais nos arredores de Cracóvia, a fim de solicitar as relações de dívidas de antigos cadastros, mas

Meu pai depois da guerra

a Polônia estava destruída e as pessoas não tinham dinheiro. Decidi então cuidar do sustento da minha família. Qualquer trabalho e ocupação eram bons para mim. Simultaneamente, retomei meus estudos de administração de empresas, na Faculdade de Economia, e por isso não podia me dedicar a um trabalho em período integral. Também ganhei algum dinheiro extra trabalhando como intérprete em vários processos contra nazistas. Essa atividade era mal remunerada, mas me permitia ficar sabendo o que tinha acontecido em outros campos. Em 1948, escrevi minha tese de mestrado sobre as teorias alemãs de balanço — principalmente a teoria estática e a dinâmica de balanço. Só muitos anos mais tarde vim a saber que Eugen Schmalenbach, autor da teoria dinâmica de balanço, teve de abandonar sua cátedra durante a época nazista porque não aceitou se separar de sua esposa, que era judia. Também o conhecido filósofo alemão Karl Jaspers apoiou a esposa judia e ambos sobreviveram à guerra na Alemanha e depois se mudaram para Basileia.

Assim que concluí o curso, tornei-me assistente de um professor de contabilidade e análise de balanço, na Faculdade de Economia. Por pouco tempo, recebi a incumbência de ensinar e um título de professor assistente. O tema central do meu trabalho era determinados sistemas de prestação de contas usados na análise de custos da indústria moderna.

Pouco tempo depois da guerra

Adicionalmente, iniciei o curso de sociologia na Universidade Jaguelônica, em 1945. Dessa maneira, eu esperava poder compreender melhor que mecanismos sociopsicológicos causavam transformações tão profundas em povos inteiros ou em parcelas da população, a ponto de, no final do processo, pessoas chegarem a se comportar como Amon Göth, por exemplo, ou Josef Mengele e muitos integrantes da SS. Depois de alguns semestres, a matéria sociologia foi eliminada do curso, sob a alegação de ser uma ciência "burguesa". Isso ocorreu por ordem de Andrej A. Schdanow, membro do politburo moscovita encarregado de assuntos culturais. Meu professor era o conhecido etnólogo Kazimierz Dobrowolski. Depois da proibição de sociologia, ele só manteve a cadeira de antropologia. Por recomendação do meu professor de administração de empresas, recebi então o posto de dirigente do Departamento de Contabilidade de empresas estatais, uma instituição do Ministério das Finanças.

Os primeiros meses em Cracóvia foram desencorajadores, pois os judeus que retornavam exigiam que os poloneses devolvessem suas propriedades. Não pudemos mais entrar em nosso antigo apartamento da rua Parkowa, porque ali viviam inquilinos poloneses que não podíamos simplesmente despejar. Em julho de 1945, chegou a haver uma espécie de *pogrom* em Cracóvia, não tão terrível como o que aconteceria um ano mais tarde em Kielce, onde, na primavera de 1946, algumas dúzias de judeus foram vítimas de um massacre quando voltaram.

Em vez de voltarmos ao nosso apartamento da rua Parkowa, fomos alojados na casa de parentes. Um primo meu por parte de mãe e sua noiva sobreviveram à guerra com documentos "arianos" falsificados e tinham um pequeno apartamento no centro da cidade. Ali, minha mãe, meu pai e eu fomos hospedados em um quarto. Assim que ganhei um pouco de dinheiro, nós nos mudamos para um apartamento alugado.

Minha mãe ainda viveu oito anos e está enterrada em Cracóvia. Depois de sua morte, meus esforços foram pela emigração de meu pai e minha. Em um esforço de reunir a família, chegamos a Augsburg em 1958. Eu também poderia ter emigrado para os Estados Unidos, mas meu pai ainda dependia de mim. Naquela época, passei por uma fase depressiva bastante longa e acreditava que, à semelhança de minha mãe, não chegaria a uma idade mais avançada. Assim, desisti rapidamente da ideia de recomeçar a vida do outro lado do oceano, aos quase quarenta anos de idade. Meu pai faleceu no início de 1963 em Augsburg, quase dez anos após minha mãe.

Assassinos sem remorso

Já no inverno de 1944-1945, ainda antes do fim oficial da guerra, em 8 de maio, o governo polonês nomeou uma comissão especial, constituída por respeitados juízes e promotores públicos, para a investigação de crimes dos nazistas. Um dos membros dirigentes dessa comissão era o Dr. Jan Sehn, que antes da guerra tinha sido juiz de inquérito. Nos anos 1950, ele recebeu uma cátedra de criminalística na Universidade Jaguelônica, em Cracóvia. Ele estava entre os primeiros que foram para a Auschwitz libertada, a fim de documentar o assassinato em massa,[96] em 27 de janeiro de 1945. A comissão também viajou a Płaszów, onde falei do cargo especial no comando que me havia sido imposto. Foi então que, no verão de 1945, Sehn me escreveu, pedindo que eu registrasse minhas lembranças. Ele estava ocupado com os preparativos do processo contra Amon Göth e procurava testemunhas e documentos.

---

96. Jan Sehn, *Concentration camp Oświęcim — Brzezinka (Auschwitz — Birkenau). The chief commision for the investigation of nazi crimes in Poland*, Varsóvia 1957, pp. 5—9.

Jan Sehn pertencia a uma tradicional família polonesa e falava alemão perfeitamente. Por acaso, tinha havido entre nós um contato longínquo, pois, antes de 1939, seus sogros eram vizinhos da minha tia, irmã de minha mãe, que em 1942 fora deportada para Bełzec. Sehn já tinha travado contato com a acusação aliada em Nuremberg[97] e trocado informações com o general Telford Taylor. Era quase certo que os norte-americanos respeitariam o acordo da Conferência de ministros do exterior em Moscou, em outubro de 1943, extraditando Amon Göth para a Polônia.[98]

O processo aberto pela justiça da SS em 1944 contra Göth se resolveu com o fim da guerra. No verão de 1945, ele se encontrava em um campo de captura para soldados alemães, no terreno do antigo campo de concentração de Dachau. Ali ele se apresentava aos norte-americanos como um sobrevivente da guerra, um "retornado". Mas, depois de ter sido identificado como membro da SS, apesar de seu uniforme simples, foi deportado para a Polônia, juntamente com Rudolf Höß, o antigo comandante de Auschwitz. Os dois chegaram à estação central de Cracóvia no dia 30 de julho de 1946.[99] Aparentemente, houve uma agitação turbulenta e Göth teve de ouvir de antigos detentos insultos bastante grosseiros. Dada sua grande estatura, ele era facilmente identificável no meio da multidão. Sehn apresentou a acusação a Göth, que se baseava grandemente em meus depoimentos.

---

97. O Tribunal internacional militar *(International Military Tribunal — IMT)* reuniu-se de 20 de novembro de 1945 a 1º de outubro de 1946, em Nuremberg.

98. Entre outras coisas, o acordo da Conferência de ministros do exterior em Moscou prescreveu a punição de criminosos alemães de guerra e a deportação para o país de suas atrocidades, in: *Lexikon deutscher Geschichte. Personen, ereignisse, institutionen.* Stuttgart 1977, p. 825.

99. Rudolf Höß, *Kommandant in Auschwitz. Autobiographische Aufzeichnungen*, Munique 2004, p. 227.

Mais tarde, o professor Sehn me contou sobre a reação de Göth a essa acusação. Ele nem a analisou mais detalhadamente, indo diretamente para as últimas páginas, onde estavam listadas as testemunhas da acusação. Quando viu aqueles muitos nomes, exclamou, segundo Sehn, literalmente:

— O quê? Tantos judeus?! E sempre nos disseram que não iria sobrar nem um rabo...

Essa frase ordinária é inesquecível para mim. Mas, do meu ponto de vista, ela dá uma indicação de por que Göth e outros agiam de modo tão descontroladamente brutal. Eles o faziam na certeza de que, por falta de testemunhas sobreviventes, nunca seriam incriminados.

No decorrer dos preparativos para o julgamento, Göth pediu que convidassem como testemunhas de defesa seu "amigo" Oskar Schindler, o médico judeu Dr. Aleksander Biberstein, o antigo médico judeu do campo Dr. Leo Groß e eu. Como o decorrer do processo comprovou, Göth estava em plena posse de suas capacidades mentais; porém, ali, ele cometeu um erro de cálculo: talvez quisesse sugerir ao tribunal que devíamos a ele o fato de ainda estarmos vivos, mas ele era a última pessoa a quem alguns de nós teria de agradecer por isso. Ele foi informado de que o Dr. Groß também estava na prisão, acusado de colaboração, enquanto o Dr. Biberstein e Mietek Pemper seriam testemunhas da acusação. Oskar Schindler, por sua vez, encontrava-se em algum lugar da Alemanha destruída e não estava ao alcance da justiça polonesa. Nós só soubemos que naquela época Schindler vivia em Regensburg e, no outono de 1946, quando leu nos jornais a notícia da execução da sentença de morte, contatou-me. Sua carta estava endereçada "Para a testemunha Mietek Pemper, Processo contra Göth, Tribunal de Cracóvia".

No primeiro interrogatório feito por um juiz norte-americano em Dachau, Göth afirmou ter sido comandante de um campo de prisioneiros que, entre outras coisas, produzia bens para as divisões alemãs que lutavam no leste. As expressões "campo de trabalhos forçados" ou "campo de concentração" não foram mencionadas.[100] Mas, então, quatro antigos detentos de Płaszów o reconheceram e testemunharam quem ele realmente era. Dessa forma, desabou inesperadamente o castelo de cartas das mentiras de Göth. Uma dessas testemunhas fez uma brincadeira macabra: na presença de soldados norte-americanos, ele fez uma continência a Göth e se apresentou:

— Senhor comandante, quatro porcos judeus se apresentando![101].

Nas investigações prévias em Cracóvia, Göth afirmou ter se limitado a executar as ordens de seus superiores.

Apresentei ao tribunal a estrutura organizacional e os mecanismos de ordens que eu conhecia tão bem pelo trabalho que fazia no comando do campo, porque, ao contrário de todas as outras testemunhas disponíveis, eu tinha essa visão de conjunto.

O julgamento de Göth foi o primeiro do gênero na Polônia. As investigações e o decurso do processo correspondiam aos estatutos do Tribunal Internacional Militar em Nuremberg. Como determinado legalmente, Göth tinha dois defensores e um intérprete, e, em frente da sala do tribunal, um enfermeiro ficava de prontidão. A acusação também estava disponível em língua alemã. Durante o processo, Göth podia fazer perguntas, apresentar contraexposições e até interrogar as testemunhas.[102]

---

100. Eu disponho de uma cópia do depoimento de Göth por ocasião de sua detenção em Dachau.

101. Josef Kempler, que vive atualmente nos Estados Unidos, mas na época tinha dezessete anos, identificou Amon Göth em Dachau juntamente com três outros antigos detentos de Płaszów. Conversa com Viktoria Hertling em Reno, Nevada, em 10 de setembro de 2004.

102. Nos artigos 16 e 17, os estatutos do Tribunal Internacional Militar (IMT), de 6 de ou-

Ele podia escrever uma petição de clemência, o que também o fez. Nela, pediu para que a pena de morte fosse transformada em pena de detenção. Ele queria provar que podia ser um membro útil para a sociedade.

Sou de opinião que Göth foi tratado com justiça e seu processo não foi de maneira alguma rápido, como se afirmou ocasionalmente mais tarde.[103] Na sequência de extensos inquéritos preliminares e detalhados registros de provas, o julgamento demorou uma semana, de 27 de agosto a 5 de setembro de 1946. A opinião pública de Cracóvia reagiu com alívio ao anúncio da sentença de morte. Grandes cartazes em colunas do centro da cidade anunciavam, em 13 de setembro de 1946, a execução da sentença por enforcamento, exatamente dois anos após sua detenção pela SS em Viena.

O interrogatório aconteceu na rua Senacka, na maior sala de audiência do tribunal polonês de Voivoda, o que corresponde mais ou menos a um Tribunal Superior Estadual. Em Cracóvia, como também no restante da Polônia, o processo era o assunto do momento. Mesmo no exterior, mereceu destaque. A sala de audiência acomodava várias centenas de espectadores e houve brigas pelos tíquetes de ingresso. Se alguém só podia ficar uma hora na sala, passava seu bilhete adiante, para quem estava na fila de espera. O desenrolar do processo foi transmitido até por alto-falantes. Centenas de ouvintes se reuniram nas áreas verdes, diagonalmente em frente ao edifício do tribunal. O interesse geral pelo processo era grande, porque muitos odiavam Göth também como malfeitor e assassino impiedoso de poloneses não-judeus. Muitos

---

tubro de 1945, previam, entre outras coisas, que a acusação estivesse redigida em alemão; que o acusado tivesse suficiente tempo para preparar sua defesa; que dispusesse de um defensor ou pudesse assumir ele mesmo sua defesa; que pudesse chamar testemunhas e interrogar as testemunhas da promotoria pública.
Disponível na internet: wysiwyg://57/http://www.ess.uwe.ac.uk/documents/chtrmt.htm.

103. Por exemplo, Tom Segev fala de um "processo relâmpago" em seu livro *Die Soldaten des Bösen (Os soldados do mal)*, Reinbek 1995, p. 189.

Uma de minhas aparições no processo contra Amon Göth, agosto/setembro de 1946

conheciam o falso anúncio de jornal que corria em 1943 como piada macabra: "Objetos de ouro e prata, purificados do sangue judeu, vendidos a preços vantajosos por Amon Göth, comandante do campo de Płaszów". O presidente do tribunal, Dr. Alfred Eimer, já era juiz antes da guerra. Como seu nome indica, era de origem alemã, mas era um patriota polonês que não desistiu de sua nacionalidade em 1939 para ser considerado "alemão do povo". Por isso ficou proibido de exercer sua profissão e, durante a guerra, foi obrigado a procurar outras ocupações.

De acordo com a acusação, Göth foi responsável pelo assassinato de oito mil pessoas só no campo de Płaszów e corresponsável pela morte de outras duas mil pessoas na liquidação do gueto em Cracóvia-Podgórze em 13 e 14 de março de 1943. Somavam-se a isso ainda centenas de assassinatos na dissolução dos guetos em Tarnów e em Szebnie no outono de 1943. Göth se apropriou da maior parte dos objetos de valor capturados, sobretudo joias e diamantes. A leitura da acusação ocupou quase toda a manhã do

Amon Göth sob vigilância polonesa durante seu processo, agosto/setembro de 1946

primeiro dia de julgamento.[104] O Dr. Eimer perguntou ao réu se ele se confessava culpado. Göth respondeu com um sonoro "não".

Depois, o Dr. Ludwig Ehrlich, professor de direito internacional na Universidade Jaguelônica, falou como especialista. Ele caracterizou os atos de Göth como "crimes contra a humanidade". Na época, essa formulação era nova e foi introduzida no direito internacional pelos aliados que queriam diferenciar as atrocidades dos nazistas das ações militares e dos delitos cotidianos. No direito internacional, entende-se por "crimes contra a humanidade" a tentativa de

---

104. O processo contra Amon Göth faz parte dos poucos processos contra criminosos nazistas cujo decorrer está publicado em forma de livro. As atas de processo da maioria dos outros processos contra criminosos nazistas só são acessíveis como documentos em arquivos. *Proces Ludobójcy Amona Goetha* (Processo contra Amon Leopold Göth), Cracóvia 1947. Ver também: *Law Reports of Trials of War Criminals*, The United Nations War Crimes Commission, Vol. VII, Londres 1948.
Um resumo do caso n° 37 — Amon Leopold Göth — encontra-se na internet no seguinte endereço: ysiwyg://71/http://www.ess.uwe.ac.uk/WCC/goeth.htm.

erradicação, escravização, deportação e assassinato sistemáticos de uma parte da população civil. A argumentação de Ehrlich correspondia aos estatutos do Tribunal Internacional Militar (IMT) em Nuremberg.[105] Também por isso ele qualificou a filiação de Göth à SS Armada como criminosa. Por fim, Göth foi acusado de genocídio. Esse termo também era novo e se referia ao assassinato de populações.[106] Em seguida, Amon Göth pôde se posicionar perante a acusação. Ele trouxe à tona alguns argumentos que acreditava serem atenuantes e frisou repetidas vezes que só obedecia a ordens de seus superiores.

Depois chegou a minha vez. Durante meu depoimento como testemunha, evitei fazer contato visual com Göth. Eu queria me manter imparcial e não estar nem distraído, nem confuso ou de algum modo inseguro. Amigos meus que acompanhavam o julgamento na sala do tribunal me disseram mais tarde, durante os intervalos:

— Sabe, ele está sentado entre dois policiais e estamos a uma distância considerável dele. Ele não pode nos fazer nada e mesmo assim temos medo. Nós simplesmente temos medo. Não compreendemos como você pôde suportar isso todos aqueles meses com ele no escritório.

Nosso colega detento Leopold (Poldek) Pfefferberg costumava dizer:
— Quem viu Göth, viu a morte.

---

105. A esse respeito, ver o artigo 6c dos estatutos do Tribunal Internacional Militar. Em 20 de dezembro de 1945, a lei nº 10 do Conselho de Controle designou tais atos igualmente como "crimes contra a humanidade. No original, lê-se: *"Crimes against Humanity. Atrocities and offences, including but not limited to murder, extermination, enslavement, deportation, imprisonment, torture, rape, or other inhumane acts commited against any civilian population, or persecutions on political, racial or religious grounds whether or not in violation of the domestic laws of the country where perpetrated."* (Crimes contra a Humanidade. Atrocidades e ofensas, incluindo, mas não limitadas a assassinato, extermínio, escravização, deportação, aprisionamento, tortura, estupro ou outros atos desumanos cometidos contra qualquer população civil, ou perseguições por motivos políticos, raciais ou religiosos, ainda que não violem as leis domésticas do país onde foram perpetradas).

106. Rafael Lemkin, "Axis Rule in Occupied Europe", Washington 1944.

Durante o processo, sempre me passava pela cabeça o seguinte: Göth tem dois defensores, um intérprete e, na sala lateral, ainda há um enfermeiro, para o caso de ele precisar. Ele nunca deu tais condições às suas vítimas. Por isso, eu considero o processo como um ato de justiça, em vista do que ele fez a nós, pessoas inocentes. Fomos sistematicamente perseguidos, humilhados, torturados e finalmente assassinados, exclusivamente por pertencermos à "raça" judia que, a rigor, não existe. Crianças, adultos, velhos e jovens. Eu, como sobrevivente, considerava meu depoimento um dever.

Escolhi minhas palavras com ponderação. Meus depoimentos de testemunha proferidos sob juramento estão documentados nas atas do tribunal. Muitos detentos viram como Göth torturava pessoas ou atirava nelas, mas só eu podia descrever em detalhes toda a rede de competências e atribuições de Göth. Enquanto falava, a sala se mantinha completamente em silêncio. Muitos compreenderam pela primeira vez os bastidores do assassinato ou da deportação de seus pais, filhos, cônjuges, parentes. Meu depoimento como testemunha de acusação demorou quase duas horas. Quando terminei, Alfred Eimer transferiu a próxima sessão para o dia seguinte. Mas, antes, ele se dirigiu ao réu:

— O senhor ainda tem perguntas?

Lembro-me exatamente da resposta de Göth:

— Sim, várias!

Sua voz soava alta e dura. Essa resposta não me deu sossego. O que ele tentará arrumar agora? Como procurará sair-se amanhã? Naquela noite eu quase não dormi.

O segundo dia de julgamento começou com algumas perguntas do promotor público e do juiz sobre alguns detalhes. No interrogatório subsequente, Göth me bombardeou de perguntas. O procedimento demorou pelo menos uma hora e meia. Só uma coisa interessava a ele: "De onde a testemunha sabe de tudo aquilo que conta aqui em juízo?". Para Göth era um mistério de onde eu tinha colhido tanta informação sobre os bastidores. Inicialmente, eu controlava minhas explicações, pois registrava com certo interesse como Göth sempre tentava enfraquecer ou refutar declarações. Ele perguntou, por exemplo:

— Mas a mãe da testemunha sofreu um derrame, tinha uma deficiência de locomoção e, mesmo assim, pôde ficar no campo e não foi selecionada. Como a testemunha pode explicar isso?

Então, eu mencionei brevemente meu arriscado empreendimento com o médico do campo Dr. Blancke.

Com suas perguntas, Göth comprovava ter uma boa memória, à qual recorria para culpar outras testemunhas de imprecisões eventuais. Suas objeções normalmente visavam o seguinte: "Como a testemunha pôde observar isso ou aquilo, se trabalhava nesse ou naquele galpão e de lá não tinha visão para essa ou aquela parte do campo?". Quando uma testemunha contava ter visto como o acusado havia torturado um detento em frente do comando, Göth perguntava: "Onde a testemunha estava empregada no campo?". E quando a resposta era "na curtição" ou "na oficina de alfaiataria tal", então Göth replicava: "Essa declaração não pode ser tratada como relato de testemunha ocular, pois dessa parte do campo não se via a área do comando". Só quando a testemunha asseverava que fora mandada para a administração com o relatório diário de produção e tinha podido observar os ditos maus-tratos no caminho, Göth cedia. Sem dúvida, ele estava perfeitamente são mentalmente e com excelente memória. O cansaço e a letargia que eu tantas vezes notara nele no campo tinham evaporado. Ele seguia atentamente o desenvolver do processo e fazia anotações minuciosas.

Durante uma acareação entre Göth e a testemunha Wilhelm Kranz, um antigo interno do campo, aconteceu algo até curioso, que fez alguns ouvintes rirem. Kranz era uma pessoa decente e prestativa, que tinha sido encarregada da incômoda tarefa de vigiar a prisão do campo. Depois do fim da guerra, Kranz desenvolveu um monstruoso apetite e, quando do início do julgamento, tinha engordado aproximadamente vinte quilos. Göth, ao contrário, ficara notoriamente magro.

— Lembro-me muito bem de quem o senhor está falando — declarou Göth —, mesmo que me falte seu nome, mas certamente não é essa testemunha.

Quando perguntado pelo juiz o que tinha a dizer sobre isso, Kranz disse:

— Isso é muito simples: na época eu era tão magro como Göth hoje em dia, e hoje estou tão gordo como Göth era na época.

A transcrição do processo foi publicada em 1947 em forma de livro. Suponho que a acusação, o parecer do Dr. Ehrlich e a sentença estejam impressas, tal como estavam à disposição do tribunal na época. Mas as declarações das testemunhas, as respostas do réu e as acareações são em geral protocolos abreviados, e tendem a ser mais um sumário do que foi dito. Na época, não havia ou só havia poucos aparelhos de gravação e nem todas as palavras foram estenografadas. Lembro-me de que, durante o processo, um dos quatro juízes sempre ditava algo para os estenógrafos presentes ou lhes dava instruções especiais. As próprias declarações em juízo, tanto as de Göth quanto as das testemunhas, foram muito mais detalhadas do que aquilo que pôde ser colhido para a publicação em livro.

Meu depoimento seguinte, como testemunha de acusação, referia-se aos bastidores da "ação de saúde" de maio de 1944 e ao jogo de cartas marcadas no episódio do assassinato do ancião judeu do campo, Wilhelm (Wilek) Chilowicz. Contei então sobre a senhora Kochmann e o episódio do truque com o papel carbono. Também descrevi como tive acesso à correspondência secreta do armário blindado do comando, graças ao ajudante Grabow. Como mencionei, eu evitava o contato visual com Göth durante minhas declarações e não pude ver sua expressão facial quando foram ditas expressões como "armário blindado", "correspondência secreta" ou "papel carbono". Mas posso imaginar vivamente que ele tenha se mantido sentado no banco dos réus como que atingido por um raio. No campo, ele conduzia um tal regime de terror, que jamais poderia imaginar que alguém ousasse — muito menos um detento judeu! — ler pelas suas costas a correspondência secreta do campo, os telex endereçados a ele e as notificações oficiais de arquivo. Se na época tivesse a menor suspeita que fosse, teria me fuzilado imediatamente.

Mas agora, três anos depois, ele teve de escutar que seu escravo mais à mão coletara sistematicamente informações e as utilizara para ajudar seus colegas detentos. Seguramente, arrependeu-se de não ter fuzilado este Pemper, pois minhas declarações eram tão claras e irrefutáveis que Göth, pessoa inteligente que era, deve ter antevisto naqueles minutos o que o aguardava.

Dali em diante, ele ainda chegou a fazer algumas perguntas sobre determinados detalhes, fez aqui ou acolá uma ou outra observação, mas já não podia desmentir nada. Na época, tive até mesmo a impressão de que nem se esforçava. Ele deve ter avaliado sua situação de modo realista: tinha perdido a partida.

Depois do julgamento, reclamei jocosamente para o juiz de inquérito Sehn:

— O senhor me mandou para uma batalha que eventualmente poderia ter acabado mal para mim. Se Göth tivesse tentado me desacreditar publicamente e me acusar de colaboração, de alguma forma, então agora várias pessoas furiosas estariam no meu encalço.

—Não — Sehn procurou me acalmar — nós já contávamos que Göth pudesse tentar atribuir a você alguma desonestidade. Antes do julgamento, fizemos amplas pesquisas e sabíamos que o senhor se comportou com dignidade. Caso Göth tentasse de alguma maneira acusá-lo, interviríamos imediatamente.

Depois do processo contra Göth, os juízes em Cracóvia me olhavam com certo espanto. Eles não podiam conceber muito bem como eu, um simples jovem de 23 ou 24 anos de idade, tinha conseguido enganar tão premeditadamente e durante tanto tempo um comandante de campo que matava de modo desenfreado, conforme bem lhe aprouvesse.

Por eu ser bilíngue, as autoridades jurídicas de Cracóvia me propuseram o trabalho de intérprete em outros processos contra nazistas. Eles também fizeram isso por eu estar familiarizado com as expressões técnicas do tempo do nazismo e com as patentes da SS. A maioria dos intérpretes do pré-guerra ficava completamente perdida com palavras como "emigração" ou "tratamento especial". Uma vez, uma jovem mulher me disse:

— Engajamento para o trabalho? Não sei o que fazer com essa expressão. Para mim, um "engajamento" significa um bordado numa blusa ou num moletom.[107*] Mas o que isso tem a ver com trabalho?

Assim, em 1947, eu fui intérprete no grande processo de Auschwitz, em Cracóvia. Como testemunha, também depus em processos contra o "segundo escalão" da SS: contra Lorenz Landstorfer, contra aproximadamente outros dez integrantes da SS de Płaszów e também contra Arnold Büscher, o sucessor de Göth. Büscher não desempenhou sua função durante muito tempo e, no curto período em que o fez, não podia ser acusado de nada especial. Em todo caso, em juízo ele

---

[107.*] A palavra alemã *"einsatz"*, traduzida como "engajamento", também pode assumir o significado de "inserção, preenchimento". (N. da T.)

se gabava de ter contribuído para a queda de Göth! Alguns desses réus foram sentenciados à morte. Mais tarde, na Alemanha, eu ainda depus em processos contra nazistas em Hannover e Kiel.

O processo contra o comandante de Auschwitz, Rudolf Höß, aconteceu em Varsóvia. Höß era considerado *o* símbolo para a perseguição e assassinato de judeus e poloneses. Por isso, o processo correu separado na capital do país. Em 2 de abril de 1947, ele foi condenado à morte. A sentença foi executada no terreno do antigo campo de concentração de Auschwitz. Também dessa vez o Dr. Sehn, em Cracóvia, tinha se incumbido das investigações prévias. Ele me usou como conselheiro para decifrar anotações estenografadas de Höß e também de Maria Mandel, a famigerada "dirigente SS de campo" de Auschwitz-Birkenau. Naquela época, poucos poloneses dominavam a mais nova escrita de abreviação do ano de 1936, que eu, de modo autodidata, tinha aprendido durante a guerra. Eu só vi Rudolf Höß uma única vez, no escritório do Dr. Sehn em Cracóvia. Não participei de seu julgamento, mas depus como testemunha em processos contra alguns de seus subordinados e em outros fui intérprete.

No grande julgamento de Auschwitz de 1947 havia quarenta réus sendo julgados, entre eles Artur Liebehenschel, Maria Mandel, Dr. Johann Paul Kremer, Ludwig Plagge e Dr. Hans Münch. Vinte e dois dos réus foram sentenciados à morte em 22 de dezembro de 1947, mas nem todas as sentenças foram executadas. O processo Auschwitz de Cracóvia foi o maior do gênero contra criminosos nazistas na Polônia. Mais uma vez, Sehn se ocupou das investigações prévias.[108] Naqueles meses, ele trabalhou dia e noite, até o esgotamento. Ele fez a

---

108. Jan Sehn, *Concentration Camp Oświęcim - Brzezinka* (Auschwitz - Birkenau), p. 11 e seguintes.

primeira exposição sistemática dos horríveis processos em Auschwitz. Entre os réus, o *SS-Obersturmbannführer* Artur Liebehenschel tinha a patente mais alta. Depois de Höß passar a chefe da seção D I em Oranienburg, Liebehenschel tornou-se comandante de Auschwitz.

No julgamento, as testemunhas descreviam cenas terríveis. Maria Mandel, a famigerada supervisora chefe do campo feminino, tinha sido funcionária dos correios na Áustria antes da guerra. Em Auschwitz, ela batia implacavelmente nas mulheres. Outras testemunhas contaram que uma supervisora de campo que parecia totalmente discreta sondava com paus a genitália das mulheres recém-chegadas, à procura de objetos de valor escondidos. Os tormentos das detentas foram quase inimagináveis. O médico, o *SS-Obersturmführer* Dr. Münch, foi o único réu inocentado e extraditado para a Alemanha. Em Roßhaupten, no lago Foggen, ao sul de Augsburg, ele dirigiu um consultório médico até sua aposentadoria. Ele tinha trabalhado no Instituto de Higiene da SS em Rajsko, que pertencia ao campo de concentração de Auschwitz. Algumas testemunhas contavam, com os olhos marejados, como ele tinha cuidado delas e mandado comida. Às vezes, Münch as alertava sobre seleções no dia seguinte. Nessas ocasiões, ele deixava que as mulheres pernoitassem no instituto.

Depois do julgamento, conversei com o promotor público, pois me interessava saber por que alguém como Münch estava no processo.

— Bem, o senhor sabe, se consta dos documentos *"SS-Obersturmführer"* e "médico SS de campo em Auschwitz", então somos obrigados a convocá-lo. No julgamento será revelado quem é culpado e quem é inocente. Também se trata de constatar fatos e reconhecer contextos históricos.

Esse argumento me convenceu.

Hoje, porém, acredito que Münch foi inocentado em 1947 principalmente por falta de provas, uma vez que, nos anos 1990, li em uma revista alguns de seus comentários antissemitas, extremamente depreciativos. "Os judeus do leste", dizia Münch, "eram ralé, subumanos, animais." Além disso, ele era admirador de Josef Mengele, originário de Günzburg, autor de experimentos desumanos em crianças e adultos como médico em Auschwitz. Por isso, atualmente me pergunto se foi correto que Münch não tivesse sido sentenciado.

Também no processo contra o *SS-Sturmbannführer* Willi Haase eu depus como testemunha. Haase era comandante do Estado-Maior do dirigente da SS e da polícia do distrito de Cracóvia Julian Scherner e, assim, superior imediato de Göth (contra o sucessor de Haase, o *SS-Sturmbannführer* Martin Fellenz, eu me apresentei como testemunha em 1963, em Kiel). Na acusação, algumas testemunhas tinham indicado o nome do dirigente da SS como "Wilhelm von Haase". A primeira pergunta que me fizeram como testemunha foi:

— O senhor conhece o réu?

— Evidentemente. Esse é Willi Haase.

— Mas o réu afirma que esse não seja ele e outras testemunhas dizem que ele se chama Wilhelm von Haase.

Imediatamente, entendi o que estava acontecendo. Eu conhecia Willi Haase de suas visitas ao comando em Płaszów e conhecia também sua assinatura, seu sinal de ditado e o de sua secretária. As outras testemunhas, ao contrário, só conheciam Haase de ouvir falar; portanto, quando falavam das "ações de emigração" de junho de 1942 no gueto, ordenadas "por Haase" e sua gente, talvez pensassem que o homem fosse nobre [por causa do *von*] e, num segundo momento, ainda transformaram "Willi" em "Wilhelm".

Haase usou essa confusão, afirmando que se tratava de um engano, que ele fora acusado injustamente e que se tentava sentenciar o homem errado. O processo contra ele não progredia. Para o tribunal, eu imitei a assinatura e o sinal de ditado do réu. Eu escrevi inclusive o nome "Scherner" com um forte lápis vermelho, pois assim assinava o chefe de Haase.

— Não — insistia ele — aqui houve um engano. Eu não sou o homem que o senhor procura.

Eu me dirigi então diretamente ao réu e lembrei-lhe de uma ocasião em que, durante uma ausência de Göth, ele apareceu no comando do campo com as filhas, insistindo para que cortassem os cabelos das duas meninas e que isso fosse feito imperiosamente no escritório de Göth. Descrevi minuciosamente as duas meninas — louras, de aproximadamente cinco ou seis anos, e olhei fixamente nos olhos de Haase.

Finalmente, ele abaixou o rosto e disse:

— Sim, isso é verdade.

Willi Haase foi sentenciado à morte por seus crimes na dissolução dos guetos.

No contexto do grande processo Auschwitz, também ajudei na redação da petição de clemência para o Dr. Johann Paul Kremer, um médico de Münster que, durante seu tempo em Auschwitz, redigiu um diário. Kremer tinha um defensor obrigatório judeu, o Dr. Berthold Rappaport, um conhecido juiz da imprensa e outrora advogado interino do maior grupo de imprensa polonês em Cracóvia. Em setembro de 1942, Kremer escreveu que o *Inferno* da *Divina comédia* de Dante não era nada em comparação com Auschwitz. Ele também citou a expressão do médico de tropa, o *SS-Obersturmbannführer* Dr. Heinz Tilo, de que em Auschwitz eles se encontravam no *anus mundi*. Em seu diário, Kremer nunca se expressou pejorativamente sobre judeus.

Por isso, escrevi na petição de clemência que, como elemento positivo, devia-se considerar que Kremer só tinha estado poucos meses em Auschwitz e, ainda assim, não voluntariamente, pois logo se esforçou para ser transferido. Mas o mais importante me parecia o fato de o diário de Kremer e suas muitas anotações constatarem que, realmente, existiu um Auschwitz e um Birkenau. Naquela época, eu não podia imaginar que viria o tempo em que tudo o que esteve relacionado com o assassinato em massa industrialmente organizado em Auschwitz pudesse ser colocado em dúvida ou chamado de "mentira". Eu considerava, então, o diário de um professor universitário alemão como sendo um documento especialmente importante e convincente — sobretudo para a posterioridade. O diário de Kremer é uma prova clara da existência de Auschwitz como campo de extermínio.

Porém, o tribunal apontou que ele — por assim dizer em uma mesma penada — descreveu a retirada de células frescas do fígado de um detento e depois o saboroso almoço na cantina da SS, que consistia de frango, tantos gramas de manteiga e de um maravilhoso sorvete de baunilha. O tribunal avaliou isso como brutal, ao passo que eu não considerava a atividade de Kremer em Auschwitz como equivalente aos crimes dos outros réus.

Em 1947, livrar-me de qualquer generalização custou-me uma enorme superação. Só assim eu fui capaz de redigir, juntamente com o defensor obrigatório de Kremer, uma petição de clemência. Eu não fiz isso por favor pessoal, mas por verdadeira convicção. É importante diferenciar os atos de um Göth e aqueles de Kremer. Não é à toa que existe uma gradação na jurisprudência: cinco anos de prisão, dez anos, quinze anos e perpétua. Parecia-me injusto que Kremer devesse ser enforcado tal qual os outros assassinos.

No decorrer dos anos, perdi o "caso Kremer" de vista. Só depois de 1958, quando eu já vivia na Alemanha, soube de um processo em

Münster. Ali Kremer novamente foi a julgamento. Por causa da petição de clemência, sua pena de morte foi transformada em pena de dez anos de detenção. Kremer cumpriu-os em Bromberg (Bydgoszcz) e depois foi extraditado para a Alemanha, onde recebeu uma pena de prisão de vários anos por sua atividade nos campos de concentração do Reich alemão. Mas, como o tempo de detenção na Polônia foi contabilizado, ele deixou a sala do tribunal como homem livre.

Em 1948, um ano após o processo Auschwitz, fui intérprete do tribunal em Cracóvia no processo contra o Dr. Josef Bühler. Até 1945, Bühler foi o substituto do governador geral Dr. Hans Frank e, enquanto tal, o chefe do governo.[109] Ele já conhecia Frank de antes da guerra, quando foi parceiro júnior em seu escritório de advocacia. Frank foi o advogado oficial do Partido Nazista (NSDAP) em Munique e representou Adolf Hitler em mais de cento e cinquenta casos. No dia 1º de outubro de 1946, o Tribunal Internacional Militar o sentenciou à morte em Nuremberg. Poucas semanas depois ele foi enforcado.

Para a Polônia, o julgamento de Bühler tinha significado especial, já que o processo contra Frank não pôde ocorrer na Polônia. Como intérprete de Bühler, eu estava sentado exatamente ao seu lado, separado apenas por uma pequena divisória de madeira. Eu traduzi todo o decurso do processo para o alemão e verti as respostas de Bühler para o polonês. Ele era o único réu. Seu defensor, o Dr. Stefan Kosinski, era um excelente advogado. A cúria do arcebispado em Cracóvia o contratou e pagou, pois Josef Bühler era católico. Seu irmão era padre

---

[109]. Segundo o *Law Report of Trials of War Criminals, The United Nations War Crimes Commission*, vol. XIV, Londres, HMSO, 1949, o processo contra Josef Bühler ocorreu em Cracóvia de 17 de junho até 10 de julho de 1948. Endereço na internet: wysiwyg://50/http://www.ess.ac.uk/wcc/buehler1.htm.

na Baviera (ali vivia a família de Bühler, na paróquia). Como testemunhas atenuantes, depuseram especialmente clérigos católicos. Eles frisaram que Bühler ajudou onde podia, sobretudo quando se tratava de assuntos católicos. Também o vigário geral da cúria cracoviana, o prelado Mazanek, sublinhou esse aspecto.

Depois da primeira semana de negociações, eu perambulava com o promotor público, professor Jerzy Sawicki, pelas áreas verdes do Planty. Ali, Cracóvia mostrava o seu melhor lado. Era um dia ensolarado de verão.

— Como o senhor quer justificar uma possível sentença de morte? — perguntei a Sawicki.

— O senhor só tem ouvido depoimentos positivos por parte das testemunhas; os depoimentos até aqui foram bons e belos — disse o promotor público —, mas o mais importante ainda não foi mencionado: Bühler esteve na conferência de Wannsee.

Eu o olhei espantado. Na época, "conferência de Wannsee" ainda não significava nada para mim. Então, Sawicki explicou-me que, na primavera de 1947, foi descoberta em Berlim a única cópia do protocolo daquela conferência, da qual Bühler participara no dia 20 de janeiro de 1942 a convite do *SS-Obergruppenführer* Reinhard Heydrich. No protocolo redigido por Adolf Eichmann estaria documentada a proposta de Bühler de começar com o extermínio dos judeus no Governo Geral.[110] Já em novembro de 1941, os nazistas

---

110. Nas páginas 14 e seguintes do protocolo de Wannsee lê-se: "O secretário de Estado Dr. Bühler constatou que o Governo Geral ficaria feliz se no Governo Geral tivesse início a solução final dessa questão, porque, primeiramente, o problema do transporte, aqui, não desempenha um papel importante, e motivos de engajamento de trabalho não impediriam o curso dessa ação. Judeus deveriam ser removidos o mais rápido possível da região do Governo Geral, pois precisamente aqui o judeu representa um perigo eminente enquanto portador de epidemias, e, por outro lado, põe a estrutura econômica do país constantemente em desordem por meio do contínuo comércio truculento. Dos aproximadamente dois milhões e meio de judeus em questão, a maioria dos casos, além disso, é incapaz para o trabalho. O secretário de Estado Dr. Bühler constatou ainda que a solução da questão judaica no Governo Geral compete ao chefe da Polícia de Segurança e do Serviço de Segurança e seu trabalho se baseia pelas autoridades

iniciaram a construção do campo de extermínio de Bełżec, e Bühler, como chefe de governo, tinha de saber disso.

— Só essa proposta de começar com o extermínio de quase dois milhões e meio de pessoas no Governo Geral — explicou conclusivamente o promotor público — é suficiente para justificar a pena de morte.

Como seu intérprete, eu falava frequentemente com Bühler nos intervalos do tribunal. Uma vez, discutíamos o caso de um prefácio redigido por ele para um livro sobre a "relação entre os judeus, o piolho e o tifo". Bühler afirmou que era uma peculiaridade do "sangue judeu" contagiar outras pessoas com tifo sem que eles mesmos adoecessem. Perguntei-lhe se realmente acreditava em tais disparates e Bühler respondeu:

— Nós vivemos numa época de especialistas e eu tive de confiar nas afirmações de um famoso imunologista. Como eu, um juiz, poderia contradizê-lo?

Em outra ocasião, o inquiri sobre sua sugestão proferida em Berlim-Wannsee. Novamente, ele não demonstrou qualquer vestígio de vergonha ou lástima quando respondeu:

— Havia aproximadamente dois milhões e meio de judeus no Governo Geral e nós não tínhamos para eles uma ocupação, um trabalho, uma verdadeira hospedagem. Havia problemas de alimentação e tínhamos medo de epidemias. Eu só queria que os judeus, finalmente, sumissem dali. Mas eu não sabia que as pessoas seriam mandadas para a morte.

Como chefe do governo, Josef Bühler ordenava um complicado e ramificado aparato de funcionários. De acordo com o tribunal, ele não fazia parte dos criminosos no próprio local, mas também cometeu crimes de guerra e crimes contra a humanidade a partir de sua

---

do Governo Geral. Ele teria um único pedido, o de resolver a questão judaica nessa região o mais rápido possível". O texto integral do protocolo da conferência de Wannsee encontra-se na Internet: http://www.ghwk.de/deut/proto.htm.

mesa de trabalho. Ele recebeu a pena de morte e a sentença também foi executada.

— Se Frank tivesse sido extraditado para a Polônia — disse-me Sawicki após o processo — ele também teria recebido a pena de morte aqui. Bühler, ao contrário, provavelmente teria escapado com dez ou quinze anos. Mas a Polônia precisava de um símbolo para as coisas horríveis feitas durante a ocupação.

Por um longo período, muitos sobreviventes dos campos de concentração não queriam ou não podiam falar de suas experiências durante a ocupação nazista. Para mim, a coisa era diferente. Em junho de 1945, meu pai e eu pudemos retornar à Cracóvia. Alguns meses mais tarde (final de 1945-início de 1946), chegou o pedido do juiz de inquérito para que eu fizesse anotações, o mais detalhadas possível, principalmente sobre o que eu tinha vivenciado e experimentado entre setembro de 1939 e maio de 1945. Essas informações eram de grande interesse. Elas forneciam contribuições para a preparação de alguns julgamentos, sobretudo o de Amon Göth. Para mim, era importante colocar à disposição da corte os meus conhecimentos sobre os bastidores da perseguição aos judeus em Cracóvia e a história do campo de Płaszów, e saber que os criminosos obtiveram sua justa punição. Pessoalmente, também ganhava importância documentar publicamente que nos mais de quinhentos e quarenta dias como estenógrafo de Göth — de 17 de março de 1943 até 13 de setembro de 1944 — eu não fui culpado de nada. Também por isso eu me prontifiquei a aparecer como testemunha principal da acusação nos processos contra Amon Göth e Gerhard Maurer.

Nos processos em que participei como testemunha ou intérprete, nunca ouvi de nenhum dos réus uma palavra de lástima ou alguma demonstração de sincero arrependimento. Ninguém declarou: "Agora eu vejo como agi erradamente. Eu nunca deveria ter obedecido às ordens injustas". Nenhum réu utilizou seu direito à última palavra para declarar, por exemplo: "Eu estava sob influência de uma falsa propaganda. Não sabia o que eu sei hoje. Eu mesmo fico admirado como pude agir assim. Lamento isso". Nada disso aconteceu. Nenhuma confissão de luto pela morte das muitas vítimas inocentes, nenhuma desculpa, nenhuma renúncia, nenhum remorso.

Por que temos de nos lembrar

Quando cheguei à Alemanha em 1958, em conversas com alguns dos meus conhecidos não-judeus, deixei escapar que tinha estado em um campo de concentração. Com frequência, deparei-me com um silêncio embaraçoso. As pessoas quase não me faziam perguntas e demonstravam pouco interesse pelo que tinha acontecido comigo. Muitas vezes, ouvi uma série de tentativas de justificação, sobretudo referências a quantos judeus cada um teria ajudado naqueles tempos. Inicialmente, isso me confundiu e também me decepcionou, pois, em segredo, calculei que, naquela época, provavelmente não havia mais tantos judeus na Alemanha a quem aquelas pessoas pudessem ter ajudado. Naturalmente, não duvido de que alguns dos detentos judeus em comandos externos recebessem de vez em quando um pedaço de pão ou uma maçã de piedosos cidadãos, mas foi reduzido o número daqueles que realmente colocaram sua própria vida em perigo para proteger os judeus dos nazistas. E os que o fizeram, precisamente, consideram seu ato salvador como algo evidente e quase não se gabam de sua coragem civil.

Depois da guerra, muitos alemães devem ter tido dificuldade para suportar o próprio remorso e carregar sua bagagem de trauma. Eu também achava decepcionante que, na época, se negasse amplamente a grande contribuição dos judeus à cultura alemã, por isso falei muito pouco sobre a minha vida no campo após chegar à Alemanha, concentrando-me em assegurar a subsistência para mim e meu pai. Até hoje carrego comigo uma antiga nota de duzentos marcos, pois apenas poucos sabem que o ganhador do Prêmio Nobel retratado nela, o grande imunologista e fundador da quimioterapia Paul Ehrlich, era judeu.

Logo após a guerra, quando voltei a Cracóvia, tornei-me membro da liga dos "antigos internos políticos de campos de concentração". Ali eu soube da possibilidade de ter acompanhamento psicológico, como antigo detento de campo de concentração. Aproveitei essa possibilidade, pois naquele tempo eu lutava contra a depressão, e foi dessa forma que cheguei até o prof. Dr. Eugeniusz Brzezicki, neurologista e psiquiatra, catedrático na Universidade Jaguelônica. Ele mesmo tivera "experiência de campo de concentração".

Poucas semanas depois da ocupação da Polônia pela Alemanha nazista, a Universidade de Cracóvia iniciou o semestre letivo após as férias regulares. Essa "autonomia" motivou os ocupantes a chamar todos os professores e docentes, no início de outubro, para uma palestra no salão nobre da universidade. A palestra, proferida pelo *Obersturmbannführer* Müller, foi bastante rápida e terminou com a seguinte constatação: como a ciência polonesa sempre fora antialemã, os presentes seriam levados imediatamente a um campo, para serem reeducados. Enquanto isso, nas ruelas estreitas atrás da universidade, já estavam estacionados os carros verdes de polícia, para o transporte dos professores universitários. Todos foram levados para o campo de concentração de Sachsenhausen, onde foram internados e torturados durante alguns meses. Muitos deles morreram pouco tempo depois.

Quando descrevi para o professor Brzezicki as minhas experiências nos seis anos que tinha acabado de passar, ele disse:

— O que o senhor vivenciou seria demais até para duas vidas. O senhor pode entrar imediatamente em terapia num hospital, embora eu não possa prometer que algum dia ficará são. Mas, se tiver uma forte constituição psíquica e um pouco de sorte, o senhor pode tentar passar sem terapia. Porém, para se proteger de uma depressão, o senhor precisa se distrair com muitas atividades para não refletir sobre o vivenciado. Estude, trabalhe, mas não fique pensando no que houve!

Sou muito grato a esse médico e segui tanto quanto pude o seu conselho, mas as lembranças traumáticas permaneceram. Apesar de parecer externamente calmo e equilibrado, esforçava-me para não pensar muito naquele tempo, e até hoje vejo vivamente, com meus olhos internos, algumas cenas da época do gueto e do campo. Tento reprimir a lembrança de algumas outras cenas com distrações, assim que elas começam a tomar corpo, acionadas por uma data, um aniversário ou alguma observação. Mesmo depois de tanto tempo, não consigo suportar e muito menos descrever sua crueldade. Quando escolhi que incidentes descrever em detalhes neste livro, o critério decisivo era se iam ajudar a demonstrar a importância histórica deles ou revelariam o caráter de uma pessoa.

No círculo familiar mais íntimo, evidentemente, falávamos sobre Płaszów. Além disso, sempre havia contato com outros sobreviventes

Com alunos, em um evento no ginásio Schickhardt, Herrenberg, em 22 de março de 2000

— seja na Alemanha, nos Estados Unidos ou em Israel. Também falei muitas vezes sobre Cracóvia e Brünnlitz com Oskar Schindler, a quem ajudei nos anos 1960, na solicitação e justificação de suas reivindicações de compensação de gastos. Em público, ao contrário, eu evitava o tema. Isso só mudou depois das filmagens de *A lista de Schindler*, para as quais Steven Spielberg me convidou para ir a Cracóvia, em abril de 1993. Desde então, sou frequentemente convidado para eventos sobre testemunhos de uma época.

Quando perguntei a Spielberg por que só dois cruéis integrantes da SS em seu filme — Amon Göth e Albert Hujer — ele disse que era necessário focar um pequeno número de atores principais, senão o espectador ficaria sobrecarregado e iria para casa sem uma imagem clara. Ele também reduziu consideravelmente a encenação das crueldades dos integrantes da SS perante os judeus, principalmente com as crianças — mais uma concessão para o público. Além disso, por motivos de dramaturgia, o surgimento da lista foi apresentado de modo muito simplificado. Na realidade, teria sido impossível que Oskar Schindler ditasse a lista de memória a Izak Stern, à máquina de escrever. Ninguém sabia de cor os nomes de mil pessoas e seus números de detento, datas de nascimento e profissão. Algum especialista em marketing deve ter sugerido a Spielberg a "cena do porão" com Amon Göth e Helene Hirsch. Durante os trabalhos de filmagem, tentei convencê-lo da improbabilidade histórica dessa cena. Göth tinha internalizado completamente as leis nazistas sobre raças. O tabu da "desonra da raça" — a miscigenação — resguardou amplamente nossas mulheres de excessos sexuais por parte da SS e outras equipes de vigilância.

Spielberg também me explicou que ele criara intencionalmente um único personagem a partir de duas pessoas: Izak Stern e eu. Os bastidores complexos — a antiga relação e posterior amizade de Stern com Oskar Schindler, assim como minha história como estenógrafo pessoal de Göth e autor das listas aperfeiçoadas de produção — não eram apropriados para um filme por serem multifacetados.

Desde o lançamento do filme, participei das chamadas "conversas com os sobreviventes do Holocausto" nas universidades de Augsburg, Munique e Regensburg, em cursos técnicos superiores, escolas, na televisão e no rádio. Também proferi palestras para a sociedade israelita-alemã, a sociedade para colaboração judaico-cristã e outras organizações. Meus respectivos honorários são inteiramente destinados a fundações beneficentes.

Para mim, têm especial importância as conversas com jovens. Por um lado, sempre descubro que uma nova geração se desenvolveu e quer saber imparcialmente, sem preconceitos, como eram as coisas naquela época. Por outro, a elas caberá evitar, no futuro, que o mais sombrio capítulo da história se repita em qualquer outro lugar do mundo.

Os jovens de hoje quase não conseguem imaginar que seus avós tenham vivido uma época de barbárie. Sempre ouço perguntas como: "O que se pode fazer para evitar que isso se repita?" ou "Como se pôde chegar a isso?". Outra pergunta que às vezes me fazem testemunha uma sensibilidade e empatia especial de muitos jovens: "Como o senhor conseguiu suportar a pressão psicológica de trabalhar durante tanto tempo em contato tão próximo com Göth?". Mas a pergunta mais ávida por sensações — "O senhor alguma vez encontrou Hitler?" — mostra-me o que passa pela cabeça dos jovens e o que lhes interessa. Alguns questionamentos também me possibilitam entrar indiretamente nos preconceitos contra judeus. A isso pertence a suposição de que os judeus, aparentemente, se deixaram levar "ao matadouro como ovelhas". Por esse motivo, eu sublinho o seguinte fato em minhas palestras: nós fomos vítimas de uma ação de propaganda e fraude preparada durante muito tempo e que fornecia o pressuposto para o assassinato perfeito de milhões de pessoas. Encontrávamo-nos em uma relação de forças nitidamente assimétrica perante os nazistas. Fomos entregues desarmados à mais forte potência militar da Europa na época.

Apesar de expressar isso, meus jovens ouvintes me perguntam com frequência por que eu simplesmente não matei Göth, sem considerar o fato de que ele era um experiente pugilista, tinha cento e vinte quilos de peso — o dobro do meu peso — e era uma cabeça mais alto; sua morte não teria trazido nada de positivo para nós, detentos. Ao contrário. Um atentado contra Göth teria desencadeado um inimaginável banho de sangue, e a ação salvadora por intermédio da lista de Schindler nunca teria ocorrido. Eu sempre estou aberto às perguntas. Só uma vez uma pergunta me desconcertou, principalmente porque provinha de alguém que, na verdade, deveria saber mais sobre esse assunto. Em 1993, durante os trabalhos de filmagem em Cracóvia, um jornalista do New York Times quis saber: "Por que o senhor se candidatou ao posto junto a Göth, se sabia que ele era um assassino?".

Em minhas palestras em escolas, lamento especialmente não poder contar, por questões de tempo, com mais detalhes o caminho de salvamento de muitos dos meus colegas detentos. Sempre se repete minha admiração pela intensidade e seriedade com que os jovens me ouvem. Quando peço uma explicação para isso aos professores, em geral ouço que esse fenômeno deve estar ligado ao meu modo de narrar, que é objetivo, preciso e em parte jovial. Também porque, pela minha presença em sala de aula, a disciplina de história de repente se torna viva para os alunos. Por assim dizer, eu dou "cara" às estatísticas sobre o Holocausto. Também parece incentivar o efeito de interesse e empatia o fato de, no momento da minha libertação, há sessenta anos, eu ser somente uns poucos anos mais velho do que a maioria dos meus ouvintes. Como jovem de escassos 23 anos, eu conseguira tapear Göth e a SS e, dessa forma, contribuir para que Płaszów fosse resguardada de sua liquidação. Aparentemente, isso impressiona os estudantes e também os faz pensar.

Há alguns anos, uma jornalista chamou a lista de Schindler e tudo relacionado a ela de "resistência inteligente". Eu gosto dessa formulação, pois ela resume tudo aquilo que foi importante para mim durante toda a minha vida. Sempre tentei compreender os motivos por trás dos acontecimentos e do comportamento das pessoas e, quando necessário, me defender da discriminação, injustiça e violência. Para mim, não só havia um direito à resistência, mas também um dever à resistência — porém pacífica.

Em minhas palestras, evito julgamentos generalizados e me previno contra julgamentos. Por isso, sempre menciono o jovem integrante da SS Dworschak, que se negou a executar uma ordem desumana. Sobretudo por esse exemplo, fica claro para os alunos a respeito do que eles precisam saber: não avaliar pessoas apenas pela aparência, nacionalidade, profissão ou religião. Que o princípio da responsabilidade própria nunca pode ser totalmente suspenso, mesmo que o preço possa ser às vezes desconhecido ou talvez desumanamente alto — a recusa de execução de ordem de Dworschak, naturalmente, não pôde salvar a vida da jovem mulher e da criança, mas ainda assim a reação dele representou uma diferença. Para mim, o preso, tal atitude transmitiu coragem, pois pelo menos alguém reconheceu a desumanidade dessa ordem de fuzilamento e tirou corajosamente as consequências disso. E essa mesma atitude trouxe insegurança àquele integrante da SS que, enfim, executou a ordem ainda no mesmo dia, mas depois teve a sensação de ter de justificar-se perante mim, um detento judeu. Muitas vezes, há uma possibilidade de escolha — com frequência, apenas mínima — até em situações aparentemente sem saída, e ela deve ser usada com responsabilidade, mesmo que se pense inicialmente que não é relevante para o resultado final. Sempre, quando acentuo que se deve avaliar as pessoas de acordo com a maneira como elas se comportam em situações difíceis de vida, se se engajam pelos outros, se ajudam os outros ou não, a sala de aula fica em silêncio. Sem dúvida, os alunos sentem que quando falo de influência política, de manipulação ou até de propaganda, não estou me referindo apenas àquela época. A democracia não pode sobreviver sem um pensamento contrário produtivo nem sem autodeterminação, reflexão crítica, empatia e responsabilidade moral.

Quando me perguntam se odeio os alemães, só posso responder com um sonoro "não". O ódio não nos leva adiante e não fornece reconciliação. Entre 1939 e 1945, os judeus eram tratados pior do que animais, mas mesmo nesse mundo desumano encontrei pessoas com compaixão, que se opunham às exigências de agressão, brutalidade e violência. O sistema de então era criminoso e induziu muitos a cometerem delitos que, sob outras condições, provavelmente não cometeriam. Por essa culpa, cada um precisa se responsabilizar isoladamente. Para mim, não há "culpa coletiva"; não posso julgar toda uma nação, toda uma religião, todo um povo. Mas, frequentemente, sou tomado por uma grande tristeza. Estou de luto pela perda de tantas pessoas que foram assassinadas. Aflige-me que, na época, tantos tenham se deixado manipular tão facilmente. Também houve quem ajudasse, na miséria. O que aconteceu naquela época não pode ser esquecido pelo bem do futuro. Não podemos desembarcar da história, mas os homens só se desenvolverão num nível mais elevado quando o princípio da responsabilidade individual fizer escola, quando a não-participação se tornar uma virtude e a obediência cega perder valor. Todos nós somos responsáveis por um futuro melhor. Em minha opinião, faz parte disso aceitar o "outro" em nossa sociedade, o "estranho" em nosso meio.

Um pensamento do filósofo e escritor Martin Buber me ocupa. Ele frisa (acredito que nos anos 1920) que o mandamento do Novo Testamento de amar nossos inimigos sempre sobrecarregou os homens. Pois, senão, como se poderia explicar o fenômeno da perseguição das bruxas, das Cruzadas ou da Inquisição? Em vez disso, Buber propôs um imperativo ético significativamente mais realista: considerem os mais fracos entre vocês e façam o bem aos que lhe forem próximos, pois nós, homens, temos igualmente necessidade de ajuda e dependemos uns dos outros.

Mais de duzentos anos atrás, Johann Wolfgang von Goethe chamou essa postura de "divina" quando escreveu:

> Seja o homem nobre
> Prestativo e bom!
> Pois só isso
> O diferencia
> De todos os seres
> Que nós conhecemos.

Tanta coisa foi perdida na educação do homem para o homem! Nós precisamos trabalhar essas perdas e preceder com o bom exemplo. Sobretudo, temos de nos opor à sedução de confundir violência e falta de consideração com capacidade sadia de imposição e frieza emocional com razão. Também não devemos considerar uma escassez de empatia como capacidade de dedicar a necessária atenção aos próprios interesses sem nos sobrecarregarmos com os problemas dos outros.

O século passado pode ser designado com justiça como o *saeculum horribile* no duplo significado da palavra *horribilis*, que pode ser traduzida como horrível, assombroso e admirável. Eu notei os dois significados da palavra em duas pessoas — no assassino em massa Amon Göth e no salvador de vidas Oskar Schindler.

Por um lado, o século XX conseguiu elevar nitidamente a expectativa média de vida da população na Europa, assim como a mortalidade infantil pôde ser consideravelmente reduzida. Por outro lado, o número de vítimas de uma guerra mundial aumentou seis vezes da Primeira Guerra para a Segunda, apenas vinte e sete anos mais tarde. Em 1939, dez anos depois de descoberta, a penicilina pôde ser aplicada como medicamento contra muitas infecções até então mortais. No mesmo ano, iniciou-se uma guerra para subjugar quase toda a Europa e assassinar facilmente — e de maneira quase industrial — milhões de pessoas por motivos raciais.

Depois da guerra, ocorreu um fato que me deixou otimista, quase eufórico. O motivo foi uma foto de Ralph Johnson Bunche. No final dos anos 1940, ele estava a serviço da paz como consultor internacional, entre o recém-fundado Estado de Israel e seus inimigos Jordânia, Síria, Líbano e Egito. Como secretário geral substituto da ONU, ele ficou conhecido como "Mr. Peacekeeping". Em 1950, Ralph Bunche recebeu o Prêmio Nobel da Paz por seu trabalho. Na época, eu pensei: se um negro, um afro-americano, neto de escravo, pode se tornar secretário-geral substituto das Nações Unidas e receber uma condecoração tão alta em Estocolmo, então, graças a Deus, alcançamos uma fase na qual podemos viver bem uns ao lado dos outros e com os outros. Não precisamos de mais nada. Isso já deve bastar para impedir o próximo genocídio. Do ponto de vista atual, meu otimismo de então talvez tenha sido ingênuo, certamente antecipado. Mas isso não deveria nos impedir de continuar contribuindo incansavelmente para a sensibilização política e humana, e colocar diariamente sinais claros de humanidade e de reconciliação em um mundo de desumanidade.

Contra spem spero. Contra toda a esperança, eu tenho esperança.

ANEXO

Relatório de Izak Stern
Uma digressão de Viktoria Hertling

No arquivo de Yad Vashem, em Jerusalém, encontra-se um relatório de cinquenta páginas datilografadas, que Izak Stern elaborou juntamente com a historiadora dra. Ball-Kaduri em 1956. São dignas de nota as páginas 26 a 28 desse texto. Elas são intituladas *"Transformação do campo de trabalhos Plaschów no campo de concentração de Plaschów"*. Nesse trecho, Stern se autodenomina o iniciador principal e arquiteto da preservação do campo de Płaszów e da subsequente transformação de um campo de trabalhos forçados em um campo de concentração.

Quando se compara o quão plástico Stern descreve ser seu primeiro encontro com Oskar Schindler em 1939, no início do relatório, o quão precisos são seus conhecimentos sobre as atividades de diversas organizações sionistas em Cracóvia com as quais ele já estava em contato nos anos 1930, o quão detalhadas são as descrições dos últimos dias no campo de Brünnlitz, então é de espantar o quão vaga, incoerente e historicamente incorreta é a sua exposição nas três páginas de texto mencionadas, as quais tratam da preservação do campo de Płaszów no outono de 1943. Se considerarmos, além disso, que Stern riscou várias vezes o nome "Pemper" nessas três páginas e o substituiu, à mão, por "eu" ou "a mim", então a questão da autenticidade das descrições se torna seriamente suspeita.

Stern escreve:

> Num domingo, chegou um telegrama de Oranienburg: fazer imediatamente uma relação de todas as máquinas. Oranienburg era a central. Como era domingo, não havia nenhum dos alemães responsáveis. Quando o secretário [aqui Stern certamente se refere a Mietek Pemper] viu o telegrama, ele veio a mim. Logo depois chegou uma segunda mensagem: levantar imediatamente o montante de detentos no campo. Nessa noite, Göth não voltou e não chamou Pemper, que também trabalhava no escritório. Nós decidimos sugerir a Göth que fizesse um relatório detalhado e não uma mera indicação numérica. Isso impressionaria e talvez nos trouxesse a transformação em campo de concentração. Assim, Pemper disse a Göth, depois de este ter lido os telegramas, que queríamos fazer um relatório interessante sobre o desempenho de todas as oficinas. Nós inserimos muitos números falsos, duplicamos muita coisa ou colocamos o mesmo dado em duas ocasiões, no passado e no futuro. Seria difícil de controlar. Tudo foi impresso como um belo livro, com muitos desenhos e cartogramas, e

depois lindamente encadernado, em nossa oficina de encadernação. Göth leu a coisa toda.

Segundo Stern, esse relatório foi então mandado para Oranienburg e depois houve um controle no campo. Mais tarde, o "general Pohl, o substituto de Himmler", chegou a ir a Płaszów apesar "da decisão sobre a autorização enquanto campo de concentração ainda não ter sido tomada [...] no final de 1943"[111].

Stern falava bem alemão. Quando se tratava de assuntos que não tinham a ver com a preservação do campo, seu estilo de narração era preciso e coerente. Tanto mais é de admirar — sobretudo nessas três páginas mencionadas do relatório — a exposição confusamente contraditória e sobretudo não comprovável historicamente em um assunto tão significativo como esse. Afinal, a preservação do campo de Płaszów, no outono de 1943, trata-se de uma ação pacífica e bem-sucedida de resistência durante o Holocausto, que ainda deverá ser apreciada em sua singularidade.

O campo não foi liquidado no outono de 1943. A ação decorreu totalmente sem derramamento de sangue e não houve represálias ou medidas de compensação por parte dos nazistas. Consequentemente, não se reclamou nenhuma vítima de morte em Płaszów nessa espantosa ação salvadora. Nenhum detento foi torturado ou fuzilado como resultado dessa ação. Os detentos não estavam instruídos sobre os preparativos para a preservação do campo. Eles nem desconfiavam o que se desenrolava "nos bastidores" nos meses de verão e outono de 1943, ou a que constelações eles deveriam agradecer pela preservação de seu campo e ao prolongamento de sua vida. Mesmo historiadores e pesquisadores do Holocausto, até hoje,

---

111. *Stern Report 1956*, pp. 27-28. Arquivo Yad Vashem nº 01164.

só podem presumir por que o campo de Cracóvia-Płaszów não foi liquidado. No melhor dos casos, eles constatam a transformação do campo de trabalhos forçados em campo de concentração, mas não a explicam. Não é à toa que no romance de Thomas Keneally, *A lista de Schindler*, a conversão do campo em campo de concentração é tratada em apenas uma frase, o que novamente comprova que não é possível averiguar a partir do relatório de Stern — que deve ter sido lido pelo romancista — quem e o que contribuiu realmente para essa ação salvadora verdadeiramente única e como ela se desenrolou.

No campo, Stern trabalhava no edifício do comando. Mas o escritório de contabilidade das oficinas estava situado em outra parte da ala do comando. Por isso Stern tinha acesso à antessala de Göth só a serviço e durante os horários de expediente. Mesmo assim, ele afirma em seu relatório que se encontrava numa posição especial de confiança perante o comandante do campo, para fazer a ele propostas, como por exemplo, quando diz:

> Eu disse a Göth que deveríamos receber as aparas de metal de Schindler, pois precisávamos delas para as oficinas. Assim, ele me mandou ter com Schindler.

De acordo com essa afirmação, Amon Göth teria auxiliado com propostas para preservar o campo de sua liquidação? E teria ele — na medida em que enviava Izak Stern até Oskar Schindler para negociar sobre a eventual exploração de rebarbas de metal — envolvido até mesmo o diretor da Emalia nas preparações para a preservação do campo?

Dos detentos de então, apenas Mietek Pemper possuía acesso ilimitado ao centro de comando de Göth. Só ele, escrivão e estenógrafo pessoal do comandante, podia entrar, como detento, na antessala de Göth aos domingos, ao entardecer ou mesmo à noite, sem que os integrantes da SS que estavam de vigilância tocassem o alarme, pois era sabido que Pemper muitas vezes trabalhava treze ou quatorze horas no escritório do comando. Porém, o autocrático dirigente da SS nunca teria permitido, nem mesmo a esse detento, que apresentasse propostas como as sugeridas pelo texto do relatório de Stern.

> Assim, Pemper disse a Göth, depois de este ter lido os telegramas, que nós queríamos fazer um relatório interessante sobre o desempenho de todas as oficinas.

Em outras palavras: Göth teria se declarado disposto a deixar Pemper e Stern escrever espontaneamente um relatório oficial para a "Central" em Oranienburg ou o "nós" dos autores do "interessante" relatório designa Amon Göth como terceiro autor? Isso não corresponde à realidade da hierarquia SS da época, de modo que é mais do que bizarro.

A partir de 10 de janeiro de 1944, Płaszów era subordinado, como campo de concentração, à Central de Administração Econômica da SS, seção D II, em Oranienburg. Em compensação, no outono de 1943 o *Oberführer* Julian Scherner, dirigente da SS e da polícia no distrito de Cracóvia, ainda era responsável pelo campo de trabalhos forçados de Cracóvia-Płaszów. Só esse posto — e nenhuma "central" em Oranienburg, como afirma Stern — poderia na época solicitar via telex uma suposta "relação de todas as máquinas" ou do "montante de detentos no campo". Tal transgressão de competências teria levado a sensíveis tensões entre Cracóvia e Oranienburg.

Contradições históricas, inconsistências e absurdo linguístico — pense-se na formulação "duplicamos muita coisa ou colocamos o mesmo dado em duas ocasiões, no passado e no futuro" — colocam em dúvida a pretensão de Stern de não apenas ter sabido na época dos preparativos para a preservação do campo, mas também de ter colaborado. Atualmente, é impossível fazer uma imagem exata da ação salvadora com base nos dados e detalhes do relatório de Izak Stern. Entretanto, a descrição da suposta capa do livro como "lindamente encadernado" com "muitos desenhos" é mais inequívoca e vistosa do que a própria campanha.

Além disso, é altamente improvável que um general da SS como Oswald Pohl, que aliás nunca foi "substituto de Himmler", fosse sem qualquer escolta a um campo de trabalhos forçados para reuniões com um *SS-Untersturmführer* em seu escritório de comando. Uma estadia de Pohl em Płaszów não pode ser verificada com base nas atas publicadas do processo contra criminosos de guerra da WVHA (Central de Administração Econômica) em Nuremberg.[112] Além disso, a afirmação de Stern de que a decisão de Pohl de preservar o campo ainda "não ter sido tomada... no final de 1943" não é correta. Nós conhecemos a data exata, pois Pohl escreveu uma anotação em ata sobre esse ponto no dia 7 de setembro de 1943.

Izak Stern não depôs no processo contra Amon Göth em 1946, apesar de ter estado à disposição como testemunha. Até 1949, ele ainda viveu em Cracóvia e só depois emigrou para Israel. O fato de não ter se apresentado como testemunha deve ser consequência de Stern e Göth quase não terem tido contato. Provavelmente por isso,

---

112. *Trials of war criminal before the Nuremberg Military Tribunal under Control Council Law No. 10*. Volume V, Washington, 1950, pp. 434-623.

Stern, ao contrário de outros detentos da época, não pôde declarar nada de substancial sobre os excessos de Göth ou sobre sua suposta ajuda. Também com relação a isso, a afirmação de Stern de que Göth tenha sabido da ação salvadora soa muito improvável, uma vez que, se Amon Göth realmente tivesse se empenhado pelo bem dos detentos, então seria tarefa de seus dois defensores, por obrigação, atentar para essas realizações do réu, a fim de alcançar uma redução de pena para seu cliente. Também Stern teria sido convocado como testemunha. Mas isso não aconteceu e nada disso tampouco se encontra nas atas do processo publicadas em forma de livro.

Izak Stern fazia parte dos primeiros confidentes de Oskar Schindler e também foi uma das personalidades importantes que assinaram uma carta especial de proteção, em maio de 1945, em Brünnlitz, para preparar o caminho no pós-guerra aos salvadores de vidas, Oskar e Emilie Schindler. Os méritos de Stern são inquestionáveis, mas não se referem aos esforços para a preservação do campo no ano de 1943. Izak Stern não teve nada a ver com isso.

Agradecimentos

Pela disponibilidade e tradução de documentos, e por muitas indicações valiosas, agradecemos a inúmeras pessoas e instituições, entre elas ao Arquivo Yad Vashem, ao arquivo do United States Holocaust Memorial Museum em Washington, D.C., ao Simon-Wiesenthal-Center em Nova York, ao Jewish Historical Institute em Varsóvia, ao Institut für Zeitgeschichte (Instituto para História) em Munique, ao Deutsches Bundesarchiv (Arquivo Federal Alemão), ao Istytut Pamieci Narodowej em Varsóvia e ao Państwowe Muzeum Auschwitz-Birkenau em Oświęcim, e especialmente ao editor Jens Petersen, que contribuiu de maneira decisiva para o sucesso deste livro.

Mieczsław Pemper
Viktoria Hertling
Marie Elisabeth Muller

Quadro Cronológico[113]

09/11/1938	"Noite dos Cristais": primeiro *pogrom* organizado pelo Estado contra judeus na Alemanha.
01/09/1939	Invasão alemã à Polônia: início da Segunda Guerra Mundial.
06/09/1939	Tropas alemãs ocupam Cracóvia.
26/10/1939	Cracóvia torna-se Capital do Governo Geral para os territórios poloneses ocupados.
01/12/1939	Introdução das faixas nos braços com estrelas de Davi no Governo Geral.
Final de 1939	*Chegada de Oskar Schindler a Cracóvia. Em 1940, torna-se administrador da fábrica de utensílios esmaltados em Cracóvia-Zabłocie; mais tarde, adquire essa empresa.*
30/04/1940	Construção do gueto em Lodz.
Maio de 1940	Limitação do número dos judeus de Cracóvia de quase 60 mil habitantes para aproximadamente 15 mil; migração "voluntária" de pelo menos 40 mil judeus para diferentes lugares do Governo Geral.
10/05/1940	Invasão alemã a Holanda, Bélgica e Luxemburgo; ataque à França.
Junho de 1940	Construção do campo de Auschwitz.
16/10/1940	Construção do gueto de Varsóvia.
06-20/03/1941	*Construção do gueto de Cracóvia; numa área de 600 por 400 metros vivem 18 mil judeus.*
22/06/1941	Ataque alemão à União Soviética (Plano Barbarossa).
23/09/1941	Primeiros testes de execução com gás letal em Auschwitz.
28-29/09/1941	34 mil judeus são mortos no massacre em Kiev (Babij Jar).
14/10/1941	Início da deportação dos judeus da Alemanha.
11/12/1941	Entrada dos Estados Unidos na guerra.
20/01/1942	"Conferência Wannsee" em Berlim: decisão sobre a "solução final da questão judaica" na Europa.

---

113. Parcialmente extraído de: Stella Muller-Madej, *Das Mädchen von der Schindler-Liste (A menina da lista de Schindler)*, primeira publicação em alemão pela Editora Ölbaum, Augsburg, 1994.

Final de janeiro de 1942	Deportações de judeus da Alemanha para Theresienstadt.
19/03/1942	Ação contra intelectuais judeus em Cracóvia: aproximadamente 50 pessoas de destaque são deportadas para Auschwitz e mortas.
01/06/1942	Isolamento do gueto de Cracóvia; primeira emigração de extermínio de cerca de 6 mil judeus para o campo de extermínio de Bełżec. Fuzilamento de 300 judeus no gueto.
08/06/1942	Segunda emigração de extermínio do gueto de Cracóvia.
23/06/1942	Primeira seleção para as câmaras de gás em Auschwitz.
22/07/1942	Início das deportações de um total de 400 mil judeus do gueto de Varsóvia para campos de extermínio.
Outono de 1942	Início do translado do gueto de Cracóvia para o campo de trabalhos forçados de Płaszów.
27-28/10/1942	Terceira ação de extermínio no gueto de Cracóvia: 7 mil judeus são deportados para Bełżec e Auschwitz, dos quais 600 são fuzilados imediatamente (dissolução do hospital e do orfanato na rua Josefinska); nova redução do gueto e divisão em parte A e parte B.
07/11/1942	Desembarque dos aliados no norte da África.
22/11/1942	Início da contraofensiva soviética.
02/02/1943	Capitulação das tropas alemãs em Stalingrado.
11/02/1943	Amon Göth é transferido de Lublin para Cracóvia.
13/03/1943	Fim do gueto de Cracóvia: transferência dos judeus com capacidade de trabalho do gueto A para o campo de trabalhos forçados de Płaszów.
14/03/1943	Aproximadamente 2.300 judeus são deportados do gueto B de Cracóvia para Auschwitz e assassinados; aproximadamente 700 morrem no massacre no gueto.
19/04/1943	Início da revolta no gueto de Varsóvia.
09/05/1943	Capitulação das tropas alemãs no norte da África.
Verão de 1943	Transferência do último "comando de limpeza" do gueto de Cracóvia para o campo de trabalhos forçados de Płaszów.
06/09/1943	Recuo das tropas alemãs de Kiev.
10/01/1944	Transformação do campo de trabalhos forçados de Płaszów em campo de concentração.

07/05/1944	"Chamada de saúde" no campo de concentração de Płaszów: detenção dos internos do campo não inteiramente aptos para o trabalho (crianças, idosos, doentes).
14/05/1944	Deportação de aproximadamente 1.500 detentos, sobretudo crianças, idosos e doentes de Płaszów para extermínio em Auschwitz.
06/06/1944	Desembarque dos aliados na Normandia.
08/07/1944	Deportação de mais de 400 mil judeus da Hungria para Auschwitz.
24/07/1944	Tropas soviéticas alcançam o campo de concentração de Majdanek-Lublin.
Verão de 1944	Número máximo de internos no campo de concentração de Płaszów: aproximadamente 25 mil pessoas.
Agosto de 1944	Deportações do campo de concentração de Płaszów para Mauthausen e Stutthof.
13/09/1944	Detenção de Amon Göth em Viena. Investigações pelo tribunal da SS e da Polícia por causa de delitos de divisas (seu sucessor em Płaszów: Arnold Büscher).
Final de setembro/Início de outubro de 1944	Elaboração das listas de Schindler.
15/10/1944	Transporte dos homens do campo de concentração de Płaszów para o campo de concentração de Gross Rosen.
22/10/1944	Transporte das mulheres do campo de concentração de Płaszów para o campo de concentração de Auschwitz.
22/10/1944	Chegada de 700 homens do campo de concentração de Gross Rosen a Brünnlitz.
2ª metade de novembro	Chegada de 300 mulheres do campo de concentração de Auschwitz a Brünnlitz.
14/01/1945	Últimas deportações do campo de concentração de Płaszów para Auschwitz. No total, foram assassinadas em Płaszów aproximadamente 8 mil pessoas.
27/01/1945	Auschwitz é libertada por tropas soviéticas.
08/05/1945	Capitulação da Alemanha.
Aprox. 13/05/1945	Libertação dos internos do campo a Brünnlitz por tropas soviéticas.

Patentes da SS e seus equivalentes no exército:

SS	*Schutzstaffel*, esquadrão de proteção do exército
Reichsführer-SS	marechal de campo
Oberstgruppenführer	coronel-general
Obergruppenführer	general
Gruppenführer	tenente-general
Brigadeführer	major-general
Oberführer	tenente-general (brigadeiro)
Standartenführer	coronel
Obersturmbannführer	tenente-coronel
Sturmbannführer	major
Hauptsturmführer	capitão
Obersturmführer	primeiro-tenente
Untersturmführer	segundo-tenente
Sturmscharführer	subtenente
Hauptscharführer	sargento-ajudante
Oberscharführer	primeiro-sargento
Scharführer	segundo-sargento
Unterscharführer	terceiro-sargento
Rottenführer	primeiro-cabo
Sturmmann	segundo-cabo
Oberschütze/Obermann	soldado de primeira classe
Schütze/Mann	soldado
Anwärter	recruta
Bewerber	candidato

Biblioteca do Professor

Este livro integra a coleção do projeto Biblioteca do Professor, uma das ações do programa Rio, uma cidade de leitores, promovido pela Secretaria Municipal de Educação da cidade do Rio de Janeiro. O objetivo é incentivar a leitura literária entre os professores da Rede.

TAMBÉM FAZEM PARTE DESTA COLEÇÃO:

2009
Felicidade clandestina — Clarice Lispector — Ed. Rocco
As cem melhores crônicas brasileiras — Joaquim Ferreira dos Santos (Org.) — Ed. Objetiva
Leite derramado — Chico Buarque — Ed. Companhia das Letras
Quase memória — Carlos Heitor Cony — Ed. Alfaguara
Poesia completa — Mario Quintana — Ed. Nova Fronteira
O Albatroz Azul — João Ubaldo Ribeiro — Ed. Nova Fronteira
A soma dos dias — Isabel Allende — Ed. Bertrand Brasil
O menino do pijama listrado — John Boyne — Ed. Companhia das Letras
O amor nos tempos do cólera — Gabriel García Márquez — Ed. Record
O vendedor de passados — José Eduardo Agualusa — Ed. Gryphus

2010
O melhor das comédias da vida privada — Luis Fernando Verissimo — Ed. Objetiva
A chave de casa — Tatiana Salem Levy — Ed. Record
As melhores crônicas de Rachel de Queiroz — Seleção Heloisa Buarque de Hollanda — Ed. Global
Os últimos lírios no estojo de seda — Marina Colasanti — Ed. Leitura
Como se não houvesse amanhã — Henrique Rodrigues (Org.) — Ed. Record
Noites tropicais — Nelson Motta — Ed. Objetiva
Escola de gigantes — Susana Fuentes — Ed. 7 Letras
Ferreira Gullar — Alfredo Bosi (Seleção) — Ed. Global
Diário de escola — Daniel Pennac — Ed. Rocco
Crime e castigo — Fiodor Dostoievski — Ed. 34

Invictus — conquistando o inimigo — Nelson Mandela e o jogo que uniu a África do Sul — John Carlin — Ed. Sextante
Fazes-me falta — Inês Pedrosa — Ed. Alfaguara
Ensaio sobre a cegueira — José Saramago — Ed. Companhia das Letras
Confesso que vivi — Pablo Neruda — Ed. Bertrand Brasil

2011

Conversa sobre o tempo — Luis Fernando Verissimo e Zuenir Ventura — Ed Agir
A educação pela pedra — João Cabral de Melo Neto — Ed. Alfaguara
Não há silêncio que não termine — Ingrid Betancourt — Ed. Companhia das Letras
Singué sabour. Pedra-de-paciência — Atiq Rahimi — Ed. Estação Liberdade
Grande Sertão: veredas — João Guimarães Rosa — Ed. Nova Fronteira
Viva o povo brasileiro — João Ubaldo Ribeiro — Ed. Ponto de Leitura
A ilha sob o mar — Isabel Allende — Ed. Bertrand Brasil
O enigma do oito — Katherine Neville — Ed. Rocco
Cordilheira — Daniel Galera — Ed. Companhia das Letras
1822 — Laurentino Gomes — Ed. Nova Fronteira
Mal Secreto — Inveja — Zuenir Ventura — Ed. Objetiva
1961: O Brasil entre a ditadura e a guerra civil — Paulo Markun, Duda Hamilton — Ed. Benvirá
O Guardião de livros — Cristina Norton — Ed. Casa da Palavra
O morro dos ventos uivantes — Emily Brontë — Ed. Lua de Papel

2012

Tenda dos milagres — Jorge Amado — Ed. Companhia das Letras
Romance D'a Pedra Do Reino E O Principe Do Sangue Do Vai-E-Volta — Ariano Suassuna — Ed. Jose Olympio
Chaplin — Uma vida — Stephen Weissman — Ed. Larousse
Steve Jobs — A Biografia — Walter Isaacson — Ed. Companhia das Letras
Melhores poemas de Cecília Meireles — Cecília Meireles — Org. Maria Fernanda — Ed. Global
Tropical sol da liberdade — Ana Maria Machado — Ed. Alfaguara
A lista de Schindler: a verdadeira história — Mietek Pemper — Ed. Geração Editorial
O Nome da Rosa — Umberto Eco — Ed. Best Bolso

Eduardo Paes
PREFEITO

Claudia Costin
SECRETÁRIA MUNICIPAL DE EDUCAÇÃO

INFORMAÇÕES SOBRE A
GERAÇÃO EDITORIAL

Para saber mais sobre os títulos e autores
da **GERAÇÃO EDITORIAL**,
visite o *site* www.geracaoeditorial.com.br
e curta as nossas redes sociais.

Além de informações sobre os próximos lançamentos,
você terá acesso a conteúdos exclusivos
e poderá participar de promoções e sorteios.

geracaoeditorial.com.br

/geracaoeditorial

@geracaobooks

@geracaoeditorial

Se quiser receber informações por *e-mail*,
basta se cadastrar diretamente no nosso *site*
ou enviar uma mensagem para
imprensa@geracaoeditorial.com.br

GERAÇÃO EDITORIAL

Rua João Pereira, 81 – Lapa
CEP: 05074-070 – São Paulo – SP
Telefone: (+ 55 11) 3256-4444
E-mail: geracaoeditorial@geracaoeditorial.com.br

Impressão e Acabamento | Gráfica Viena
Todo papel desta obra possui certificação FSC® do fabricante.
Produzido conforme melhores práticas de gestão ambiental (ISO 14001)
www.graficaviena.com.br